"十三五"江苏省高等学校重点教材
(编号：2020-2-190)

社区治理
理论与实务

编著 张志鹏 张伟

南京大学出版社

图书在版编目(CIP)数据

社区治理理论与实务 / 张志鹏，张伟编著. — 南京：南京大学出版社，2022.2
 ISBN 978-7-305-24546-6

Ⅰ. ①社… Ⅱ. ①张… ②张… Ⅲ. ①社区管理—中国—教材 Ⅳ. ①D669.3

中国版本图书馆 CIP 数据核字(2021)第 108595 号

出版发行	南京大学出版社		
社　　址	南京市汉口路 22 号	邮　编	210093
出 版 人	金鑫荣		

书　　名 社区治理理论与实务
编　　著 张志鹏　张　伟
责任编辑　尤　佳　　　　　　　编辑热线　025-83592315
照　　排　南京南琳图文制作有限公司
印　　刷　南京玉河印刷厂
开　　本　787×1092　1/16　印张 13.25　字数 354 千
版　　次　2022 年 2 月第 1 版　2022 年 2 月第 1 次印刷
ISBN 978-7-305-24546-6
定　　价　47.00 元

网址：http://www.njupco.com
官方微博：http://weibo.com/njupco
官方微信号：njupress
销售咨询热线：(025) 83594756

* 版权所有，侵权必究
* 凡购买南大版图书，如有印装质量问题，请与所购
　图书销售部门联系调换

前 言

近年来,社区成了社会工作机构和专业社会工作者落地服务的主要平台,社区与社工已经形成了相互"嵌入"、紧密协作的工作关系。因此,对于广大社会工作者而言,需要系统深入地了解社区的"需要与优势",也需要从理论与实践相结合的角度来审视自己工作的"意义与价值"。为此,我们的研究团队在服务、调查、授课、研讨的基础上完成了本教材的撰写。

实践中的社区工作呈现出"上面千条线,下面一根针"的繁杂局面;所要解决的大都是"历史遗留难题"和"新生利益冲突";在未来发展道路上"没有现成答案",需要"具体问题具体分析"。这就意味着社区治理不仅迫切需要清晰的工作思路,也需要在理论上做出解释,提供一般性的规律认识,即通过社区理论研究与实务方法的紧密结合,从而达到能"传道"、又能"解惑"的目的。这就是本书的定位:为社区工作者和在社区服务的社会工作者们提供一本能够同时"知其然"和"知其所以然"的"思维图";同时为社会工作、社会保障及社会学、公共管理等专业学生提供一本基础教科书。

由于社区治理是一项复杂工作,需要多学科的理论分析。为此,在本书中先后应用了史学、社会学、经济学、法学以及公共管理等学科的研究成果,聚焦于社区治理这一主题。针对当前中国社区治理所处的阶段和对"服务是最好的治理"的理解,进一步将内容集中在社区服务的提供上以及由此而带来的对多种资源的开发上。

全书共15章,依据内在逻辑划分为四篇。第一篇"社区治理的背景目标"包括3章,分别阐述了社区治理的重大意义、现实基础和总体目标。第二篇"社区治理的原理机制"包括3章,分别阐述了社区治理的基本原理、主体互动机制和资源链接机制。第三篇"社区治理中的资源开发"包括4章,分别阐述了社区人力资源、资金、公共空间和居民自组织的开发利用。第四篇"社区治理中的服务升级"包括5章,分别阐述了社区教育与文化服务、养老服务、治安与矫正服务、环保服务、救助服务等主要服务的升级意义、路径选择和制度保障。

本书既可以作为教材使用，也可以用于自学阅读。为了便于读者加深理解，提高解决问题的能力，本书突出了应用性、参与性、互动性三大特点。应用性主要体现在课后作业上，每章后的作业不是要求学生死记硬背，而是选择一个易于调查和参与的社区进行持续的跟进调查和实际应用，通过"边学边练"的方式真正掌握社区治理的思路和技能。参与性体现在本书的开放式的设计上，每位读者都可以通过扫二维码进入交流平台，将相关的案例、数据、资料提供给我们，一旦你的案例或数据被我们接受，你将获得一份纪念品。互动性是指读者遇到问题时，可以通过扫码进入交流平台留言，编写团队将及时进行解答；甚至对于一些社区面临的实际问题，编写团队也可以提供深度咨询方案。由于社区治理是一项正在进行的事业，各地的创新层出不穷，只有集聚各位实际工作者和理论工作者的共同智慧，才能形成更多的共识和更加有效的方法。

本书获得了2020年"江苏省高等学校重点教材"立项，得到了南京市社会科学基金项目（编号 21YB33）和南京工程学院校级科研基金（项目号：JCYJ201837）的资助，得到了南京工程学院教务处的有效指导，得到了南京工程学院原人文与社会科学学院、经济与管理学院领导的大力支持，也得到了南京红叶社会工作服务社的鼎力相助，在此致以诚挚的谢意！书中可能存在的错漏之处全部由作者负责，欢迎各位读者批评指正！我的邮箱是 1145732483@qq.com。

张志鹏

2021 年 12 月

目 录

第一篇 背景目标篇

第一章 社区治理是国家现代化的基础工程 ... 3
第一节 从历史长河演变而来的社区 ... 3
第二节 助推现代化的社区自治 ... 13
第三节 学习和研究社区治理的价值与思路 ... 19

第二章 社区治理的目标是促进社区发展 ... 22
第一节 从政府管理到社区治理 ... 22
第二节 社区发展成为治理目标 ... 26
第三节 社区发展的多种理论模式 ... 31

第三章 中国社区治理的法律政策与现状 ... 37
第一节 城乡社区的恢复及其必要性 ... 37
第二节 城乡社区治理的法律法规与政策 ... 43
第三节 城乡社区发展的基本状况 ... 52

第二篇 原理机制篇

第四章 来自多学科的社区治理创新原理 ... 59
第一节 社区治理创新的本质是重建正当秩序 ... 59
第二节 基于灵性资本理论的治理创新动力 ... 63
第三节 基于社会资本理论的组织创新 ... 67

第四节　基于公共选择理论的社区制度创新 ………………………………… 71

第五章　社区治理的主体及其互动机制 ……………………………………… 78
　　第一节　社区的多种利益相关者 ……………………………………………… 78
　　第二节　社区利益主体间的关系 ……………………………………………… 82
　　第三节　社区主体间的互动机制 ……………………………………………… 87

第六章　社区服务供给及其链接机制 ………………………………………… 92
　　第一节　社区服务的兴起及其内容 …………………………………………… 92
　　第二节　社区服务的性质与供给方式 ………………………………………… 97
　　第三节　增进社区服务供给的链接机制 ……………………………………… 102

第三篇　资源开发篇

第七章　社区人力资源的开发与激励 ………………………………………… 109
　　第一节　社区人力资源的需求 ………………………………………………… 109
　　第二节　社区人力资源的开发方式 …………………………………………… 112
　　第三节　社区人力资源利用效率的提升 ……………………………………… 118

第八章　社区资金的开发与利用 ……………………………………………… 122
　　第一节　社区的主要资金需求 ………………………………………………… 122
　　第二节　社区资金开发的思路 ………………………………………………… 125
　　第三节　社区资金利用效率的提升 …………………………………………… 129

第九章　社区公共空间的开发与运营 ………………………………………… 133
　　第一节　社区治理的公共空间及设施需求 …………………………………… 133
　　第二节　社区活动空间的开发思路 …………………………………………… 135
　　第三节　社区空间利用效率的提升 …………………………………………… 139

第十章　社区自组织的培育与激活 …………………………………………… 141
　　第一节　自组织在社区治理中的重要作用 …………………………………… 141
　　第二节　社区自组织的培育 …………………………………………………… 144
　　第三节　社区自组织的运行与升级 …………………………………………… 147

第四篇　服务升级篇

第十一章　社区教育与文化服务的创新升级 …………………………………… 151
　　第一节　社区教育与文化服务的需求与意义 ……………………………… 151
　　第二节　社区教育与文化服务升级的路径选择 …………………………… 154
　　第三节　社区教育和文化服务升级的制度保障 …………………………… 158

第十二章　社区养老服务的创新升级 …………………………………………… 162
　　第一节　社区养老服务升级的需求与意义 ………………………………… 162
　　第二节　社区养老服务升级的路径选择 …………………………………… 165
　　第三节　社区养老服务升级的制度保障 …………………………………… 169

第十三章　社区治安与矫正服务的创新升级 …………………………………… 173
　　第一节　社区治安与矫正服务升级的需求与意义 ………………………… 173
　　第二节　社区治安与矫正服务升级的路径选择 …………………………… 177
　　第三节　社区治安与矫正服务升级的制度保障 …………………………… 183

第十四章　社区环保服务的创新升级 …………………………………………… 186
　　第一节　社区环保服务升级的需求与意义 ………………………………… 186
　　第二节　社区环保服务升级的路径选择 …………………………………… 189
　　第三节　推动社区环保服务升级的制度保障 ……………………………… 191

第十五章　社区救助服务的创新升级 …………………………………………… 195
　　第一节　社区救助服务升级的需求与意义 ………………………………… 195
　　第二节　社区救助服务升级的路径选择 …………………………………… 198
　　第三节　社区救助服务升级的制度保障 …………………………………… 202

第一篇 背景目标篇

第一章 社区治理是国家现代化的基础工程

在很多国家,社区都是一个常见和重要的社会单元。在中国,近年来社区已经成为寻常百姓生活中的一个重要场所,几乎每个人都会与社区居(村)委会打交道。随着社区在日常生活中重要性的加强,人们对于社区的兴趣和关注也越来越多,开始思考和提问:社区是自古以来就有的,还是在某个时候出现的?社区是不是政府部门?社区有什么重要作用?为了回答上述问题,本章将介绍社区在人类历史上的演变历程,分析社区在向现代化社会转变过程中的基础性作用,讨论学习和研究社区及社区治理的重大意义。

第一节 从历史长河演变而来的社区

现代意义上的社区并不是自古就有的,但社区却是从古代人类社会演变而来的。追溯从古代聚落共同体向现代社区的演变过程,可以从中发现类似的功能与关键的变化。

一、从族团、部落到国家

社区是现代社会中人们聚居的地方。从聚居的这一特点来看,不仅古代人类早就开始聚居的生活方式,甚至有一些动物也能够凭借本能在一起群居、按照等级进行分工合作。和动物不同的是,人类在早期的聚居地中不仅提高了劳动效率,也产生了互助、共享和伦理等文明的种子。

人类学家玛格丽特·米德曾经有一个著名的论断:人类文明最初的标志是"一段愈合的股骨"。在她的一次讲座中,一位听众提问:"发掘出一个原始部落的遗址后,您怎么判断这个部落是不是已经进入早期文明阶段了?"米德教授的回答是:受伤后又愈合的股骨。她接着解释说,在一个完全野蛮的部落里,个体的生死纯粹取决于残酷的丛林守则。除了少数特例,多数受伤的个体都无法生存下去,更别说等到骨伤痊愈了。如果在一个部落的遗址中出现了大量愈合的股骨,就说明这些原始人在受伤后得到了同伴的保护和照顾,有人跟他们分享火堆、水和食物,直到他们的骨伤愈合。最后,米德教授意味深长地说:"这就标志着原始人类开始懂得怜悯,而怜悯正是文明与野蛮之间最根本的区别。"[①]

虽然我们无法确定远古时代人们的怜悯之心是如何产生的,但可以确定的是,聚落共同体的形成对于人类生存和繁衍至关重要。没有长期的共同居住、生活和劳动,人类的情

---

① R.韦恩·威利斯:《愈合的股骨》,荣素礼译,《意林》,2011年第8期。

感、心理和思想都很难进化到"万物之灵"的程度。

古代人类的聚落是从小规模逐步演变为大群体的,其结构、功能也是在不断发展变化的。按照人类学家埃尔曼·塞维斯(Service Elman R.)的分类方法,人类先后出现的组织是族团、部落、酋邦、国家四个层次。在族团和部落中,社会组织以亲戚关系为基础,成员之间相对平等。相比之下,酋邦和国家等级分明,不以亲戚关系而以领土为基础来行使权力。①

出现于农业之前的族团层次社会围绕着核心家庭而建,家庭或数户家庭合在一起打猎、采集和分享,不存在任何现代意义的私人财产。农业的发展,使得从移居的族团层次过渡到定居的部落层次变得可行。部落的特征包括两方面:一是分支式(segmentary)的,每个"支系"都是自给自足,涂尔干将其称之为"机械"团结;二是支系以共同的祖先为原则形成。相信死去祖先对活人的作用,成为凝聚部落社会的动力。部落所包括的,不仅是血统、宗族、部落现有成员,而且是祖先和未来后裔的整个"链条"。一个人的角色在出生前就已注定,几乎不可能脱离部落而独立存在。部落中虽然出现了私人财产,但不属于个人,而是由宗族(几个核心家庭构成的)或者部落集体拥有。部落拥有的财产是否得到很好照顾,与部落内部的聚合力有关,与部落所有权无关。但是当共有产权涉及交易时,通常会遇到很大困难。部落社会只有非世袭的强制力较弱的大佬或酋长,也建立了寻求正义的报仇或赔偿、仲裁规则,但没有现代法律制度中的第三方执法。②

定居下来的部落获得了聚居的多方面好处,其规模得到快速扩大。一是定居后的农业生产获得了更多的粮食,远远超出基本生存的需要,拥有了更多的动产和不动产。二是部落社会向亲戚关系注入宗教意义和神灵制裁,在长期互惠中建立起相互之间的忠诚和凝聚力。三是部落具有组织上的灵活性,能够迅速动员各分支建立联盟,为了保卫财富或者是掠夺财富、获得荣誉而发动战争。部落所提供的产量增加、互惠关系和共同安全三大功能一直在人类组织中延续,即使到今天的社区之中也能够看到类似的特征。

频繁的战争推动着部落继续向前发展。政治学家托马斯·霍布斯曾将早期人类的自然状态描述为"所有人对所有人的战争"。霍布斯认为,人们出于对暴力和死亡的畏惧,在理性指引下,相互间订立契约,放弃个人的自然权利,将之交付给一个人或由一些人组成的会议,从而组成国家,即"利维坦"(原意是一种威力无比的海兽)。国家通过权力的垄断,保证每个国民的基本安全。国家还可向国民提供无法独自取得的公共服务,如产权、道路、货币、统一度量衡、对外防卫。作为回报,国民认可国家的征税和征兵等。③ 获得权力的通常只是那些魅力型(charisma,希腊文原意是"上帝碰过的")领袖。④ 魅力型领袖行使权力,不是因为部落伙伴推崇能力而选他,而是因为他是"上帝选中的"。宗教权威和军

---

① Service, Elman R. 1971. Primitive Social Organization: An Evolutionary Perspective. 2d ed. New York: Random House.
② 弗朗西斯·福山:《政治秩序的起源:从前人类时代到法国大革命》,毛俊杰译,南宁:广西师范大学出版社,2012年,第48~70页。
③ 霍布斯:《利维坦》,黎思复、黎廷弼译,北京:商务印书馆,1985年,第134~138页。
④ 马克斯·韦伯:《经济与社会(上卷)》,林荣远译,北京:商务印书馆,1997年,第269~270页。

事权威的合二为一,让部落领袖得以调动自治部落的大规模集体行动。从而建立集中的军事机器,战胜反抗部落,保障境内的安全,在良性循环中再一次加强宗教权威。从这个意义上来说,"战争创造国家,国家发动战争"①的现象是普遍存在的。不过,总体来看,国家出现后,人类社会中暴力的烈度逐步得到降低。

拓展阅读

非国家形态和国家形态社会的暴力水平比较②

研究人员将暴力死亡的原始数据汇总之后,计算所有暴力死亡的百分比。这一比率回答的问题是:"与寿终正寝相比,一个人有多大的机会死于另一个人之手?"

第一组是在考古遗址内挖掘出的人类遗骸所显示的暴力死亡。这些遗骸来自亚洲、非洲、欧洲和美洲的狩猎—采集和狩猎—栽种部落,年代从公元前14000年到公元1770年。这些遗址发现的暴力死亡率的范围是0~60%,平均暴力死亡率是15%。

第二组是8个当代或近代以原始方式生活的狩猎—采集群体。暴力死亡率的范围是4%~30%,平均暴力死亡率是14%。

第三组是新几内亚或者亚马孙热带雨林的前国家形态社会中的狩猎、采集和栽种的混合状态。平均暴力死亡率为24.5%。

最后一组数据是国家形态社会的暴力死亡数据。17世纪的战争死亡率估计是2%;20世纪的战斗死亡率为世界总人口的0.7%。

假定其他因素不变,生活在文明社会的人,成为暴力受害者的机会可以下降至原来的1/5。

二、国家之下的聚落共同体

与部落社会相比,国家层次社会的主要特点包括:(1) 享有集中的权力,有能力在整个社会执行统一规则;(2) 依靠对合法强制权力的垄断,能够防止部落、地区的自行退出;(3) 国家权力是领土性的,不是以亲戚关系为基础。③ 在一些国家内部,个人主义的社会关系完全取代了以亲戚关系为凝聚基础的传统,转变为以地缘为纽带的聚落共同体。但是,在另外一些国家,国家制度一直与部落制度长期共存,血缘和地缘共同构成了聚落共同体的基础,亲戚关系或者是人身依附关系依然在现代政治活动中发挥重要影响。由于地理条件等因素的影响,还有一些部落组织持续存在于世界各地,如巴基斯坦的部落区

---

① 查尔斯·蒂利:《强制、资本和欧洲国家:公元990~1992年》,魏洪钟译,上海:上海人民出版社,2007年。
② 斯蒂芬·平克:《人性中的善良天使:暴力为什么会减少(上)》,安雯译,北京:中信出版社,2015年,第65~67页。
③ 弗朗西斯·福山:《政治秩序的起源:从前人类时代到法国大革命》,毛俊杰译,南宁:广西师范大学出版社,2012年,第79~80页。

域、苏丹的努尔人,①甚至在一些地方还有移居族团的存在,如因纽特人、卡拉哈里沙漠的布须曼人(Bushmen)。

国家出现以后,一方面取代了部落以及宗族原来的安全防卫等职能,另一方面也逐步将权力延伸到聚落内部。国家权力对聚落的渗透程度一方面取决于聚落共同体是否具有抗衡的能力,另一方面取决于共同体对其成员的约束程度。如果聚落共同体拥有领土权、司法权,就能够抵制国家直接对共同体内部的管理,从而作为代理人接受国家的委托征收捐税或提供军事服役。共同体内部认同方式除了传统的血缘关系之外,还有基于地缘关系、共同宗教信仰或者共同职业的。在不同的认同方式下,个人的权利和自由度会有差别。世界各地在国家和聚落共同体之间的结构差异不仅决定了当时的发展状况,并一直影响到之后的演变道路。

在西欧,国王与领主、领主与农夫之间形成了封建制度。这一制度形成的背景是从7世纪晚期开始,当时欧洲遭受到了一系列的外敌入侵。中央护卫力量没落,城市不再安全,国家和家庭不再能够提供足够的保护。一些贵族搬迁到农村别墅居住,形成了自给自足的庄园。无法自卫的自由民,就把他们的土地和劳力献给那些强有力的人,换取保护与支持。如恩格斯所指出的,农村公社"由好战的贵族保护它们不受外敌侵害,使它们具有民族的或者至少是政治的联系"②。封建制度的基本原则为互相的忠诚。农奴、家臣对地主承担经济、军事义务,地主对大封建领主或地位较优领主的效忠;大封建领主对国君,同时国君对大领主,大领主对地主,地主对农奴、家臣亦然。领主"在其封地内行使司法权及军权,同时在其法庭内制定税则,以取不当利益"③。此时的国王不是领土统治者,更像是分散封建秩序中伙伴中的老大。国王的主要服务是充作上诉法庭,他的服务是收费的。如果有人不满意领主法庭(seigneurial)或庄园法庭(manor)所提供的正义,就会上诉到国王法庭,国王法庭可以推翻地方领主的裁决,从而扩大国王的司法权。为回报农奴的贡献,地主允许让其终生享有土地,同时只要缴纳适当的租费,他们也可以使用他的炉灶、磨坊、水、树林及田地。"环绕着领主的庄园四周,大约有50至500个农夫——包括农奴、半自由民和自由民——筑起他们的村舍。"领主"修桥、开路、凿运河,发展贸易,为生产过剩而兴建市场,为兴工、贸易而大量用人、用钱"。"当然,在某种情况或环境下,他也可能无缘由地殴打甚或杀死一个农奴",正如马克思所说,"领主的肚皮给他对农民的剥削设了一个限制。"

在封建主义兴起之前的9—10世纪,亲戚关系还是欧洲社会组织的基础。封建依附关系与原始部落依附关系的一个重大区别是前者建立在基于罗马法的"自由契约"上而非本能的血缘关系上。封建关系本质上是一种拟军事共同体,维护这种关系的是契约。④这种契约关系消解了血缘关系的重要性。随着基督教会的介入,西欧国家原有的父系

---

① 参见 E. E. 埃文思-普里查德:《努尔人——对一个尼罗特人群生活方式和政治制度的描述》,褚建芳译,北京:商务印书馆,2014年,第1~7页。
② 恩格斯:《卡尔·马克思》,载《马克思恩格斯选集》(第三卷),北京:人民出版社,1995年,第335页。
③ 威尔·杜兰:《世界文明史4:信仰的时代》,幼狮文化公司译,北京:东方出版社,1998年,第441页。
④ 秦晖、苏文:《田园诗与狂想曲:关中模式与前近代社会的再认识》,北京:中央编译出版社,1996年,第179页。

宗族进一步遭到瓦解，逐步促进了个人主义的发展。这是教会为了使拥有财产但无继承人的基督徒日益增多，从而获得更多信徒捐献出土地和财产，极力反对近亲结婚、领养孩子、离婚等行为的结果。教会在积累大量土地和财富的同时，也带来了一些意外的后果：女性地位的提升和土地所有权的流行。原来以亲戚团体为中心的共同体逐步演变为分享共同信仰的共同体。教会对西欧社会的另一个重大影响是法治的形成。当11世纪晚期天主教教皇格里高利七世开始采取严禁教士、主教结婚和生儿育女的改革时，他试图通过断绝与家庭的联系来消灭教会内的腐败。到了1122年，教皇争夺到了任免各国主教的"叙任权"，同时也承认皇帝在一系列世俗事务上的权力。宗教权威的分开存在，使基督教君主倾向于承认，自己不是法律的最终来源，而是身处法律之下。除了建立起统治者服从法律的原则之外，宗教法律也帮助促进了欧洲法律的建制化和理性化。

在东欧国家、印度、伊斯兰国家中，由于国家、宗教与部落之间各具特色的关系，形塑了这些国家不同的社会结构。中国也走了一条与西欧有着显著差异的发展道路。商周时期农耕文明的发展使得中华大地逐渐形成了一定规模的村落形态。"聚"是文献记载的最早的村落形态，区域村落名称还有"丘""庐"等。① 村落的发展演变受到国家政权的强有力制约。在春秋战国之后，中国的制度就从封建制度转变为专制制度。"中国的国家轻易掌控各式祭司团体，从不承认比国家本身更高的宗教权威。""所以，中国没有基于宗教的法治的历史基础。中国的传统以法家思想为基石，中国人心目中的法律主要是制定法（positive law），也就是皇帝所颁布的王法。"② 皇帝企图通过个别人身支配方式对民行使权力，这是一种法家式的单子观。

在中央集权的体制下，中国的家族、宗族制度虽有盛衰与形式的变化，却从未被消灭。民在现实生活中营建着一种相互结成内部关系的集团。集团的最小单位，是由父母、妻子、兄弟这三要素构成的所谓三族制家族。子成人之后，即使有妻有子，仍与父母、兄弟同居。因此，多数情况是复合家族：家族全员在一家的土地上，共同经营农业。在家族基础上的亲族关系，就是宗族。宗族的外围是血缘较为疏远的家族，或非血缘的家族，以此为基础形成了乡党社会。指导这种宗族、乡党的是称为父老（父兄）的长老层，一般成员称为子弟。各家族间相互发生联系的日常活动场所是"里"。里通常以百户为标准，里民共同担负着从社祭到土木工程、外敌防范等事项，所以里又是一种地缘共同体。几个里一同构成叫作乡、亭的城郭都市，几个乡、亭一同又成为县。里是由父老层所指导的自治体，从各里的父老层到乡三老，都是被选举出来掌管内部教化的。③

在秦汉之后，国家的权力之手就已经进入家族共同体之中，设立了控制乡村的组织。里是行政组织，设有里唯（里魁、里正）、里父老、里佐、里治中等职。社为祭祀组织，是当时的"意识形态系统"，设有社宰等职。单为民政、社会组织，功能最复杂，设职也最多，出土

---

① 胡彬彬：《中国村落史》（上），北京：中信出版社，2021年，序言。
② 弗朗西斯·福山：《政治秩序的起源：从前人类时代到法国大革命》，毛俊杰译，南宁：广西师范大学出版社，2012年，第271页。
③ 谷川道雄：《中国中世社会与共同体》，马彪译，北京：中华书局，2002年，第68~69页。

官印就有"祭酒(祭尊)",是为单首;"长史""卿",均为单副;"三老"(敬老,父老)掌教化;"尉"掌"百众"(民兵);"平政"掌税役;"谷史"(又有谷左史、谷右史之分)掌单仓;"司平"掌买卖;"监""平"(又有左平、右平)掌讼、狱;"厨护"(又有左厨护、右厨护)掌社供;"集"(又有左集、右集)掌薪樵;"从"掌簿书等。这些职位都有出土的官印为证。汉代的一里仅有数十户,所设职位就不下20个,连同承担情治、信息职能的亭邮系统,上接乡一级诸机构,组成了一个严密的控制网络。① 这一管理模式被之后的各王朝沿袭采用,只有形式和名称上的小变化。

拓展阅读

中国唐代里正与村正的设置

《通典》引开元二十五年令:诸户以百户为里,五里为乡,四家为邻,五家为保。每里置正一人(若山谷阻险,地远人稀之处,听随便量置),掌按比户口,课植农桑,检察非违,催驱赋役。在邑居者为坊,别置正一人,掌坊门管钥,督察奸非,并免其课役。在田野者为村,村别置村正一人,其村满百家增置一人,掌同坊正。其村居如[不]满十家,隶入大村,不得别置村正。……诸里正,县司选勋官六品以下白丁清平强干者充。其次,为坊正。若当里无人,听于比邻里简用。其村正取白丁充,无人处,里正等并通取十八以上中男、残疾等充。

显然,中国传统帝国的统治秩序具有鲜明的"国家(王朝)主义"而不是"家族主义"特征。统治者宣扬宗法礼教的目的在于反"个人主义"而不在于反"国家主义",是为了抑制臣民的个体权利,而不是想扩大"族权",更不是支持宗族自治。历代统治者对户口的控制如此之严,人民迁徙、改业、分家乃至经营活动以及风俗习惯都受到严密束缚,至于没有"户口"的人,在中国简直就寸步难行。对此,研究者将中国古代的国家与民间的关系称之为家—国一体化的拟血亲共同体。"在这种共同体中,'自然人'的宗法纽带与'孤立人'的狭隘意识都极为强固,人的社会化与个体化进程特别艰难,因而人的依赖关系也极为坚韧。"② 梁漱溟先生也指出:"中国人切己的便是身家,远大的便是天下了。小起来甚小,大起来甚大……西洋人不然。他们小不至身家,大不至天下,得乎其中,有一适当范围,正好培养团体生活。"③ 这是因为传统欧洲那样的村社、采邑、教区、行会和家族,在中国传统中是缺少的。

一直到20世纪30年代的民国时期,费孝通先生在江苏省吴江市震泽区开弦弓乡做调查时,就发现存在着互不相符的"事实上的体制"和"法定的体制"。事实上的体制是指功能性的地域性群体,这一群体是由若干"家"联合在一起而形成的。"大群体的形成取决于居住在一个较广区域里的人的共同利益。比如,水、旱等自然灾害以及异国入侵略的威

---

① 秦晖:《传统十论》,上海:复旦大学出版社,2003年,第93~95页。
② 秦晖、苏文:《田园诗与狂想曲:关中模式与前近代社会的再认识》,北京:中央编译出版社,1996年,第183页。
③ 梁漱溟:《乡村建设理论》,载《梁漱溟全集(第二卷)》,济南:山东人民出版社,1990年,第194页。

胁,不是影响单个的人而是影响住在这个地方的所有的人。他们必须采取协同行动来保护自己——如筑堤、救济措施、巫术及宗教等活动。此外,个人要很好地利用他的土地,需要别人的合作;同样,运送产品、进行贸易、工业生产都需要合作。休息和娱乐的需要又是一个因素,把个人集聚在各种形式的游戏和群体娱乐活动中。因此,人们住在一起,或相互为邻这个事实,产生了对政治、经济、宗教及娱乐等各种组织的需要。"①为了履行多种社会职能,各户聚合在一起形成较大的地域群体。这些群体并不构成等级从属的系列,而是互相重叠的。村庄综合各种职能,有时承担一些小的单位不能胜任的特殊职能。这一切都由村主任通过村政府来执行。

法定的行政体制叫作"保甲"。保甲制度是宋朝时期提出的,国民政府在 1929 年颁布的《县组织法》中重新使用。这一法律据称是根据孙中山先生地方自治的原则,将每个县划分为几个区,每区又分为 20~50 个乡(农村地区)或镇(城镇地区)。这些单位都通过选出的领导人及地方自治会来实行自治。"这些地方政府的职能在法律中已有规定,计有人口普查及人口登记、土地调查、公益工作、教育、自卫、体育训练、公共卫生、水利灌溉、森林培植及保护、工商政良及保护、粮食储备及调节、垦牧渔猎保护及取缔、合作社组织、改革习俗、公众信仰、公共企业及财政控制,等等。""这些职能对地方社区来说不完全是新的。其中许多项早已由传统的、事实上的群体所实施。为了促进自治政府的行政职能,法律创造了新的地域性的群体。但实际上,它妨碍了事实上的群体的正常职能。"之后,军事部门规定在军事行动区建立保甲制度,每十户为一甲,每十甲为一保,组织起统一的自卫单位。原来的自治体系被保甲制度所改变或代替。费孝通先生怀疑"事实上的地域群体早已行使的传统的职能,能否被这种专横地创造出来的保甲所接替"②。

德国社会学家和哲学家斐迪南·滕尼斯在 1887 年的《共同体与社会》(德语 Gemeinschaft und Gesellschaft)一书中首次区分了"共同体"与"社会"两种人类群体生活的类型。他认为"共同体是一种持久的和真正的共同生活",是"一种原始的或者天然状态的人的意志的完善的统一体"。在人类发展史上,共同体这种结合的类型早于有的放矢建立的、人的结合的"社会"类型。滕尼斯提出:"血缘共同体作为行为的统一体发展为和分离为地缘共同体,地缘共同体直接表现为居住在一起,而地缘共同体又发展为精神共同体,作为在相同的方向上和相同的意向上的纯粹的相互作用和支配。地缘共同体可以被理解为动物的生活的相互关系,犹如精神共同体可以被理解为心灵的生活的相互关系一样。因此,精神共同体在同从前的各种共同体的结合中,可以被理解为真正的人的和最高形式的共同体。"③滕尼斯所描述的共同体,主要是基于西欧经验的一种以礼俗为特征的传统乡村社会或小农社会。

---

① 费孝通:《江村经济:中国农民的生活》,戴可景译,北京:商务印书馆,2001 年,第 95 页。
② 费孝通:《江村经济:中国农民的生活》,戴可景译,北京:商务印书馆,2001 年,第 105 页。
③ 斐迪南·滕尼斯:《共同体与社会——纯粹社会学的基本概念》,林荣远译,北京:商务印书馆,1999 年,第 65 页。

> **拓展阅读**
>
> **滕尼斯描述的共同体特点**①
>
> 这样,我们就提出共同体的大的、主要的规律:
> 1. 亲属和夫妻相亲相爱,或者容易相互习惯:往往乐于一起说话和思考,共同商量,一起切磋,亲密无间。同样,邻里乡党和其他的朋友,也可以与之相媲美。
> 2. 相爱的人之间存在着默认一致。
> 3. 相爱的人和相互理解的人长久待在一起,居住在一起,安排他们的共同生活。

当滕尼斯的论著被介绍到美国后,美国社会学家查尔斯·罗密斯把 Gemeinschaft 一词翻译为英文 community,具有"共同体""社区"等多重含义,指大的社会内部那些以一定的地域为依托的小社会。community 一词很快就成为美国社会学的主要概念之一,并在 1933 年经由社会学芝加哥学派创始人帕克(Robert Eara Park)教授引入中国。最初翻译为"地方社会",后来在燕京大学读书的费孝通先生采用了"社区"一词,并逐步成为一种流行用法。②

三、现代社区的出现及其特征

社区这一概念受到美国社会学界的广泛应用和本土化的理解是有深厚的现实基础的。事实上,在美国建国之初,人们就开始了自下而上建立社区的活动。法国政治思想家夏尔·阿列克西·德·托克维尔在考察美国时,就发现了这一特点。他在 1835 年出版的《论美国的民主》中写道:"乡镇是自然界中只要有人集聚就能自行组织起来的唯一联合体。""在各种自由中最难实现的乡镇自由,也最容易受到国家政权的侵犯。""在没有乡镇组织的条件下,一个国家虽然可以建立一个自由的政府,但它没有自由的精神。"然而,在新建立的美国,托克维尔却观察到普遍的乡镇的自由和自治。他发现,"在联邦的这一部分,政治生活始于乡镇。我们可以说,每个乡镇最初都是一个独立国"。"它们并没有由别处取得权力;相反,它们好像把自己的一部分独立让给了州。这是一个重大的差别。""乡镇一般只在我称之为公益的利益上,即在各乡镇共享的利益上服从于州。""在新英格兰的乡镇,买卖东西,打官司,或增减预算,州当局从来不加干涉,而且它也不曾这样想过。"③这些乡镇显然是现代意义上的社区,是人类历史上一种新型的社会组织形态,既保障了个人的权利,又实现了共同体的自治。

---

① 斐迪南·滕尼斯:《共同体与社会——纯粹社会学的基本概念》,林荣远译,北京:商务印书馆,1999 年,第 73 页。
② 费孝通:《二十年来之中国社区研究》,载《费孝通文集》(第 5 卷),北京:群言出版社,1999 年,第 530 页。
③ 托克维尔:《论美国的民主》(上卷),董果良译,商务印书馆,1995 年,第 74~80 页。

拓展阅读

托克维尔论美国的乡镇精神[①]

"在美国,乡镇不仅有自己的制度,而且有支持和鼓励这种制度的乡镇精神。""而在欧洲,统治者本人就经常缺乏乡镇精神,因为它们许多人只承认乡镇精神是维持安定的公共秩序的一个重要因素,但不知道怎么去培养它。它们害怕乡镇强大和独立以后,会篡夺中央的权力,使国家处于无政府状态。但是,你不让乡镇强大和独立,你从那里只会得到顺民,而决不会得到公民。"

"新英格兰的居民依恋他们的乡镇,因为乡镇是强大的和独立的;他们关心自己的乡镇,因为他们参与乡镇的管理;他们热爱自己的乡镇,因为他们不能不珍惜自己的命运。他们把自己的抱负和未来都投到乡镇上了,并使乡镇发生的每一件事情与自己联系起来。他们在力所能及的有限范围内,试着去管理社会,使自己习惯于自由赖以实现的组织形式,而没有这种组织形式,自由只有靠革命来实现。"

因此,呈现在美国研究者面前的社区形态是乡镇或都市,而非传统的农村。帕克教授"深信都市为文明发源之地;欧美近代文明乃是都市文明,近代社会乃是都市社会,近代人乃是都市人,近代社会问题根本就是个都市问题;故欲明了近代文明、近代社会、近代人以及近代社会问题,必先明了近代都市生活与都市环境。因此,研究社会学的正当对象,便是都市社区的结构与功用、组织与崩溃,以及历程与变迁,等等"[②]。随着城市化在各国的推进,越来越多的人进入城镇定居,城市社区的数量也逐步超过了农村社区,成为社区研究的重心所在。

与传统社会的聚落共同体相比,现代城市和农村社区在一些方面具有共同之处,包括都有一个相对稳定、相对独立的地域或聚集场所;都有以一定的社会关系为纽带组织起来并具有相当数量的人口群体;都有一个能够维护该地域和人口群体公共利益与秩序的管理机构;生活于该地域的人们具有一种地缘上的归属感和心理文化上的认同感。[③] 这些属性虽然在现代社区中也同样存在,但已经成为基础性的功能和外在表现。可见,地域共同体是现代社区的本质。从广义上来看,社区还包含了共同工作空间、虚拟网络空间、情感交流空间、价值认同空间等形态的共同体。随着交通和信息技术的发展,社区正在由地域共同体向事务共同体,进一步向着价值观共同体转变。基于现实需求,本书仅聚焦于行政区划的社区。

聚落共同体与社区有着基本相同的功能。沃伦(Roland Warren,1978)[④]将社区定义为:社区是社会单元与社会系统的集合,在地区层面发挥着满足人们需要的主要社会功

---

① 托克维尔:《论美国的民主》(上卷),董果良译,商务印书馆,1995年,第85~86页。
② 北京大学社会学人类学研究所编:《社区与功能:派克、布朗社会学文集及学记》,北京:北京大学出版社,2002年,第12~13页。
③ 张永理:《社区治理》,北京:北京大学出版社,2014年,第9页。
④ Warren, R. L. 1978. The community in America (3rd ed.), Chicago, IL: Rand McNally.

能。他将这些功能概括为生产、分配、消费,社会化,社会控制,社会参与和相互支持五个方面。潘托加和佩里(Pantoja & Perry)在沃伦的社区 5 个功能的基础上又新增了防御与沟通的功能。① 防御功能在不安全与危险的社区中变得更为重要,体现为社区照顾与保护其成员的方式;沟通功能在移民社区和社区边界划分上具有重要影响。

表 1-1 沃伦划分的社区功能

功能	定义	例子
生产、分配、消费	满足人们对社区活动的需求	杂货店、加油站
社会化	学习主流的规范、传统与价值观	了解社区成员如何看待教育的价值
社会控制	确保社区成员遵守规范和价值观	建立严格的获得公共救助和社会服务的资格标准
社会参与	在社区、群体、协会、组织中与他人互动	本地宗教团体
相互支持	家庭和社区成员在需要时提供的支持	在发生自然灾害时的邻里互助

不过,现代社区与聚落共同体之间存在着显著的差异。对于现代社区而言,其关键性的特征在于内在的组成和规则。具体而言,有以下四个方面。

其一,在现代城市和农村社区中,居民是可以自由流动的。在传统的共同体中,人们要么受限于国家,要么受限于领主、村社和家族,很难自由离开或加入一个共同体。而且,个人的其他权利也很少得到法治的保护。在现代社区中,通常个人可以自由离开他所出生的社区,选择进入一个新的社区定居,不必具有特定的血缘或业缘、信仰等条件,社区由熟人社会转向陌生人社会。

其二,现代社区中包括多元化的个人和组织。在同一个社区中,不仅有着各种肤色、民族、姓氏和宗教信仰、教育背景、职业的人,而且这些居民会自由组建不同目的、功能、成员的各类组织。这些多元化的个人和组织同在社区中生活,共同参与社区事务,但相互之间并不冲突。这在传统社区中是非常少见的。

其三,现代社区是自治的社会组织。传统的共同体无论规模多大,都是受国家或领主等自上而下的管理。现代社区却是自下而上形成社会治理机构、规则和社会秩序。社区不仅是因为共同利益凝聚在一起,也是基于对公共事务的参与治理,才形成了地域归属感和文化认同感。

其四,现代社区中的人际关系是建立在契约基础上。不同于传统社区中以亲戚关系、人情关系为主,在现代社会中以理性契约、国家法律为基础的契约关系、商业关系成为主导。无论是家庭的建立、组织的成立、运动的开展,都是以特定的法律和契约为依据。

---

① Pantoja, A., & Perry, W. 1998. Community development and restoration: A perspective and case study. In F. G. Rivera & J. L. Erlich (Eds), Community organizing in a diverse society (pp. 220-242). Boston, MA: Allyn and Bacon.

第二节　助推现代化的社区自治

研究社区不仅仅是为了更好地解决社会问题,对于许多发展中国家而言,社区还是国家实现现代化的基础工程。更准确地说,现代社区及其治理是从传统社会实现向现代社会转变的一条重要途径。

一、地方自治与社团在现代化中的重要作用

现代化是一个复杂的、长期的、演变的重大社会现象。概括而言,现代化是指发端于18世纪的一些国家从传统形态向现代形态发生根本性转变的过程,这一转变体现在经济、政治、社会、文化等多个方面。具体来说,这些现代形态在经济领域表现为私有产权、企业法人、自由贸易及其所带来的技术创新、产业变迁、经济增长和生活水平提升;在政治领域表现为权威的合理化、职能的分离和政治参与的扩大等方面及其带来的民主化和法治化;在社会领域表现为自发性组织、自由流动、基于能力的地位等基础上的城市化、平等化、科层制和家庭功能下降;在文化领域表现为宗教自由、自主办学、学术自由及其所带来的理性主义、个性自由、效率至上等观念。[①] 这些现代形态都是在法治保障下且得到大多数民众认同的。

实现了现代化的国家通常具有更强的竞争优势。不过,现代化意味着对传统社会形态的根本性改变,涉及竞争准则、社会地位和利益分配的变革调整,必然会引起原有利益集团的强有力反对,也会受到传统观念认同者的抵触对立。因此,现代化的实现是一个艰难曲折、阶段跃进,但最终不可逆转的过程。

一方面来看,"现代性的关键是消除三种传统的强制合作手段:亲属关系、绝对主义国家(an absolutist State)和绝对主义教会(an absolutist Church)"[②]。另一方面,现代化要求人们将明智的利己主义变成对更大目标和全社会利益的追求,让协作活动成为可能。这种自愿合作的机构就包括了地方自治团体和社会团体。

英国是第一个实现现代化的国家,在工业革命和市场经济发生之前,地方自治团体、社会团体已经得到了充分的发展。"在17世纪的英国,并没有常设的地方各级政府,只有常住的自愿服务的各级管理人员","这是一种以地方社会为中心,依靠传统文化习俗和传统社会的纽带,以及乡绅们担任公职的自觉意识而进行的'协商'式社会管理方式"。[③] "英国光荣革命后,随着宪政和法治的推进,特别是自由主义思想的广泛传播,产生了1835年的《市镇自治机关法》,该法规规定,市镇作为自治团体应当由公民选举产生市议会和市行政首长。市议会不仅仅是立法机关,也是执法机关。"[④]

---

① 谢立中、孙立平:《二十世纪西方现代化理论文选》,上海:上海三联书店,2002年,编者前言。
② 艾伦·麦克法兰:《现代世界的诞生》,刘北成评议,上海:上海人民出版社,2013年,第159页。
③ 许洁明:《17世纪的英国社会》,北京:中国社会科学出版社,2003年,第109页。
④ 张康之、石国亮:《国外社区治理自治与合作》,北京:中国言实出版社,2012年,第83页。

除了地方自治团体外,英国还成立了各种各样的"人造"团队。这种人造团队是建立在信托制度之上,一群受托人(trustees)受命合作,共同持有和管理财产,并集体决策。这种信托会(Trust)是一个"法人"、一个"实体",由一群市民私下建立,被国家法律所承认。在18世纪,研究者就观察到,英格兰的每一个郡县、每一个城镇、每一个乡村都有俱乐部。英格兰人不仅给世人带来了种种团队游戏(team games),也给世人带来了形形色色的社团:俱乐部、男女童子军、救世军、牛津饥荒救济委员会、撒马利坦会、大赦国际、扶轮社、独立共济会,等等,不一而足。除此之外,我们还可以加上许多其他组织:政治俱乐部、皇家学会、英国学术院、工会、英国广播公司。它们都是英格兰这个"结社文化(associational culture)"中的结社性实体(associational entities)。①

拓展阅读

英国俱乐部和社团的基本特征②

它们基于人的成就(achievement),而非基于人的归属(ascription)。

它们基于契约(即自愿的、可废止的利益交换),而不是基于身份(即非自愿的、不可废止的、天生的属性)。

它们怀有有限的鹄的或宗旨,并设定一个或一套具体的——细化而非泛化的——目标。

它们具有选择性(selective)——只有某种特定的人才能成为某个特定俱乐部或社团的成员;不过它们也可能被竞争对手复制。

它们与同样性质的——如游戏的、音乐的、教育的——其他社团之间经常发生暗中的或公开的竞争。

它们以一种官僚机构式的组织实施管理,设有主席、秘书、会计和管理委员会。

它们大多拥有财产,如庭院、楼堂馆所、会议室。

它们通常拥有自己的象征性标志,如饰章(crest)、徽章、领带、箴言。

它们的成员一般由现时成员挑选——通过民主投票以及对提名的否决权。

它们不是由国家(the State)设立的正式团队,也不受国家控制。

它们可能设有特定的标准,如财富、性别、技能等,以此决定一个人是否有资格入选。

它们收取会费和捐款,用来支付它们的活动。

它们拥有一个名字和一段历史。

它们通常采取面对面形式,成员之间相互认识(恰与民族国家这一"想象的共同体"形成对照)。

它们克制自己,不干预成员在其他方面的生活。

---

① 艾伦·麦克法兰:《现代世界的诞生》,刘北成评议,上海:上海人民出版社,2013年,第160页。
② 艾伦·麦克法兰:《现代世界的诞生》,刘北成评议,上海:上海人民出版社,2013年,第163~164页。

> 它们有一套明确的行为准则。
>
> 它们可以开除并确实开除违反这些准则的成员。
>
> 它们通常由一个强悍人物所缔造(例如童子军的创立者巴登-鲍威尔[Baden-Powell],卫斯理教派的创立者卫斯理[John Wesley])。
>
> 它们可触及任何类型的活动,包括犯罪,但是它们一般都合法守法。
>
> 它们往往存续多年,有的甚至存续几百年。

英国的经验表明,地方的自治社区和社会团体对于现代化具有基础性的作用。自治的社区和社会团体不仅促进了现代社会中司法独立、权力制衡、知识创新和经济发展的实现,也通过自下而上的实践,使民众接受和掌握了现代社会的规则。

二、现代化道路的多种探索

在推动现代化的实现上,不同国家面临的环境和社会条件差别很大,各国的现代化先驱者选择了各具特色的路径。概括而言,主要有三个大的类别。一是底层发动革命;二是上层主动改革;三是地方自治运动。从历史来看,这些不同道路的进程及其后果有着显著差异。

1789 年爆发的法国大革命是底层发动革命的典型代表。以攻占巴士底狱为开端,这场革命一直延续到 1794 年,先后经历了君主立宪派、吉伦特派、雅各宾派和热月党人的统治和多次起义、战争。虽然革命通过了著名的《人权宣言》,宣布了"人身自由,权利平等"的原则,然而革命之后拿破仑却通过"雾月政变"建立了独裁统治。对此,历史学家总结道:"大革命所肇始之自由主义,与其说是一种哲学,不如说是一种激情,第一个议会——国民议会致力于通过削弱权威、弱化行政部门、分散权力来实现那种理想。在吉伦特派统治时期,当国家处于危急关头的时候,这一政策破产了,雅各宾派依据下面的原则进行统治:权力如果来自人民,就应当集中到尽可能少的人手中,使其成为绝对不受约束的。平等取代了自由,于是产生了下面的危险:最受欢迎的平等,就是平等地分配财产。""它们占有了教会财产,以其充当国家信用的基础。他们占用了王室领地,没收了流亡者和不满分子的地产,没收了公地和林地。在战争时期,则可以劫掠富裕的邻国的财产。通过这些措施,农民的收入翻了一番,人们以为,这样大概可以使民众不用再纳税,而通过财富的大规模转移,巴黎也不会再有穷人。但这种措施最后走到了尽头,共和三年的宪法为革命时期画上了句号。"[①]在对法国大革命原因及其结果的众多研究中,托克维尔从法国改革封建制度的角度进行了深入分析,他指出:"贵族在丧失其古老的政治权利后,已不再治理和领导居民——这种现象为任何欧洲封建国家所未见,然而他们却不仅保留而且还大大增加贵族成员个人所享有的金钱上的豁免权和利益。"同时,"国王政府在废除各省的自由之后,在法国四分之三的地区取代了所有地方权利,从而将一切事务无论巨细,都系于一身"。托克维尔认为,"法国这两个特殊事实足以解释为什么一次骚乱就能彻底摧毁君主

[①] 阿克顿:《法国大革命讲稿》,秋风译,贵阳:贵州人民出版社,2004 年,第 369 页。

制"。这两者结合起来的结果就是"中世纪的英雄市镇移到美国,变为美国的'乡镇'(township),实行自理自治,而在法国却不理不治。官吏为所欲为,为使他们成为更得心应手的专制政府,国家精心保护他们,对付受他们损害者的力量"①。从地区自治的角度来看,法国显然在破坏了传统的聚落共同体的同时没有建立其新的社区自治。

1963 年在伊朗由巴列维国王推动的现代化改革是上层主动改革的代表性事件。巴列维称:"这种革命应该完全改变伊朗社会的基础,使他能同当前世界上最先进的社会媲美,并且成为具有社会正义和个人权利的最进步的原则基础上的社会。"他宣布发动包括六点改革计划的"白色革命",包括土地改革、森林国有化、出售国有企业以筹措土改基金、工人参加公司分红、让妇女享有选举权、组建到农村扫盲的"知识大军",之后又分别增加了两批改革内容。②"白色革命"的核心目标是扫除伊朗现代化进程中的传统障碍,让国家组织渗透到基层社会。例如,传统的地主被限制在城市里,而土地流动的市场化让国家取代地主阶层控制了乡村。不过,随着传统的地主、宗教界、手工工匠、巴扎商人利益的减少,国王的独揽大权、官僚机构、军队和秘密警察成为巴列维王朝的三大政治基础。新兴政治力量不能被纳入体制内,同时又破坏了传统政治力量的根基。当 1975 年石油收入大幅度减少后,伊朗的财政赤字加剧,在持续的抗议和冲突之后,巴列维王朝及其改革都被废除。1979 年 4 月 1 日,伊朗伊斯兰共和国成立。伊朗主动现代化的案例也表明,缺乏良好的基层社会自治,仅靠经济增长是不可持续的。

实现现代化的第三条进路是开展地方自治运动。近代以来中国在多个地方开展了以乡村自治为核心的乡村或县域建设的活动,试图以此为现代化的实现奠定基础。在这些探索中,早期有晚清的实业家张謇在南通的区域现代化试点。张謇认为"国家之强,本于自治,在实业、教育,而弥缝其不及者,惟赖慈善"。他从"经营乡里"到"实业救国""棉铁主义"以至"南通地方自治",至 1924 年拥有 40 多家企业,举办了大量教育和慈善事业,使南通成为具有现代色彩的模范县城。之后比较有影响力的乡村自治活动还有,在 20 世纪初,从日本回国的米迪刚和其父亲米鉴三在河北省定县翟城村的自治改革,体现了"一地方人、用一地方钱、办一地方事"的自主精神,成为全国有名的"模范村"。1927—1949 年间著名实业家卢作孚领导开展了嘉陵江三峡乡村建设运动,以经济建设为中心推动"乡村现代化",将北碚这个荒僻的小乡村建设成为一个"具有现代化雏形"的市镇。此外,还有学者晏阳初在河北定县等地开展平民教育和乡村建设活动,学者梁漱溟在山东邹县等地开展乡村建设运动,都取得了一定成效。

然而,早期的地方自治运动都因各种原因而中途夭折。从当时的历史条件来看,地方自治本身所存在的局限性可能是其难以承载现代化重任的深层原因。具体而言,一是地方自治是在熟人社会中进行,难以移植适用于陌生人社区。作为熟人的聚落共同体,其社会关系和基本架构都在,只要在生产技术、组织功能、行为规则上做出改变即可,无须"伤筋动骨"地重起炉灶。然而,在工业化、城市化大潮的冲击下,这些原来由熟人组成的农村

---

① 托克维尔:《旧制度与大革命》,冯棠译,北京:商务印书馆,1997 年,第 235~236 页、第 10 页。
② 王铁铮:《世界现代化历程·中东卷》,南京:江苏人民出版社,2009 年,第 160 页。

共同体不得不出现迁移、流动和萎缩,取而代之的是陌生人社区。陌生人社区缺乏天然的社会关系和基本架构,也就难以直接移植地方自治运动的经验。二是地方自治运动是以行政或权威力量为主导,缺乏社会第三方参与。一旦权威力量不存在,就会出现维持不下去的情况。这就意味着,只有当现代社会组织出现后,现代社区的自治才有可持续的推动力量。三是地方自治采取经验性的做法和服务,缺乏专业的理论和方法。无论是社区的自治还是服务,都需要有科学技术支持的专业化方法。囿于历史条件,当时不可能有适应社会工作的专业人员的参与,所能取得的治理和服务效果也就有限。

拓展阅读

梁漱溟的山东乡村建设运动①

梁漱溟认为改造中国要从乡村着手。他的乡村建设理论主要是:"拯救中国,恢复伦理本位社会;一点一滴的教育就是一点一滴的建设。"他认为,中国问题不是对谁革命,而是要走乡村建设的道路,作广义的教育功夫,使政治伦理化,救济合作化;务必以乡村"团结"自救的方式,建立"情谊化"的乡村组织,确保"乡村文明"目标的最终实现。

1931年,梁漱溟创办了直属于山东省政府的山东乡村建设研究院。之后,梁漱溟所主持的山东乡村建设实验区由邹平一个县扩大到14个县。主要采取的工作:一是县政改革,内容包括县政机构改革、会议制度、区划变更和"政教合一"。二是乡村教育,主要是实施成人教育和社会教育。三是发展合作组织,各类合作社的建立和活动的开展,在一定程度上增加了农民的收入。四是农业改良,主要包括棉业、蚕业、畜牧业、林业和兴办水利。五是开展乡村自卫,通过乡村学校组织18岁至25岁的青年进行自卫训练,扩大乡村自卫组织。六是文化卫生建设,提倡新习俗、新习惯,对恶习加以取缔禁止。1937年7月抗日战争爆发,乡村建设运动被迫停止。

无论发展中国家选择了哪一种现代化的道路,都会面临基层社会转变为现代自治社区的难题。如果无法形成现代自治社区,仅仅有社会上层架构的改变,不仅缺乏推动现代政治、经济和文化发展的团体,而且许多基础性的社会问题也难以解决。

三、中国现代化的持续推进

如果1840年的鸦片战争开始把中国卷入世界资本主义体系,使中国传统社会逐渐发生新的变化,标志中国现代化的开端,那么中国的现代化已经历了180余年的时间。在这180多年中,中国的现代化经历了多个阶段,也尝试了多种发展道路。② 在不同阶段,对于现代化的本质和目标的理解有一定差异。从洋务运动的"师夷长技以制夷"到戊戌变法的

---

① 张永理:《社区治理》,北京:北京大学出版社,2014年,第133~135页。
② 虞和平:《中国现代化历程》,南京:江苏人民出版社,2001年,第1~3页。

"鼓民力、开民智、新民德",从立宪运动的"政治改革"到辛亥革命的"推翻专制",中国的现代化浪潮一直没有停止。

1949年之后,中华人民共和国政府继续将现代化作为发展目标。在相当长的时期内,现代化的内容集中在"农业、工业、国防和科学技术""四个现代化"上面。随着1978年改革开放的推进,工作重心进一步转到四个现代化上来,提出以发展国民经济、发展社会生产力来实现以经济现代化为中心的四个现代化上。随着经济建设的深入,邓小平指出:"我们要在大幅度提高社会生产力的同时,改革和完善社会主义的经济制度和政治制度,发展高度的社会主义民主和完备的社会主义法制。"①显然,此时对现代化的理解已经从经济建设进一步扩展到制度建设上。

拓展阅读

"四个现代化"的提出

第三届全国人大于1964年12月召开,周恩来代表国务院在《政府工作报告》中正式向全世界宣告:"今后发展国民经济的主要任务,总的来说,就是要在不太长的历史时期内,把我国建设成为一个具有现代农业、现代工业、现代国防和现代科学技术的社会主义强国,赶上和超过世界先进水平。"他接着又提出了经济发展的两步设想:"第一步,建立一个独立的比较完整的工业体系和国民经济体系;第二步,全面实现农业、工业、国防和科学技术现代化,使我国经济走在世界的前列。"

在十八届三中全会的报告中提出:"全面深化改革的总目标是完善和发展中国特色社会主义制度,推进国家治理体系和治理能力现代化。必须更加注重改革的系统性、整体性、协同性,加快发展社会主义市场经济、民主政治、先进文化、和谐社会、生态文明,让一切劳动、知识、技术、管理、资本的活力竞相迸发,让一切创造社会财富的源泉充分涌流,让发展成果更多更公平惠及全体人民。"国内外的一些媒体由此将"国家治理体系和治理能力现代化"称为"第五个现代化",表明了中国现代化进程的深化发展。在十九届三中全会报告中进一步提出:"必须加强和创新社会治理,完善党委领导、政府负责、民主协商、社会协同、公众参与、法治保障、科技支撑的社会治理体系,建设人人有责、人人尽责、人人享有的社会治理共同体";"健全党组织领导的自治、法治、德治相结合的城乡基层治理体系,健全社区管理和服务机制,推行网格化管理和服务,发挥群团组织、社会组织作用,发挥行业协会商会自律功能,实现政府治理和社会调节、居民自治良性互动,夯实基层社会治理基础"。在《中共中央关于制定国民经济和社会发展第十四个五年规划和二〇三五年远景目标的建议》中提出:"推动社会治理重心向基层下移,向基层放权赋能,加强城乡社会治理和服务体系建设。"这些政策表明,作为社会治理的重要组成部分,社区治理对于国家治理体系和治理能力现代化具有基础性的作用,是中国实现现代化的基础工程。

---

① 邓小平:《邓小平文选》(第二卷),北京:人民出版社,1993年,第208页。

第三节　学习和研究社区治理的价值与思路

社区及社会治理在中国现代化进程中的基础性作用，不仅要求深入研究和了解社区治理的原理和方法，也要切实深入社区治理的实践，积极推动社区发展。

一、实践的需求与理论的作用

19世纪50年代之后，随着工业化、城市化、商业化在欧美国家的发展，原来的农业社会结构、人际关系、文化传统遭到冲击，城市里的贫富差距拉大、犯罪增多、关系疏远等问题开始凸显。为了解决这些社会问题，研究者开始了对社区的广泛研究。这些研究成果可以概括为以下几方面。[1]

一是在社区的区位分布上，先后形成了古典人文区位学理论、社会文化区位学理论和新正统区位学理论。古典人文区位学理论认为社区的形成体现了人的竞争本性，是人类生物因素的体现，产生的是一种社区内各个群体之间相互依赖的共生关系。社会文化区位学理论认为美国城市的社区空间布局在很大程度上反映了美国人在自由、个人主义、发展和事业成就等方面的价值观。新正统区位学理论关注通过功能分化去适应环境，认为社区成员在适应环境的过程中会形成一种相互依赖的关系，是集体的适应和社区的平衡。

二是在社区的互动关系上，分别从社区的群体组织结构功能、互动关系、活动范围和场域三个层面进行了研究。社区的互动理论重点关注了社区中的竞争、合作、冲突、接替等互动过程，及其与家庭、宗教、政治、教育、经济等的制度关系。

三是在社区的结构功能上，采取了整体性的系统研究。这一研究视角将社区看作由各种相互联系、彼此依赖的部分所组成的整体，各个部分对整体起一定的作用，发挥其特定的功能。

四是在社区的冲突上，延续了对社会冲突的研究。社区冲突理论认为，社区是一些人聚集在一起追求各自利益的地方，必然会产生社区冲突。经济争端、政治争端、价值观的冲突是社区冲突的根源，导致社区冲突的各种事件相互强化。

五是在社区的权力结构上，主要有精英控制模式论和多元权力模式论。前者基于20世纪20至30年代林德夫妇对中镇的研究，[2]认为社区中的某个家族垄断了全社区的经济命脉，从而控制了整个社区。后者则基于1961年罗伯特·达尔对美国康涅狄格州纽黑文社区的研究，发现社区存在一个多中心、分散的权力体系，社区政治权力分散在多个团体或个人的集合体中。[3]

---

[1] 张永理：《社区治理》，北京：北京大学出版社，2014年，第62~66页。
[2] 罗伯特·S.林德：《米德尔顿：当代美国文化研究》，盛学文等译，北京：商务印书馆，1999年，第460页。
[3] 罗伯特·达尔：《谁统治：一个美国城市的民主和权力》，范春辉、张宇译，南京：江苏人民出版社，2012年，第18~19页。

六是在社区的演变方向上,先后有"社区消失论""社区幸存论"和"社区解放论"。社区消失论认为,随着城市化进程的深化,地方性小社区的自主性和团结程度明显降低,整个社会呈现为一种标准化的、同质性的、种族和阶级区别不明显的大众社会。社区幸存论则通过实地调查认为,美国城市居民仍然保持着邻里关系,依然存在着地方社区感。社区解放论则从社会网络的角度提出,城市社区不再完全是一个地域性共同体或亲属群体,而是众多特殊化的、以兴趣为基础的社区的成员。[①]

概括而言,现代社区的转型和建设是一个非常具体复杂的活动,而且在城市和农村、在不同的城市有着很大的差别。但是,社区发展的目标是类似的,促进社区发展是社区治理的核心目标。社区治理的核心是通过开发和提供居民所需要的各类服务,获得服务的过程既是解决社区内养老、济贫、安全等问题的过程,也是实现社区发展的过程。

由于社区治理内容的多样和烦琐,因此仅靠经验来促进社区治理是不够的,还必须建构坚实的社区治理理论,并在实践中应用和改进这些理论。作为社区治理理论的基础,需要深入了解中国社区发展的法律政策与现状,揭示社区治理的多元主体及其运行机制,掌握社区治理的各类要素与服务的供给方式。这就意味着,社区治理理论不是抽象的逻辑推理,而是结合实践做出的总结和分析。在不同的国家和地区,社区治理理论都需要在深入调查的基础上结合当地的具体情况,才能够有效推动当地的社区发展。

二、复杂问题的多学科解析

社区是"麻雀虽小,五脏俱全",涉及居民日常生活的方方面面,每一项服务的开展也涉及法律政策、专业组织、技术条件等多个层面。因此,社区治理是一个复杂问题,单靠某一个学科或专业是无法有效解决的。要借助心理学、社会学、经济学、法学等多个学科和法律、非营利组织管理、社会工作等专业技能,才能够形成具体可行的思路和方法。

具体来说,社区治理需要研究两个层面的问题。第一个层面是社区治理要素的形成。包括社区的人力开发、资金开发、活动空间的开发、草根自组织的开发等。第二个层面是社区服务的供给。包括社区教育与文化服务、社区养老服务发展、社区治安与社区矫正、社区环境的管理与改善、社区慈善与救助服务等。社区治理要素是社区服务供给的前提条件,社区服务供给则是社区治理的核心内容。通过对这些社区治理要素和社区服务的深入分析,不仅促进社区治理理论的提升,也对社区治理实践提供思路和借鉴。

三、对学习者和研究者的要求

学习和研究社会治理既有助于改进实践中的工作,也有助于提升理论分析能力,促进理论与实践的深入结合。对于社区治理的学习者和研究者而言,需要具备下列三个方面的基本条件。一是应能够积极关注社会发展。只有热心社会公益、关心社会发展,才能够对社区治理产生兴趣,具有深入学习的动力。二是应该尽力做到知行合一。社区治理是一个实践性很强的理论分析课程,强调对实践的了解和知行合一。三是要有一定的创新

[①] 陆军:《营建新型共同体:中国城市社区治理研究》,北京:北京大学出版社,2019年,第18页。

思维。各类社会治理问题的解决不仅要依据明确的法律和相应的理论,还要结合实际情况进行创新。具有一定的创新思维,才能够感受到社区治理学习和研究的乐趣。

课后提升

一、必懂知识点

1. 国家与聚落共同体的相互关系。
2. 狭义和广义的社区内涵。
3. 现代社区的主要特点和功能。
4. 社区自治在现代化中的作用。

二、应用练习

选择一个便于调查和参与的社区,完成下列任务:

1. 记录该社区的名称、地理位置、所辖小区(村)的数量和名称、常住人口和流动人口数量。
2. 绘制一张该社区的草图,标出山川地貌、河流水系、主要建筑物和道路交通等的方位和名称。

三、提问、解答与建议

如果您对本章内容有任何评论、疑问和建议,请扫描下方二维码后留言,我们将及时回复。

第二章　社区治理的目标是促进社区发展

现代社区形成之后，作为一个生活的共同体不仅需要一些基本规则，也需要对公共事务进行相应的治理。那么，治理与管理有何不同？什么是社区治理？社区治理的目标和愿景是什么？回答了这些问题，才能够为社区治理确立明确的方向。

第一节　从政府管理到社区治理

社区治理是从传统的国家控制与管理中发展而来，随着法治、民主与自治理念的广泛传播，社区治理成为越来越多地方的选择。

一、传统社会中的国家统治与管理

在人类聚居的地方，都会有一些公共事务需要处理，同时也需要建立最基本的行为规则，以维持日常的生活秩序，开展合作。从这个意义上说，无论是在古代的聚落共同体中，还是在现代社区中，社会管理是一个普遍存在的现象。

不过，在古代的聚落共同体管理中，政府或者领主的利益是管理的首要目标。因此，政府管理或者政府控制是指国家及其执行机构政府所采取的具有强制性和权威性的公共管理活动。管理的权威来自政府或领主，权力中心是单一和集中的，依靠的是科层制度的机构网络，具体的执行者则是具有政府职务或领主、宗教组织授权的专门人员。在权力运用上采取的是自上而下的主动性行为，发布并实施各类正式的法规政策来管理公共事务。除了这些强制性的管理和法庭审判等活动外，传统社会管理还积极利用民间的规约及宗教、伦理等进行管控。

在欧洲，庄园领主和教区的神职人员在社会管理中起着重要作用。一方面，通过庄园法庭和约定俗成的法律来规范日常生产、生活中的各种问题；另一方面，通过教会的布道和训导规范人们的伦理和行为。在中国，朝廷和各级官员在社会管理中具有基础性的作用，对民众的人身限制是历代王朝进行聚落共同体管理的起点。从秦国的商鞅变法起，就规定居民登记入户籍，之后还采取了连坐法。到宋朝王安石变法，设置了保甲制度，承担了警卫、收税和户籍管理的职能。明代以大诰、教民榜文等法令文告形式将国家法律公布于世，以警示教化天下百姓。官员承担了审判案件、行政管理以及道德教化等多方面的功能，其权力远远超过聚落共同体的居民。即使在乡间的"乡约民规"，通常也是由官员来提出颁布，其主要职能是完成官府的任务，同时维护地方上矛盾调节、婚丧嫁娶、表彰批评等事务。

拓展阅读

王阳明制定的"南赣乡约"①

咨尔民，昔人有言："蓬生麻中，不扶而直；白沙在泥，不染而黑。"民俗之善恶，岂不由于积习使然哉！往者新民盖常弃其宗族，畔其乡里，四出而为暴，岂独其性之异，其人之罪哉？亦由我有司治之无道，教之无方。尔父老子弟所以训诲戒饬于家庭者不早，熏陶渐染于里闾无素，诱掖奖劝之不行，连属叶和之无具，又或愤怨相激，狡伪相残，故遂使之靡然日流于恶，则我有司与尔父老子弟皆宜分受其责。

呜呼！往者不可及，来者犹可追。故今特为乡约，以协和尔民，自今凡尔同约之民，皆宜孝尔父母，敬尔兄长，教训尔子孙，和顺尔乡里，死丧相助，患难相恤，善相劝勉，恶相告戒，息讼罢争，讲信修睦，务为良善之民，共成仁厚之俗。

呜呼！人虽至愚，责人则明；虽有聪明，责己则昏。尔等父老子弟毋念新民之旧恶而不与其善，彼一念而善，即善人矣；毋自恃为良民而不修其身，尔一念而恶，即恶人矣；人之善恶，由于一念之间，尔等慎思吾言，毋忽！

一，同约中推年高有德为众所敬服者一人为约长，二人为约副，又推公直果断者四人为约正，通达明察者四人为约史，精健廉干者四人为知约，礼仪习熟者二人为约赞。置文簿三扇：其一扇备写同约姓名，及日逐出入所为，知约司之；其二扇一书彰善，一书纠过，约长司之。

（后略）

二、市民社会基础上的自治

中世纪的欧洲，传统信仰影响着人们的自由，规范着世俗社会的行为。在世俗王权与宗教教权的冲突中，一些新兴的城市得以获得一定的自由。在城市市民的争取下，封建领主们逐渐做出妥协，通过颁发给领主所管辖的城市特许状来给予这些城市自治的权力，这些城市就可以自主管理自己的内部事务。最早意大利的一些城市建立了公民大会这样的组织，执政官由市民自己选出，而不是由封建领主任命，城市有征税的权力，城市市民有纳税的义务，由此城市有了独立的财政来源和独立的司法，从而实现了城市自治。城市由城市政权和行会构成，在城市政权实施着对城市的治理时，行会作为工商业的自组织，也实施着自我治理。在此情况下，城市和工商业得到迅速发展，城市里的人们逐渐摆脱封建制度以及土地关系对人的束缚。在一些地方，城市甚至成为独立于教权和王权之外的第三支力量。

在封建王室与代表行会的城市政权争夺城市控制权的过程中，城市市民把摆脱行会和城市政权控制的要求寄托到了王室身上，从而使得王室真正成为绝对国家的权力所有

---

① 王守仁：《王阳明全集·知行录》，北京：红旗出版社，1996年，第227～228页。

者。在这一过程中,行会受到限制,市民获得了劳动和受雇佣的自由,具有了联合捍卫自身利益的可能。随着城市市民的意识在农村的传播,农村的村民也逐渐转变为市民。到14世纪后期,市民已经不再是纯粹的城市中市民了,而是一个广泛的社会阶层,构成了市民社会。随着王室转化为国家机构并以绝对国家的形式出现,市民也逐渐向国家体制下的"公民"角色转变。作为公民,就成为国家的构成要素和基础,具有了参与国家事务上的权利和义务。作为市民,有着个人的利益追求和社会责任。

市民社会是社会自治的基础。所谓社会自治,就是市民社会对与自己直接相关的社会事务进行的自主管理。社会自治可以通过多种形式进行,扩展到政治、经济、文化等多个领域,包括城乡居民自治、社区自治、地方自治、行业自治、社会组织自治等。概括而言,"社会自治为公民提供了一个表达自己意愿的良好空间,通过社会中的自组织,通过各种有效的沟通渠道,社会成员可以进行利益表达,增强社会力量,最终实现与国家的良性合作发展,社会自治实际上是在国家与社会之间建立起了一座桥梁。在社会自治得到充分发育的条件下,政府可以从很多领域退出,把更多的权力交给社会,从而使国家治理得更好,社会也可以通过社会自治来更有效地实现自己的利益,维护自己的各项权利。一个国家如果充分地实现了政府与社会的有效合作,其实也就为走向'善治'奠立了基石"①。

拓展阅读

美国的社区民主自治模式②

参与美国社区治理的主体包括地方政府、社区委员会、社区居民等,各主体分工明确,权责清晰,统筹协作。

在社区治理组织上,美国政府不直接干预社区公共事务管理,一般不会在社区设立基层组织或派出机构,而是通过出台各种法规、政策以规范社区内不同利益主体的行为。

社区委员会是社区的主要议事和决策机构,其职责包括制定社区发展规划、参与编制预算和资金使用计划、决定社区重大事项、分派社区日常事务工作、监督和评估社区服务质量、收集社区居民意见等。社区委员会由若干成员构成,其成员必须是本社区居民,或是在本社区就业,或是在本社区有重大利益的市民。社区委员会成员由区议员提名,经社区居民直接选举产生,再由区长任免,由此产生的成员享有社区重大事项决策的表决权。社区委员会主席由委员会成员选举产生,领导社区委员会工作。此外社区委员会还任命社区主任一名,接受委员会的直接领导,主要负责履行委员会的决策,执行预算和资金使用方案,向委员会提出建议,与政府官员、立法机关和行政区的区长就本社区福利和与居民有关的问题进行协商合作等。

---

① 张康之、石国亮:《国外社区治理自治与合作》,北京:中国言实出版社,2012年,第71页。
② 陆军:《营建新型共同体:中国城市社区治理研究》,北京:北京大学出版社,2019年,第35~36页。

在管理社区日常事务时,社区委员会通常会按照社区的实际需要把工作划分为若干方面,组成各种专业委员会进行管理,如环境保护委员会、儿童福利委员会、社区服务委员会等。各专业委员会的领导人由社区委员会成员担任,其他成员可由社区居民竞选担任。此外,有些城市社区还设有"顾问委员会",作为社区管理与社区服务的咨询机构,对社区自治进行监督。

美国社区居民依法享有选举权、表决权等自治权利。社区居民直接参与社区自治的方式包括参加社区会议、社区听证会,竞选社区专业委员会委员,参加志愿服务工作等。参与社区委员会成员选举是居民间接参与社区自治的方式。社区会议定期召开,主要由社区委员会主席向居民汇报工作情况和工作计划,向居民传达涉及本社区利益的政策变化。社区听证会主要就涉及本社区公共利益或与本社区居民日常生活密切相关的问题展开讨论,以求消除分歧,达成共识。社区会议和社区听证会的时间、地点、议题等都必须先通过各种渠道告知每一位社区居民,时间一般安排在非工作时间,以保证和便利社区居民的参与。

三、现代社区的多元治理

自治是治理的核心内容之一,虽然治理还包括了其他的内容。在20世纪90年代初期,世界银行最早在公共管理中引入了"治理"(governance)一词。在有关治理的诸多定义中,最具有代表性和权威性的是全球治理委员会在1995年发表的报告《我们的全球之家》中的界定:治理是各种公共的或私人的个人和机构管理其共同事务的诸多方式的总和。治理是使相互冲突的或不同的利益得以调和,并且采取联合行动的持续的过程。[①]与政府管理相比,治理的主要特点包括:一是治理的主体并不一定是公共机构,也可以是私人机构,也可以是公共机构和私人机构的合并。二是治理是一个上下互动的管理过程,主要通过合作、协商、建立伙伴关系等方式实施对公共事务的管理。三是在治理的过程中,权力是分散的、多元的和分层次的。

解决现代社区各项事务,仍然只采取政府管理的方式是不够的。这不仅是因为现代社区的居民是具有个人权利的市民或公民,而且是因为现代社区中存在着多种主体。因此,现代社区的多元治理就成为一个普遍现象。所谓社区治理,是指在法治化的前提下,由政府行政部门、社区自治组织、社区居民等多元主体共同参与社区公共事务的活动。通过提供多样化服务来解决社会问题是社区公共事务的主要内容。社区治理的出发点是社区居民利益的主体性,社区治理必须符合社区的整体利益和最大利益。政府行政部门虽然是社区治理的主体之一,但不是社区治理的唯一权威,其发挥作用的方式更应该是引导和服务等新的手段,而不是行政性的强制,是社区实现"自我教育、自我管理、自我服务、自我约束"的状态。

在中国,2017年《中共中央国务院关于加强和完善城乡社区治理的意见》中明确提出

---

① 俞可平:《治理与善治》,北京:社会科学文献出版社,2000年,第17页。

了社区治理的概念和具体内容，指出："城乡社区是社会治理的基本单元。"提出了城乡社区治理的总体目标是：到 2020 年，基本形成基层党组织领导、基层政府主导的多方参与、共同治理的城乡社区治理体系，城乡社区治理体制更加完善，城乡社区治理能力显著提升，城乡社区公共服务、公共管理、公共安全得到有效保障。再过 5 到 10 年，城乡社区治理体制更加成熟定型，城乡社区治理能力更为精准全面，为夯实党的执政根基、巩固基层政权提供有力支撑，为推进国家治理体系和治理能力现代化奠定坚实基础。在"不断提升城乡社区治理水平"上，文件提出：增强城乡居民参与能力；提高社区服务供给能力；强化社区文化引领能力；增强社区依法办事能力；提升社区矛盾预防化解能力；增强社区信息化应用能力。在"着力补齐城乡社区治理短板"上，文件提出：改善社区人居环境；加快社区综合服务设施建设；优化社区资源配置；推进社区减员增效；改进社区物业服务管理。

第二节　社区发展成为治理目标

社区治理只是一种方式和手段，其要实现的总体目标是促进社区发展。社区在不同时期的具体发展目标对社区治理提出新的要求。

一、社区治理目标的演变

现代社区治理的提出是为了应对和解决各种各样的社会问题。在解决这些问题的过程中，社区的功能和重要性不断展现，社区治理的目标也日益扩展和明确。随着现代国家代替宗教组织进入济贫救困领域后，社区的重要性得以显现。1601 年，英国颁布了《济贫法》，开展社会救助。在该法律中规定：以社区为单位，对无亲属照顾的贫民实行有条件的救济。这一做法到了 18 世纪后进一步得到推广。工业革命后，大量农业人口涌入城市后带来了失业、贫困等社会问题。针对这些问题，在 1869 年英国出现了第一个慈善组织，其目的在于协调社区、救助穷人。之后，英国、美国等国家先后成立了各种慈善组织和社会福利机构。在这些慈善组织和社会福利机构中，不仅社区继续发挥着重要的作用，政府也参与进来。

20 世纪初，英、法、美等国家掀起了一场更具广泛性的"睦邻运动"和"社区福利中心"运动。社区睦邻运动的发起人是毕业于牛津大学的英国牧师巴涅特（Augustus Barnett），1884 年他在贫困和脏乱的伦敦东区建立了一个大学社区睦邻服务中心，命名为"汤恩比馆"，旨在团结有志之士，为贫民服务，解决社会问题。随后，巴涅特又与一批志同道合者的教会、慈善组织、基金会发起了社区睦邻运动。他们通过调动社区成员的积极性，使社区成员深入地参与到社区的生活中，充分利用社区内的各种社会资源，组织和教育居民改善环境，培养居民自助和互助的精神。这一运动展现了很强的公共服务精神和广泛参与意识，提高了社区成员的素质，在社区建设中的作用显著，为世界各国出现的社会问题的解决提供了可行的模式。由此，这一极有价值和借鉴意义的运动迅速传遍世界各地。其中影响很大的是 1886 年美国的简·亚当斯（Jane Addams）女士创建的赫尔大厦（Hull House）。

 拓展阅读

"赫尔大厦"对美国社区睦邻运动的促进

20世纪20—30年代,欧美国家的城市化进入新的阶段,中产阶级迁往郊区,城区内剩下的是破烂的公共住房、失修的学校以及许多靠政府福利生活的居民,生活设施不足,犯罪率升高。面对这一状况,许多社会学家及社会工作人员将复兴社区意识、推动社区建设看成是解决"城市病"的良方。为此,他们推动建立完善的社区机制、良好的社区设施,提供专业化的社区服务和管理工作。此时,城市管理层与基层政府也开始支持和参与到社区建设中来,政府主动通过法律、各种社会政策以及经济援助等方式介入。出现了一批具有专业特色的社区建设的案例,如20世纪30年代美国著名的防止青少年犯罪的"芝加哥计划"(Chicago Area Project),以抗议行动为组织方法的"亚伦斯基社区行动计划"(Alinsky Projects),以及为市民参与提供服务的"辛纳西社区组织实验计划"(Cincinnati Social Unit Project)等。

 拓展阅读

亚伦斯基和社区行动计划[①]

社区行动,也称为社会行动、抗议行动或冲突模式,是社区工作的一种介入方法或工作模式。它是社会工作者通过组织那些受到不合理政策对待的低下层群体,通过集体行动寻求权力和资源再分配的行动。

在20世纪30年代到70年代末,美国著名社会活动家亚伦斯基(Saul David Alinsky)采用社区行动模式,在美国进行社区行动实践,创造了激进的社区行动理论。他在《激进的号角》《都市计划复兴中的公民参与与社区组织》等著作中提出了社区行动理论,主要包括社区行动哲学和社区行动战术两部分。社区行动哲学的主要观点是:社会的民主结构不足以保证能听取所有人的声音,只有通过组织人民,形成有争议性的社区事件,才能够争取到权利。在这一理论指导下,1939年亚伦斯基组织成立了"后场邻里委员会",为当地居民争取最低限度的工资,争取就业机会,为社区各学校争取普遍提供午餐、举办托儿所等。在20世纪60年代,他先后推动成立了黑人社区组织以及推动市民参与环保等社会行动。

第二次世界大战以后,在联合国的推动下,社区治理的总体目标由原来的济贫救困、解决城市问题转变为社区发展。这是由于战后许多国家面临着城市失业、经济增长缓慢、

[①] 魏春洋:《亚伦斯基与美国的社区行动及其评价》,《宿州学院学报》,2005年第3期。

民众贫困、社会秩序恶化等一系列问题,要解决这些问题仅依靠政府的力量是不够的,于是一种运用社区民间资源、发展社区自助力量的构想应运而生。1948年,联合国提出了"以社区为基础的社会发展"。1951年,联合国经济社会理事会通过390D号议案,决定建立社区福利中心,推动全球经济和社会发展。当在方案实施中意识到社区福利中心无力承担重任时,联合国修改了390D号决议案,以"社区发展计划"代替了原来的"社区福利中心计划"。最初,联合国的社区发展计划侧重点在于发展农村,其主要援助对象限定在发展中国家的广大农村地区,意图通过扶贫性的开发促进当地的社会进步与发展,为此专门设置土地改革、垦荒、水利建设以及教育培训等项目。之后,联合国的社区援助项目又延伸到一些发展中国家的城市,采取城市住宅和贫民区改造计划。进入20世纪50年代末,联合国将社区发展的重点转向发达国家,试图通过社区发展解决工业化与城市化带来的一系列社会问题。自联合国于1950年开始推行社区发展运动以来,短短二十几年时间,已有70多个国家正在推行社区发展工作,社区发展已成为一种世界性的运动。

二、社区发展及相关概念的内涵

在1960年联合国发表的《社区建设与经济发展》的文件中表明,社区发展在社区居民方面主要表现为居民通过共同参与、自主创造去努力改进其生活水准;在政府方面主要提供技术协助或其他服务,以促进社区居民的自觉、自发与自治。总之,其目的是通过社区居民和政府的共同努力,有效提高居民生活质量,促进居民生活方式和行为方式文明化,最大限度地实现社区的自治。

联合国将社区发展定义为:"社区发展是一种有组织的努力,将当地人民自助合作的力量与政府或志愿机构协助的技术相互配合,以改善社区的生活条件。"1955年,联合国发表《通过社区发展促进社会进步》的文件,提出社区发展的10条基本原则,其核心内容是:在一个社区里,组织和教育居民,从社区的共同利益和共同需要出发,有计划地引导社区居民和组织共同参与,以自身的努力和政府联合一致,合理地利用社区的资源和外来的援助,以改善社区的经济、社会和文化状况。[①] 1960年,联合国在其发表的《社区发展与有关服务》报告中进一步拓展了社区发展的内容,认识到"社区发展是一个过程,通过这一过程,社区居民共同努力并与政府权威人士合作,以促进社区的经济、社会和文化的发展,并进一步协调和整合各社区,使它们成为全国人民生活的一部分,进而使社区发展成果为全国的繁荣和进步做出积极贡献"。

联合国对社区发展的展望和行动为社区治理提供了愿景和目标。深入来看,社区治理只是一种方式和手段,并不是最终目的。明确地将社区发展作为社区治理的目标,有助于认识社区治理的重要价值和努力方向。首先,社区发展不仅仅是解决社区中的某个问题,而是要促进社区经济、社会和文化全方位的发展。这就意味着社区治理也是全方位的,其任务是持续存在的。其次,社区发展不仅着眼于社区自身的发展,而是将社区发展

---

① 张永理:《社区治理》,北京:北京大学出版社,2014年,第67页。

作为国家发展的重要途径。这表明社区治理具有战略性的地位和价值,是国家发展战略中的一项重要组成部分。再次,社区发展的核心是开发和利用社区资源和外部资源,从而提供各类物品,提升社区居民的生活质量。要开发和利用资源,特别是促进居民参与,就要求社会治理积极以多元主体参与自治的方式,培养居民对社区的归属感,加强社区的自我解决能力(self-reliance ability)及社区整合(community integration)。

与社区发展含义较为接近的词汇还包括社区建设、社区营造、社区经营、社区开发、社区规划等。费孝通先生认为社区建设体现了一批人所发生的地缘关系和互助合作关系,包含着许多服务性内容。[1] 有的学者提出,社区建设是社区发展的局部任务,而社区发展则是社区建设的外部要求。[2] "社区营造"则是20世纪60年代日本市民运动时期的产物,致力于以生活文化为中心的人的改变和人与环境的关系协调,构建一种自下而上、多主体合作的社区治理的行动和话语体系,实现社区整体可持续发展。[3] 社区经营主要是指在社区建设中引入市场机制来建立和完善社区自我发展的机制,运作社区资源,解决社区服务和设施运营经费困难。[4] 社区开发则强调对社区资源的更高效率的利用和配置。社区规划(Planning)是一种发展手段,是社区角色群体不断分析问题,利用当地资源,确立发展目标和实施发展活动的持续循环的过程。[5]

三、社区发展运动及其成就

在联合国的大力提倡之下,社区发展成为一场席卷多个国家的运动。自20世纪60年代以来,社区发展所关注的问题不断深入,社区发展的内容不断得到充实,社区发展的行动和方法也在持续更新。概括而言,社区发展主要经历了以下几个阶段的演变。

一是在20世纪60—70年代,社区发展被理解为解决各种社会矛盾和应对各种社会问题的出发点,并成为实现社会管理和社会控制的最有效的手段。许多国家都面临艰巨的重建工作,但受限于政府资源不足,这些国家都动员地方居民实施社区发展计划。世界各国政府逐渐将社区作为解决和应对各种社会矛盾和社会问题的重要手段。其中有美国政府实施的"社区行动计划"、英国政府推出的"社区计划"。美国的社区组织主要放在经济目标上,例如办企业、创造就业机会、增加穷人收入等。例如"反贫困之战"项目,采取多种具体措施帮助穷人,如为低收入家庭购买设备、提供各种服务,为穷人提供职业培训、建经济住房等。1966年,针对非洲一些殖民地国家发展社区的实际情况,在英国剑桥召开的非洲行政官员会议重新对"社区发展"进行了定义,即社区发展是通过整个社区的积极参与和首创精神,旨在提高整个社区生活质量的运动。这样,社区发展成为世界范围内的

---

[1] 费孝通:《对上海社区建设的一点思考——在"组织与体制:上海社区发展理论研讨会"上的讲话》,《社会学研究》,2002年第4期。
[2] 刘平:《问题与思路:从社区建设到社区发展》,《学习与探索》,2002年第3期。
[3] 胡澎:《日本"社区营造"论——从"市民参与"到"市民主体"》,《日本学刊》,2013年第3期。尹广文:《社区营造:一个新的社区建设的理论与实践》,《福建论坛》(人文社会科学版),2017年第4期。吴海红、郭圣莉:《从社区建设到社区营造:十八大以来社区治理创新的制度逻辑和话语变迁》,《深圳大学学报》(人文社会科学版),2018年第2期。
[4] 高青:《社区经营:社区建设和管理的新理念》,《理论月刊》,2007年第9期。
[5] 叶敬忠、张雪梅、史丽文:《论参与式社区发展规划》,《农业经济问题》,2001年第2期。

区域社会发展策略和模式。20世纪70年代,随着亚洲"四小龙"的工业化起飞,城市快速发展,人们之间的隔绝日益严重,于是再次提出各种社区发展计划。与此相适应,社会学家也倡导提出"新协和村""田园城市"等理论。

二是在20世纪80年代,社区发展着力通过社区实现地方社会的整合,社区成为推动公民广泛参与、进行旨在促进社会整合的多方行动的活动场域。随着发达国家产业结构和生活方式的改变,社区阶层结构、社区职业结构发生变化,工业社区、高科技社区、旅游社区以及各种文化娱乐社区从传统社区中分化产生。与此同时,出现了民权运动、种族冲突、都市中心衰退、贫富分化加剧、低收入者及青少年犯罪增加、环境保护等社会问题。社区空间的隔离和边缘化,使得社区原有的经济功能、政治功能、教育功能、社会功能、休闲娱乐功能、福利功能等已不能满足社区发展以及社区居民的需求。对此,许多社会学家重新意识到工业社会给现代都市带来的危机,呼吁要复兴社区、强化社区功能,以解决工业化带来的一系列城市社会中的新问题。社区发展开始将社区规划、社区照顾、社区参与等原本相互分离的活动融合在一起,致力于改善环境、培养自助自治、非营利组织发展和志愿服务等。从早期的政府、社区作为社区发展的主要力量到整合公众、志愿者、私人部门等多元力量参与的发展模式。这一阶段有代表性的社区发展方案如美国联邦政府推出的"老年社区就业方案"和"提供老年人机会与服务方案",韩国在20世纪80年代推出的"新社区运动"等。

三是自20世纪90年代以来,社区发展成为国家用以实行社会改革、实现社会控制和社会整合的基本手段和基本单位。作为国家治理单元的社区所具有的共同体意义为民主自治提供了想象的空间,为国家与社会的良性互动提供了制度渠道。例如,在经济全球化条件下城市治理是一种复杂的治理结构,政府与社区的关系就成为治理过程中的重要组成部分。为了完善城市公私治理模式,必须重视社区发展,发挥社区的基础作用。社会学家安东尼·吉登斯(Anthony Giddens)将社区发展所具有的治理功能提升到构建新制度的高度,在其基础上提出了"第三条道路"的倡导。之后,在国际公共行政领域出现了倡扬公民参与的"社区主义"潮流。社区主义的核心价值观包括以社区作为政府最基础的施政单位,强调社区的主体性及自主性;培养社区自我诠释之意识和解决问题之能力;培育社区营造人才,强调社区授权的重要性。主张自下而上地参与,使公共政策的制定更能符合民众最直接的需求。不少国家对政府与社区的角色重新定位,将社区发展视为设计未来公共事务治理模式、解决繁难公共问题的关键因素。由此社区主义在一些国家成为拓展公共行政领域的政治家们的政策理念。例如,新加坡曾致力于建立"新加坡人的社区主义",以使社区所有成员包括政府、民意代表、市民等,在公共论坛中都能理性地表达己方的意见,并耐心地倾听他方的意见。①

---

① 潘泽泉:《社区建设与发展话语的实践逻辑与新趋势》,《中共天津市委党校学报》,2009年第5期。

拓展阅读

安东尼·吉登斯与他提倡的第三条道路①

《第三条道路：社会民主主义的复兴》是英国伦敦经济学院院长安东尼·吉登斯创作的政治学著作。该书分析了古典社会民主主义和新自由主义的合理之处与不足，提出了"第三条道路"的思想，试图寻找能够解决新问题的新制度。第三条道路政治理论在抛弃集体主义之后，寻求个人与社会之间的一种新关系，并试图重新界定权利与义务。这一理论的主要座右铭是："不承担责任就没有权利。"他认为伴随着个人主义扩张的应该是个人义务的延伸。例如，失业救济所应当附带的是积极寻找工作的义务。要确保福利制度不妨碍积极地寻找，这是政府义不容辞的责任。

吉登斯提到了"国家和公民社会应当开展合作"，第三部门的介入、社区的自助发展以及"民主家庭"的概念。他认为一个平等的社会应该具备"平等、有限的精英统治、公共空间的复兴、超越劳动的社会、积极的福利政策、社会投资型国家"。该书中特别强调了社区发展的重要作用。他提出，"社区这一主题是新型政治的根本所在"，面对诸如"社区素质衰落、贫富差距继续扩大"等日益严重的社会问题，只有社区建设才能解决，"社区建设不但意味着重新找回已经失去的地方团结形式，它还是一种促进街道、城镇和更大范围的地方区域的社会和物质复苏的可行办法"。社区建设必须"重视支持网络、自助以及社会资本的培育"，"根据情况的不同，政府有时需要比较深入地干预公民社会事务，有时又必须从公民社会中退出来"。

第三节 社区发展的多种理论模式

在社区发展的实践上，形成了多种视角的理论模式。这些理论不仅解释了社区发展的客观现实，也提出了促进社区发展的科学思路。

一、从需求为本到优势视角

在社区发展提出后，早期主要是需求为本的社区发展（Needs-based Community Development）模式。需求一般是指社区所面临的各种失业、贫困、犯罪、适用住房缺乏等问题。社区"需求"导向一直以来被社区发展实践者看作最有价值的社区发展模式之一。社区需求使居民获得极大的动力，通过集体行动发出更强大的声音。但是需求为本的社区发展作为一种依赖外部支持的社区发展，在取得一定成就的同时，遇到了越来越多的挑战。

---

① 安东尼·吉登斯：《第三条道路：社会民主主义的复兴》，郑戈译，北京：北京大学出版社、生活·读书·新知三联书店，2000年，第82～92页。

一是外部资源的有效性和依赖性。以需求为本的社区发展重视向外部寻找资源支持，这些资源包括技术、商业投资或者专家咨询。其背后的假设是：社区有问题，专家有答案。社区专注于提出需求，外部资源则能够提供一种"快速奏效"解决本地问题的可能性。不过，过分依赖外部资源，不利于培养提升居民能力。而且外部支持对社区问题只是一般化的处理，很少能够理解本地背景。而且，外部支持很少能够提供持续的支持，不利于社区发展的成功。

二是合作关系的阶段性和不可持续性。以需求为本的社区发展针对社区问题，可以阶段性地在某个项目中建立起合作关系。然而，一旦问题得到解决，就很难将居民发动起来去应对新的问题或基于某种需求建立正式的社区组织。如果社区转向新的需求，已经形成的合作伙伴和联盟就可能解体。由于在社区发展中难以确立长期的合作伙伴关系，导致了阶段性的而不是持续性的集体行动。

三是社区居民的暂时满足与能力下降。以需求为本的社区发展重视社区居民的需求，将居民作为"客户"或者是被动的服务消费者，而不是积极的公民和建设者。当把社区问题的原因归结为来自社区之外的制度性力量时，居民容易产生无力感或疏离感，认为自己没有能力改变个人与社区的命运，被社区问题的复杂性和艰巨性压倒。[①]

在此情况下，被广泛用于社会工作的优势视角被引入社区发展领域。[②] 简要而言，"优势视角取向的实践意味着：社工要立足于探索和利用案主的优势和资源，协助他们达到自己的目标，并面对挫折和不幸，抗拒社会主流的控制"[③]。

二、资产为本的社区发展模式

资产为本的社区发展模式（Asset-based Community Development，ABCD）就是优势视角在社区工作领域的一种发展。1993 年，Kretzman ＆ McKnight 在《社区建设的内在取向：寻找和动员社区资产的一条路径》一书中提出了资产为本的社区发展模式。Kretzman ＆ McKnight 指出，社区资产是指社区中的个人、组织与机构所拥有的天赋、技巧和能力等。[④] 从需求为本转向资产为本，就是转向社区内部的资产与优势，追求以社区资产为基础、以社区关系为驱动力、内在的社区可持续发展。资产为本的社区发展不仅帮助社区居民实现其利益，而是找出有助于发展的资产，引导动员社区居民，通过社区的内在能力来提升社区生活质量。

在资产为本的社区发展的实践路径上，主要有以下特点。一是将社区资产作为内在动力。社区资产采用社区资本的形式，可以投资于社区，能够实现增值。对于社区资产的类型，有的研究者提出物质资本、人力资本和社会资本的三种形式。[⑤] 有的学者提出社区

[①] 周晨虹：《内生的社区发展："资产为本"的社区发展理论与实践路径》，《社会工作》，2014 年第 4 期。
[②] 陈红莉、李继娜：《论优势视角下的社区发展新模式——资产为本的社区发展》，《求索》，2011 年第 4 期。
[③] Saleebey D.：《优势视角——社会工作实践的新模式》，李亚文、杜立婕译，上海：华东理工大学出版社，2004 年。
[④] Kretzman J. P., ＆ J. L. McKnight (1993). Building communities from the inside out: A Path Toward Finding and Mobilizing a Community's Assets. Chicago, IL: ACTA Publications.
[⑤] 黄瓴：《从"需求为本"到"资产为本"——当代美国社区发展研究的启示》，《室内设计》，2012 年第 5 期。

资本包含五种形式：物质的、人的、社会的、经济的和政治的。① 有的学者将社区资产分为七种形式，即物质资本、人力资本、社会资本、金融资本、环境资本、政治资本和文化资本。② 要了解一个社区的内部资产状况，主要通过制作资产地图（asset mapping），如通过社区居民个人技能和工作经历确认社区经济的发展机会；考察社区自然资源是否可以通过发展旅游等方式促进社区经济发展；通过消费者调查了解社区潜在的商机；为社区居民列出可以相互提供便利服务的项目等。

二是重视社区内部的所有资源和关键力量。资产为本的社区发展尤其重视社区中被忽视的弱势群体的潜在能力。对于老年人、妇女、失能群体以及其他低收入群体，为其提供机会，建立自信并积极参与社区发展。要获得这些居民的潜在能力，通常采取面对面的个人或小组的调查访问、查看个人档案和调查社区事件等。同时，资产为本的社区发展也非常重视培育社区领袖。社区领袖的培育成为社区发展的关键，他不仅能够实现社区内部组织与外部资源的连接，而且还有助于保证社区的可持续发展。

三是重视发挥社区内组织与机构的作用。资产为本的社区发展理论认为，在社区发展中存在着很多个人行动无法克服的制度下障碍，必须通过社区组织的行动才能解决，本地社区组织更能有效克服与社区发展相关的集体行动困境。社区中组织通常包括正式组织和非正式组织，这些组织网络和社会关系有助于将社区居民发动和团结起来。同时，社区内的学校、医院、图书馆、企业等机构也是社区发展的重要资源。这些机构不仅可通过购买本地服务和产品、为本地居民提供就业岗位等方式促进社区经济发展，而且还可以为社区提供举办节庆活动的场地或设施，促进社区成员的整合。③

 **拓展阅读**

台湾地区"社区总体营造运动"的典型案例④

台湾"社区总体营造运动"强调"人、文、地、产、景"五类议题的有机结合："人"是指社区建设对社区内部人员需求的满足；"文"指的是社区共同历史文化的延续；"地"指社区地理环境的保护与特色发挥；"产"强调发展在地经济及社区产业；"景"指营造社区公共空间，创造独特景观。其中，发展社区产业、活络社区经济成为"社区营造运动"的核心环节，也是社区实现"永续发展"的关键。与追求利润最大化的其他经济形态相比，社区经济追求社会效应优先，主张运用经济手段解决社区问题。从概念上看，社区经济包括以家庭生计为诉求的生产、流通、交换和消费等诸多商品或服务的活动，力图实现一种非纯经济利益为主导的社会交换活动，以建立一种基于互助关怀的社会关系，并强调社区居民由下而上的普遍参与，充分发挥各个不同群体的才能、

---

① Ferguson R F, Dickens W T. Urban Problems and Community Development[J]. The Social Science Journal, 2000, 37(2): 317-320.
② Gray Paul Green, Anna Haines, 2012, Asset building and community development, Sage Publications, Inc.
③ 周晨虹：《内生的社区发展："资产为本"的社区发展理论与实践路径》，《社会工作》，2014年第4期。
④ 谢楠：《台湾社区经济发展探析——以三个典型社区为例》，《台湾研究》，2018年第1期。

技术与经验,以服务社区中的其他成员。

小林村位于高雄市甲仙乡,周边多山,为原住民山镇。2009年爆发的50年一遇的"莫拉克水灾害"使小林村几乎遭遇灭顶之灾。在小林村长大、在台北上学创业、开办网络法律咨询网站的蔡讼谕决定回乡打拼,被村民推举为小林村自救会会长。三年内,蔡讼谕和村民在社会各界资源的支持下,逐步重建小林,并创立"日光小林"品牌,2012年获得台湾莫拉克风灾民间贡献奖的肯定。

2013年,蔡讼谕推动小林村社区组织转型,8月正式成立"2021社会企业"。一方面,获得台湾"百佳泰"董事长简添旭先生支持,得到无偿转让的"老梅膏"技术,立足于小林村周边特有的无公害自然生长的青梅资源,深度开发"老梅"系列产品,发展以小林村为主体的"老梅经济圈";另一方面,坚持社会企业精神运作企业,规划打造上下游配套、连接小林村周边区域的老梅产业链(包括观光区、产业区等),实现周边地区的经济共荣。

三、基于多种社区资产的发展经验

以资产为本的社区发展模式在国际上得到广泛应用,①研究者通常依据对社区资产不同形式的理解来探讨社区发展的路径,概括而言,主要对以下几类社区资产的开发方式进行了研究。

一是研究了社区物质资产的开发利用。研究者认为,通过发展社区内经济活动建立居民的企业家精神与自雇能力,有助于培养居民的人力资源及建设社区资产。② 社区经济发展的形式包括社区货币、小额贷款、社区借贷网络、生产合作社、消费合作社等。③ 社区发展金融在西方已经发展了近半个世纪,取得了很好的效果和经验。通过发展特色在地产业与服务,社区经济能够为居民提供大量就业岗位。在城市中,楼宇经济具有整合各方资源、协调推动城市社区治理的先天优势。④ 在农村中,"社区发展基金"项目有效促进了农村社区的互助发展。

二是研究了社区社会资本的开发利用。社会资本是一种社会结构资源,通常表现为期望、信任、规范、网络与公民参与等。在社区中,社会组织发展状况集中体现了社会资

---

① 文军、黄锐:《论资产为本的社区发展模式及其对中国的启示》,《湖南师范大学社会科学学报》,2008年第6期。廖文伟、李梦迪、王苗苗:《从社区需要地图到社区资产地图:资产为本的城中村社区建设》,《社会工作》,2018年第3期。李林凤:《优势视角下的西部乡村民族社区发展》,《中央民族大学学报》(哲学社会科学版),2012年第4期。谢冰雪:《资产为本视角下的社区发展——基于新疆H村社区发展项目的个案研究》,《西南民族大学学报》(人文社科版),2014年第6期。

② Sharp, J. S. & Flora, J., "Entrepreneurial social infrastructure and growth machine characteristics associated with industrial recruitment and self-development in nonmetropolitan communities", Journal of the Community Development Society, 1999, 30(2): 131-153.

③ 廖文伟:《社区资本与社区发展:以香港社区经济互助计划为例》,《学海》,2017年第3期。

④ 李明超:《城市治理导向的楼宇经济社区发展模式探讨》,《同济大学学报》(社会科学版),2017年第3期。

本。研究者认为,法人团体在当代社区发展中具有重要地位;① 社会网络对社区有正面作用,可以为人们带来许多利益。② 多中心的、多元化的发展才能更好地为社区提供高质量的公共物品。社区组织化聚合社区资源,是提高社区治理的手段,增进社区社会资本的基本途径。社区发展也为社会资本理论研究提供了实践基础。社会企业作为一种运用商业策略解决社会问题的新型社会组织形态,可以成为破解社区发展中角色困境的重要路径。③ 在台湾地区社区自治发展中,"社区发展协会"最为关键。④ 中国城市社区发展经历了社区社会资本缺失与重构的过程。通过重构和培育社区社会资本,有助于促进社区发展。实证表明,总体社会资本只是社区发展绩效的必要条件,社会资本的类型是影响社区发展绩效的主要原因。⑤

三是研究了社区文化资本的开发利用。在社区层面,文化资本不仅是一些无形的历史传统、思想观念、民间习俗,也包括了具体的文学艺术、文化活动和文化产业。费孝通先生指出,对社区建设的促进"无论如何不能脱离以前的历史和文化"⑥。一些研究表明,一个成功的城市社区文化场景形成,才能对本地区增长与发展产生影响。⑦

四是研究了社区制度资本的开发利用。制度一方面会约束社区的发展,另一方面创新的制度安排也能够成为社区发展的关键条件。针对中国农村社区发展,有的研究提出要消除不利于乡村社区发展的城乡分割的二元社会制度的影响,提供新的制度供给。⑧ 有的研究发现集中居住促进了农村社区的生产发展和村落文化的变迁。⑨ 有的研究提出,新型农村社区的构建着重要保障农民的政治权利和土地收益。⑩

五是研究了社区多种资本的开发利用。在社区发展的实践,并非是某一种社区资本"一抓就灵",通常需要多种社区资本因地制宜的开发利用。研究者发现,凡能够根据本地区的实际,正确选择发展模式的社区,社区的综合发展程度就高。⑪ 应该鼓励各地寻找适合自身地理、经济、文化等区位环境特色的社区发展模式。⑫

---

① 冯钢:《整合与链合——法人团体在当代社区发展中的地位》,《社会学研究》,2002 年第 4 期。
② 杨力伟:《从社区发展组织看社会资本》,《开放时代》,2004 年第 2 期。
③ 贺建军:《社区发展的角色困境及其解决路径——一种社会企业的观察视角》,《浙江社会科学》,2015 年第 4 期。
④ 李强、陈孟萍:《社区治理中基层政府与社会组织关系探讨——中国台湾 M 县"村里"与"社区发展协会"案例研究》,《社会学评论》,2018 第 4 期。
⑤ 陈雷:《现代社会资本与社区发展——以内蒙古世界银行社区主导型发展项目为例》,《公共管理学报》,2010 年第 2 期。
⑥ 费孝通:《对上海社区建设的一点思考——在"组织与体制:上海社区发展理论研讨会"上的讲话》,《社会学研究》,2002 年第 4 期。
⑦ 吴志明、马秀莲、吴军:《文化增长机器:后工业城市与社区发展路径探索》,《东岳论丛》,2017 年第 7 期。
⑧ 闫文秀:《现代化变迁中的乡村社区发展道路探讨——基于山东省新型农村社区的调查》,《东岳论丛》,2011 年第 11 期。
⑨ 王正中:《集中居住对欠发达地区农村社区发展的影响——基于对苏北 W 村社会变迁的个案研究》,《学海》,2010 年第 5 期。
⑩ 王晓征:《城乡一体化进程中新型农村社区发展探析》,《理论月刊》,2013 年第 11 期。
⑪ 周沛:《乡镇社区发展模式和道路比较研究——以江苏省的三个周庄为例》,《南京大学学报(哲学·人文科学·社会科学)》,2006 年第 2 期。
⑫ 任远、章志刚:《中国城市社区发展典型实践模式的比较与分析》,《社会科学研究》,2003 年第 6 期。

上述研究表明,以资产为本的社区发展模式已经从理论进入实践,显示出了该理论的指导作用,也展现了不同类型社区资产的作用方式。这些研究为理解中国当前社区发展的差异性提供了重要思路。

课后提升

一、必懂知识点

1. 市民社会是社会自治的基础。
2. 社区治理的内涵及特点。
3. 社区治理目标由济贫救困、解决城市问题转变为社区发展。
4. 社区发展从需求为本向资产为本的转变。

二、应用练习

选择一个便于调查和参与的社区,完成下列任务:

1. 通过查阅资料或访谈,了解并记录该社区确立的发展目标。
2. 在社区草图上继续增加社区中的主要资产,形成资产地图。
3. 分析和判断该社区在发展理论上主要强调了哪种资产。

三、提问、解答与建议

如果你对本章内容有任何评论、疑问和建议,请扫描下方二维码后留言,我们将及时回复。

第三章　中国社区治理的法律政策与现状

社区治理在中国是改革开放以来出现的一个新兴事物。面对这一新现象，人们需要了解：为什么改革开放以来中国要推进社区治理？对于社区治理，具有哪些法律和政策依据？当前社区治理的总体状况如何？理解和掌握这些历史背景和现实情况，是推进中国社区治理创新的前提。

第一节　城乡社区的恢复及其必要性

中国城乡社区在组织结构和管理模式上经历了多次巨变。时至今日，以自治为核心的城乡社区治理方向已经形成，其重要功能也日益得到公认。

一、农村基层组织变迁与社区的恢复

自近代以来，随着政府的推行或民间的探索，中国的少数城乡基层都曾经尝试过以互助和自治为特征的现代社区建设。这些探索取得了初步的经验，也留下了历史的记忆。虽然1949年之后农村基层组织和城市基层组织经历了形式不同但在实质上又很雷同的巨大历史变迁，但最终在改革开放之后，城乡社区的性质与功能得以恢复和发展。

1949年后，在全国农村创建了两类组织，一是各乡建立党委组织，各村建立党支部组织；二是先创建农业劳动互助组（简称互助组），后又创建了初级农业生产合作社（简称初级社）和高级农业生产合作社（高级社）。互助组是为了解决劳力、耕畜、农具缺乏的困难，按照自愿互利原则组织起来的劳动互助组织。它一般由几户至十几户组成，实行共同劳动、分散经营。土地、耕畜、农具等生产资料和收获的农产品，仍归私人所有。初级社建立在主要生产资料私有制基础上，社员将土地作价入股，统一经营；耕畜与大中农机具等生产资料归社统一使用；社员参加社内劳动。初级社的总收入，在扣除当年生产费用、税金、公积金和公益金以后，所余部分分给社员，作为社员的劳动报酬和土地等生产资料的报酬。社员除参加社内劳动外，还可以耕种自留地和经营其他家庭副业，社员家庭副业的生产工具、零星树木、家畜、家禽以及生活资料等归社员所有。初级社实行民主管理，最高管理机关是社员大会。社员大会选出管理委员会管理社务，选出监察委员会监察社务。在高级社，社员私有的土地无代价地转为集体所有；社员私有的耕畜、大中型农机具则按合理价格由社收买，或为集体财产。社员的生活资料和零星树木、家畜、家禽、小农具以及家庭副业所需要的工具等，仍属社员私有。高级社在有计划分工和协作的基础上组织社员

参加社内的劳动。高级社的总收入在扣除税金、生产费、公积金和公益金以后,剩余部分根据按劳分配原则在社员之间进行分配。高级社实行民主管理,最高领导机关是社员大会或社员代表大会。它选出管理委员会管理社务,选出监察委员会监察社务。在组织功能上,初级社主要还是农村经济组织;而高级社已不纯粹是经济组织,还具有明显的行政属性,其生产、劳动、分配和生活都高度组织化。

1958年河南省驻马店市遂平县建立了第一个公社——嵖岈山公社,类似于苏联的集体农庄。1958年8月,中共中央政治局扩大会议通过了《中共中央关于在农村建立人民公社的决定》,推行人民公社化运动,撤乡、镇,并大社。农民通常把这一时期称为"大集体时期"。人民公社的组织和管理体制有四个最基本的特征:(1) 一大二公,即面积大,人口多且公有化程度高。1958年12月全国1.2亿农户组建为2.6万多个人民公社,平均每个公社4600户。(2) "政社合一",即国家基层政权组织与人民公社组织合为一体。公社管理机构为公社管理委员会,受县政府及其派出机关的领导,人民公社下辖生产大队,成立大队管理委员会,设大队长、副大队长、秘书(有的由会计兼任)、保管员、出纳员、民兵队长、治保主任和妇代会主任。公社干部为国家干部,大队干部一般由脱产或不脱产的村民担任。大队下辖生产队,设立队务委员会,选举队长、副队长、妇女副队长、会计(兼记工员)、保管员。(3) "三级所有,队为基础"。1962年后人民公社调整并确立为公社、生产大队、生产队三级组织架构,公社集体生产资料由公社、生产大队和生产队三级共同占有,生产队为组织生产、劳动和收益分配的基本单位。土地、牲畜、农具、山林、水面等归生产队所有,劳动力归生产队支配,生产队独立核算,自负盈亏,是基本的核算单位。(4) "党政不分",实行党的一元化领导。公社党委和大队支部是各自区域的领导和决策机关,包括生产和分配、招工招干和参军、救济粮款的发放,等等,都由党组织决定。"在农村合作化和集体化过程中,传统的血缘及家族组织被进一步摧毁,宗教组织也停止了活动,从而从根本上改变了传统乡村社会的组织机制和组织状态。"① 人民公社的政社合一体制,实际上是在社会一体化基础上将国家行政权力和社会权力高度统一的基层政权形式。

20世纪70年代末80年代初,席卷大陆农村的家庭联产承包责任制的改革最终结束了"大集体"时代,并由此引发了中国大陆乡村组织体系的重构和重建。家庭联产承包使农民获得了土地的使用权、收益权和生产经营自主权,农户成为相对独立的经济主体,农民的流动性增大,传统管理中所依赖的经济上的制裁和强制手段随之失效。

1982年,五届全国人大第五次会议通过了新修正的中华人民共和国宪法。宪法第十五条规定:"省、直辖市、县、市辖区、乡、民族乡、镇设立人民代表大会和人民政府。"宪法同时规定在城市和农村设立居民委员会和村民委员会,并在它们下面分设人民调解、治安保卫、公共卫生等委员会。这是重建乡村基层治理体系的决定性的步骤。1983年10月,中共中央国务院发出《关于实行政社分开建立乡政府的通知》,至1985年春,建乡工作全部完成,大陆5.6万多个人民公社、镇,改建为9.2万多个乡(包括民族乡)、镇人民政府。取

---

① 项继权:《从"社队"到"社区":我国农村基层组织与管理体制的三次变革》,《理论导刊》,2008年第11期。

消了原有的生产大队和生产小队,建立了82万多个村民委员会。

农村基层组织与管理单位的调整是表象,真正内在的变化则是村民自治组织和制度的建设及乡镇与村民委员会关系的调整。1987年11月全国人大常委会通过的《村民委员会组织法(试行)》中明确规定:"村民委员会是村民自我管理、自我教育、自我服务的基层群众性自治组织。""乡、民族乡、镇的人民政府对村民委员会的工作给予指导、支持和帮助。"1998年通过的新的《村民委员会组织法》对此再次予以确认。由此确立了"乡政村治"或"乡村分治"的新的治理体系。按照新的治理体系的设计,乡镇作为国家农村基层政权,依法行政;村民委员会作为村民自治组织,依法自治。乡(镇)和村之间在法律上不再是上下级和直接的"领导关系",而是"指导关系"。这一治理体系不仅为中国乡村社会的自我组织和管理提供了一定的社会和政治空间,也为农民的经济自主和政治民主提供了制度和组织框架。

二、城市基层组织变迁与社区的恢复

中国城市的社区自治也经历了一个曲折的过程。早在1950年3月,天津市按照居民居住状况建立了居民委员会,开始了城市居民委员会组织的尝试。在1953年,彭真向中央提交了《关于城市街道办事处、居民委员会组织和经费问题的报告》,该报告建议:"街道的居民委员会必须建立,它是群众自治组织,不是政权组织,也不是政权组织在下面的腿;城市街道不属于一级政权,但为了把很多不属于工厂、企业、机关、学校的无组织的街道居民组织起来,为了减轻区政府和公安派出所的负担,还需要设立市或区的派出机关——街道办事处。"在1954年第一届全国人大四次会议上,制定并通过了《城市街道办事处组织条例》和《城市居民委员会组织条例》。按照规定,街道办事处的任务是:办理市、市辖区人民委员会有关居民工作的交办事项,指导居民委员会的工作,反映居民的意见和要求。居民委员会的任务是:办理有关居民的公共福利事项,反映居民的意见和要求,动员居民响应政府号召并遵守法律,领导群众性的治安保卫工作,调节居民间的纠纷等。可以说,在这一时期,城市社区的现代治理基础已经形成。

另外一种较为特殊的社区形态是"单位制"基础上形成的工人社区。在新中国成立初期"单位社会"的构建过程中,东北地区在时间上最早,是作为全国的"典型"示范而存在的。中国共产党人在接收、管理东北企业的过程中,为迅速恢复生产,支援关内的解放战争,在接收企业的同时积极建立"包下来"的福利制度。各种"包下来"措施在改善、提高劳动者生活的同时,也将国人开始纳入高度组织化的企事业单位之中。在"一五"计划推进的过程中,东北在较短的时间内建立起超大密集型企业集团,对典型单位制的形成产生了较大的影响。单位不仅仅是一个经济组织,还是一个政治组织和社会组织。国家通过政府—单位—个人的链式结构达到对人的管理,从而实现社会的控制和整合。单位将众多人口聚集其中,一方面要完成国家赋予的政治和经济功能,另一方面要承担起社会功能,满足职工的各种社会需要。人们往往用"工厂办社会、学校办社会"来形容单位的全能性。一般大型单位除了殡仪馆之外什么都有,单位要负责职工的收入、住房、劳保、家属的医疗、子女的教育、交通等各种事务。一个人进入单位之后,他的生老病死均由单位负责。

有研究概括指出:"单位制度是集权的强财政体制";"单位制度是低效率的生产制度";"单位制度是推广的俱乐部产权制度"①。

拓展阅读

武汉红钢城的单位办社会②

1954年5月,经国家计划委员会和国家建设委员会批准,确定武汉市下风向的、临长江的青山为武汉钢铁公司的厂址。1952—1957年,全国各地选派大批干部及大专院校的毕业生支援武钢筹建,总计5481人。同行业抽调的技术工人26 770人,本地的临时工达两万多人。

武钢全面破土动工之后,武汉青山地区相继集结了5万多名工人和7万多名职工家属。为了解决职工及家属的生活问题,建设单位在青山镇东南坡的空旷地区,向西南延伸到红钢城桥头,赶建了一批简易宿舍。随之1956年下半年从工人村通往武昌区直贯蒋家墩、八大家、任家路的水泥大道相继建成,在大道两边修建起一幢幢苏联风格的三层红砖楼,围合式住宅楼又形成大院子,中间是学校、幼儿园。

为了满足红钢城居民的生活需求,到20世纪70年代,武汉市先后在青山红钢城修建了11个百货店、72个生活服务商店、33个零售商店、31个食品蔬菜市场、12个医疗药物零售点、9个煤球厂、1个消防队、1个清洁管理所、1个自来水厂、一个绿化草木公司,此外还在青山区铺设了20余万平方米的道路。当时十几万职工及家属的生活物资供应,都由湖北省武汉市负担。红钢城的建设主体、居民构成、生活设施、管理维护等方方面面都是由武汉钢铁公司来承担。武钢作为红钢城的母体,承担了大部分的社会功能,红钢城居民的生老病死等福利需求都可以在武钢的福利体系内完成,武钢是一个集生产、生活、文化、教育等功能于一体的"小社会"。

1956年3月武钢开办工人村四街坊子弟小学;1959年年初青山区将武钢附属中小学的人事行政权也交给了武钢,武钢的中小学教育由企业办政府管变成了企业自主管理,青山区教育局对这些中小学只有指导办学的权利,而没有领导权。到1982年,武钢共有44所中小学,达到了最大办学规模;之后随着武钢企业的改制,去副业,集中经营主业,中小学办学权逐步交还给青山区政府。

然而,历史的进程并没有按照理想的道路前行,城市基层组织的发展逐步远离了现代社区的模式。在1958年5月,中国共产党的八大二次会议正式通过了社会主义建设总路线,号召全党和全国人民,争取在15年或者更短时间内,在主要工业产品的产量方面赶上和超过英国。会上通过了第二个五年计划,提出了一系列不切实际的任务和指标。会后,全国各条战线迅速掀起了"大跃进"的高潮。同年,在农村地区掀起了小社并大社与直接

---

① 杨晓民、周翼虎:《中国单位制度》,北京:中国经济出版社,1999年,第132~182页。
② 赵丽江、刘三:《社区治理:公民生活政治的样态》,北京:中国社会科学出版社,2018年,第47~48页。

办人民公社的热潮。一些城市也开始办人民公社。河南省郑州市纺织机械厂在厂矿企业中最先举起了人民公社的红旗。随后,北京、天津、武汉、哈尔滨等许多城市相继成立了一些人民公社。之后,中共中央发出关于城市人民公社的批示,各城市的街道办事处、生产合作社纷纷合并而成为城市人民公社,变成"政社合一"的政权组织,里弄委员会、街道居委会基本上实现了人民公社化。据全国总工会的调查统计,截至 1960 年 7 月底,在全国 190 个大中城市里,建立了 1064 个人民公社,参加公社的人数有 5500 多万,占上述城市人口总数的 77%。①

城市人民公社作为一级政权组织,又是经济生活组织、社会生活组织,它在管辖的街道、里弄所在的街区,全面实行基层行政管理、组织生产,负责司法、公安、卫生、医疗、文化、教育以及社会福利、社会服务、社会救济等职能,权力空前膨胀。以上海市五里桥街道为例,1960 年成立街道党委,同年 4 月开始试办城市人民公社。街道的两个派出所、两个菜场、房管所、粮管所、地段医院都接受街道党委统一领导。街道办的组织机构达到 5 个,分别负责秘书、文教卫生、生产生活、油粮等,工作人员达到 39 人。②

城市人民公社加剧了国民经济的进一步恶化,公社的运转遇到许多困难。在此背景下,1961 年 9 月 15 日,中共中央在《关于当前工业问题指示》中指出:"全民所有制的国营工业和集体所有制的城市人民公社,不能合在一起。已经合在一起的,必须分开。"此后,国有企业退出了城市人民公社,城市人民公社就只有以机关学校为中心和以街道居民为主体了。1962 年,根据中共中央的指示,大多数城市公社的工业转归手工业合作者管理,部分转为个体经营或者家庭副业。之后,根据中共中央国务院的指示,对一些城市公社中的修理服务生活组织、托儿所、幼儿园等进行了整顿和裁减。到 1964 年下半年,城市人民公社就自然消亡了。③

然而,在 1966—1976 年的"文化大革命"时期,街道居委会体系又遭到了严重的破坏。有的居民委员会实行了军事编制,有些居民委员会干部被打成"当权派"。随着各级"革命委员会"的建立,街道办事处改组为街道"革命委员会",居民委员会也相继改称"革命居民委员会",重要任务是抓阶级斗争,严重背离了为群众服务的方向。一直到 1979 年,街道革命委员会被撤销。1980 年全国人大常委会重新公布了《城市街道办事处条例》和《居民委员会组织条例》,街道办事处、居民委员会的机构和职能得以恢复。

与此同时,随着经济体制改革的深入,单位体制和工人社区也遇到了前所未有的冲击。到 20 世纪 90 年代中期,大批国有企业陷入困境,亏损严重,许多企业资不抵债,事实上已经破产,失业和"下岗"职工多达上千万,由国家"包起来""管起来"的单位体制再也无法延续下去。同时政府鼓励国有企业破产、转制、变卖,这最终导致单位体制的松动,单位作为社会管理的基本单元也濒临瓦解。随着单位成员向体制外流失,单位职能向社区转移。

---

① 李端祥:《城市人民公社化运动的兴亡与历史教训》,《求索》,2004 年第 7 期。
② 邱梦华:《城市社区治理》(第二版),北京:清华大学出版社,2019 年,第 63 页。
③ 李端祥:《城市人民公社化运动的兴亡与历史教训》,《求索》,2004 年第 7 期。

在1986年，民政部为推进城市社会福利工作改革，争取社会力量参与兴办社会福利事业，并将后者区别于民政部门代表国家办的社会福利，就另起了一个名字，称之为"社区服务"，由此引入了社区概念。1991年，为了开拓民政工作，又提出了"社区建设"的概念。1998年国务院的政府体制改革方案确定民政部在原基层政权建设司的基础上设立基层政权和社区建设司，意在推动社区建设在全国的发展。2000年11月，国务院办公室转发了《民政部关于在全国推进城市社区建设的意见》，由此带动了社区建设在全国城市中全面开展起来，实现从原有的单位制、街居制向社区制过渡。

三、社区治理体制改革的必要性

2000年之后由街居制向社区制的改革，不仅是基层社会组织的重新改变，也是中国社会治理变革的重大举措。社区治理体制改革既是整体性改革开放的有机组成部分，也是在市场化、城市化和信息化之后的社会转型的深化发展，有着多个层面的推动因素。

一是经济体制改革带来的社会管理问题需要有新的组织来承担。以市场经济为目标的中国经济体制改革带来了社会结构的巨变，集中表现在三个方面。其一是随着大量单位解体，越来越多的人逐步摆脱单位体制的束缚，从"单位人"变为"社会人"、由"单位等级人"成为"社区平等人"，原来的"身份社会"也在逐步转变为"市民社会"。个体社会成员难以再通过单位组织的力量表达、捍卫自己的利益诉求；失去了单位曾经具有的沟通、疏导、调解、支持的功能；社会成员间亲密关系出现断裂。其二是私营企业、外商投资企业、港澳台商投资企业、股份合作企业、个体工商户、混合所有制经济组织等新的经济组织快速增多；社会团体和民办非企业单位日益增加。这些新的利益主体既不属于原有的单位制，也与行政系统相分离。其三是农村进城务工人员增多，大量农村人口涌入城市，社会流动人口增加，城市社会人口的管理相对滞后。在此背景下，社会转型中产生的大量社会矛盾和社会问题全部直接推给了基层政府。基层政府一方面要抓改革开放和经济建设，另一方面又面临解决大量复杂社会问题和矛盾的重任，有些地方政府几乎是穷于应付。许多问题在基层无法得到及时解决，从而导致了信访问题不断增长。因此，建立一个独立于企业事业单位之外的社会保障体系和社会化服务网络，迫切需要城市社区发挥作用。

二是城乡居民追求更高水平的服务需要有新的职能来提供。随着人民群众生活水平的不断提高和住房、医疗、养老、就业等各项制度改革的深入，城乡居民与所在社区（村）的关系愈来愈密切。他们对社区的服务和管理、居住环境、文化娱乐、医疗卫生等方面提出多层次、多样化的要求。居民需求从生存需求到生活质量、从基础设施到居住环境、从物质文明到精神文明、从社会秩序到人际关系的提升，持续地推动社区建设，拓展社区服务，推动着社区职能的提升。

三是推动中国基层民主政治建设需要有新的治理方式来实现。在《民政部关于在全国推进城市社区建设的意见》(2000年)中指出："推进城市社区建设，是巩固城市基层政权和加强社会主义民主政治建设的重要途径。"具体来说，随着改革的深化和居民对社区事务的日益关注，城市居民委员会原有的管理方式很难适应形势发展的需要。"面对流动人口、下岗职工、老龄工作、社会治安、计划生育等各种问题，城市居民委员会在管理和服务上力不从心,存在着责权利不统一、职责任务不明确、管辖范围过小、人员老化、工作条件差等问题。推进社区建设,发挥社区居民自治组织的作用,保证社区居民依法管理自己的事情,是解决上述问题的有效办法。"这表明社区治理并不仅立足于解决当前的突出问题,还着眼于中国政治和社会体制的长期发展,是实现居民自治和基层民主政治建设的重要途径。

拓展阅读

从居委会到社区之变(节选)

第二节 城乡社区治理的法律法规与政策

城乡社区治理的法律法规与政策是开展社区治理的基础性依据。这些法律法规和政策不仅明确确立了社区治理的主体和程序,也提出了社区治理的主要内容和发展方向。

一、城乡社区法律法规与政策的内容与成就

完整的法律法规和具体政策的体系从根本上保障了社区的自治权益。概括而言,中国当前与城乡社区治理密切相关的法律法规和政策主要分为四个层面。

第一层面,《中华人民共和国宪法》中有关社区治理的条文及直接相关的法律。1982年《宪法》第111条规定:"城市和农村按居民居住地区设立的居民委员会或者村民委员会是基层群众性自治组织。居民委员会、村民委员会的主任、副主任和委员由居民选举。居民委员会、村民委员会同基层政权的相互关系由法律规定。居民委员会、村民委员会设人民调解、治安保卫、公共卫生等委员会,办理本居住地区的公共事务和公益事业,调解民间纠纷,协助维护社会治安,并且向人民政府反映群众的意见、要求和提出建议。"这一表述在2018年3月11日第十三届全国人民代表大会第一次会议通过的《中华人民共和国宪法修正案》后依然保持不变。此外,《宪法》的其他一些条文也为社区治理提供了依据,如第34条关于选举权和被选举权,第45条关于年老、疾病或者丧失劳动能力公民获得物质帮助的权利,第46条公民受教育的权利,第49条关于婚姻、家庭、母亲和儿童受国家的保护,等等。除《宪法》之外,为社区治理提供直接法律依据的还有1989年11月4日通过的《中华人民共和国村民委员会组织法》、1989年12月26日通过的《中华人民共和国城市居民委员会组织法》。

第二层面,其他与社区工作相关的法律。有一些法律虽然不是直接针对社区治理制定的,但是其内容通常会涉及城乡社区,在其实施中需要城乡社区参与。这些法律主要包括1990年12月28日通过的《中华人民共和国残疾人保障法》、1996年8月29日通过的

《中华人民共和国老年人权益保障法》、2007年3月16日通过的《中华人民共和国物权法》、2007年8月30日通过的《中华人民共和国突发事件应对法》、2010年8月28日通过的《中华人民共和国人民调解法》、2016年3月16日通过的《中华人民共和国慈善法》、2019年12月28日通过的《中华人民共和国社区矫正法》，等等。

第三层面，有关社区治理的行政法规、部门规章和政策。中国共产党的历届全国代表大会报告、中国共产党中央委员会全会的报告中有许多关于社区治理的论述，是社区治理的重要政策文件。对社区治理做出较多论述的主要有：十六届六中全会对和谐社会建设的论述、十七大报告和十八大报告对社会建设的论述、十八届三中全会对社会建设的论述、十八届四中全会对民生事业和社会治理法制化建设的论述、十九大报告及十九届四中全会对社会建设的论述。此外，国务院根据宪法和法律，制定有关社区治理的行政法规；国务院各部委依据法律和行政法规制定有关社区治理的部门规章、政策。自2000年以来，出台了多方面的行政法规、部门规章和政策。有的从总体上提出了社区建设与社区治理的内容与要求，如2000年民政部制发的《关于在全国推进城市社区建设的意见》，2010年中共中央办公厅、国务院办公厅转发《民政部关于在全国推进城市社区建设的意见》，2017年的《中共中央、国务院关于加强和完善城乡社区治理的意见》。有的提供了社区治理基础性的法规和程序，如2003年国务院制发、2007年修订的《物业管理条例》，2013年民政部制发的《村民委员会选举规程》。还有的是对社区治理某一方面内容的具体规定，如2002年卫计委等11部门制发的《关于加快发展城市社区卫生服务的意见》，2003年司法部制发的《关于开展社区矫正试点工作的通知》，2013年民政部、国家发展和改革委员会、工业和信息化部、公安部、财政部《关于推进社区公共服务综合信息平台建设的指导意见》，2013年民政部、财政部《关于加快推进社区社会工作服务的意见》，2013年《民政部关于深入推进城乡社区协商工作的通知》等（见表2-1）。

表2-1　我国城乡社区治理的相关法律法规与政策（截至2020年）

序号	名称、制发部门及时间
1	《中华人民共和国宪法》（全国人民代表大会曾于1954年9月20日、1975年1月17日、1978年3月5日和1982年12月4日通过四个宪法，现行宪法为1982年宪法，并经历了1988年、1993年、1999年、2004年、2018年五次修订）
2	《中华人民共和国村民委员会组织法》（1989年11月4日由第九届全国人民代表大会常务委员会第五次会议修订通过，自1989年11月4日施行；2010年10月28日中华人民共和国第十一届全国人民代表大会常务委员会第十七次会议修订通过，2010年10月28日中华人民共和国主席令第37号颁布，自2010年10月28日起施行；根据2018年12月29日第十三届全国人民代表大会常务委员会第七次会议《关于修改〈中华人民共和国村民委员会组织法〉〈中华人民共和国城市居民委员会组织法〉的决定》修正）
3	《中华人民共和国城市居民委员会组织法》（1989年12月26日第七届全国人民代表大会常务委员会第十一次会议通过，1989年12月26日中华人民共和国主席令第21号公布，自1990年1月1日起施行。根据2018年12月29日第十三届全国人民代表大会常务委员会第七次会议《关于修改〈中华人民共和国村民委员会组织法〉〈中华人民共和国城市居民委员会组织法〉的决定》修正）

(续表)

序号	名称、制发部门及时间
4	中共中央办公厅、国务院办公厅转发《民政部关于在全国推进城市社区建设的意见》(2000年11月19日，中办发[2000]23号)
5	国务院《关于加强和改进社区服务工作的意见》(国发[2006]14号)
6	民政部《关于切实做好城市社区居民委员会换届选举工作的通知》(民函[2009]43号)
7	中共中央办公厅、国务院办公厅转发《民政部关于在全国推进城市社区建设的意见》(中办发[2010]27号)
8	国务院办公厅《关于印发社区服务体系建设规划(2011—2015年)的通知》(国办发[2011]61号)
9	民政部《村民委员会选举规程》(民发[2013]76号)
10	民政部、国家发展和改革委员会、工业和信息化部、公安部、财政部《关于推进社区公共服务综合信息平台建设的指导意见》(民发[2013]170号)
11	民政部、财政部《关于加快推进社区社会工作服务的意见》(民发[2013]178号)
12	中央精神文明建设指导委员会《关于推进志愿服务制度化的意见》(文明办[2014]2号)
13	《中共中央办公厅、国务院办公厅关于深入推进农村社区建设试点工作的指导意见》(中办发[2015]30号)
14	《中共中央办公厅、国务院办公厅关于加强城乡社区协商的意见》(中办发[2015]41号)
15	《民政部关于深入推进城乡社区协商工作的通知》(民发[2016]134号)
16	《中共中央、国务院关于加强和完善城乡社区治理的意见》(中发[2017]13号)

第四层面，有关社区治理的地方性法规、地方政府规章和政策。与国家层面的社区治理法律法规与政策的建立相适应，各省、自治区和直辖市也都先后制定了本行政区域的与社区治理相关的地方性法规、地方政府规章和政策。依据这些文件，自2000年以来，全国部分地区先后建立了有效的社区工作和运行机制。以北京为例，改革开放以来，北京市人民政府制定的社区法规政策不下80部，以城市社区为主的首都，在乡村社区治理方面的法规政策至少有20个。

在上述四个层面的社区治理的法律法规和政策基础上，初步形成了社区治理的内容框架和规则体系。概括而言，经过多年来社区治理的法制化建设的政策引导，目前中国城乡社区治理已经取得了下列主要进展。

一是对城乡社区的性质及相关概念进行了界定。社区、社区组织、社区建设、社区服务、社区治理是非常重要的概念。对于"居民委员会"和"村民委员会"的性质，《宪法》中明确规定："城市和农村按居民居住地区设立的居民委员会或者村民委员会是基层群众性自治组织。"对于社区的概念，在中共中央办公厅、国务院办公厅转发的《民政部关于在全国推进城市社区建设的意见》(中办发[2000]23号)中指出："社区是指聚居在一定地域范围内的人们所组成的社会生活共同体。"该文件还对城市社区建设工作中的"社区"做出了界定，即目前城市社区的范围，"居民委员会辖区"是一种法定社区，但不是社区的唯一表现形式，可以把一个村庄、一个集镇乃至一个街道办事处辖区等看作一个现实生活中的社区。同时，居民委员会仅仅是一种社区组织，而社区的内涵和内容既包括社区的各种组织，又包括社区内的人口、企事业单位、地域空间、生产生活设施等。

在中办发[2000]23号中将社区建设定义为："社区建设是指在党和政府的领导下，依靠社区力量，利用社区资源，强化社区功能，解决社区问题，促进社区政治、经济、文化、环境协调和健康发展，不断提高社区成员生活水平和生活质量的过程。"在国务院办公厅《关于印发社区服务体系建设规划（2011—2015年）的通知》（国办发[2011]61号）中，将社区服务体系界定为："社区服务体系，是指以社区为基本单元，以各类社区服务设施为依托，以社区全体居民、驻社区单位为对象，以公共服务、志愿服务、便民利民服务为主要内容，以满足社区居民生活需求、提高社区居民生活质量为目标，党委统一领导、政府主导支持、社会多元参与的服务网络及运行机制。"

虽然相关法规和政策没有给出明确的"社区治理"的概念界定，但也间接进行了论述。在十九届四中全会《决定》中指出："社会治理是国家治理的重要方面。必须加强和创新社会治理，完善党委领导、政府负责、民主协商、社会协同、公众参与、法治保障、科技支撑的社会治理体系，建设人人有责、人人尽责、人人享有的社会治理共同体，确保人民安居乐业、社会安定有序，建设更高水平的平安中国。"在《中共中央、国务院关于加强和完善城乡社区治理的意见》（中发[2017]13号）中提出："城乡社区是社会治理的基本单元。城乡社区治理事关党和国家大政方针贯彻落实，事关居民群众切身利益，事关城乡基层和谐稳定。"由此可见，城乡社区治理作为社会治理的基本单元，具有社会治理的基本特性。

二是对城乡社区居民自治的方式和程序进行了规定。 城市居民委员会和农村村民委员会是中国基层实现自我管理、自我教育、自我服务的群众性自治组织。在《宪法》《中华人民共和国城市居民委员会组织法》《中华人民共和国村民委员会组织法》以及民政部《村民委员会选举规程》（民发[2013]76号）中具体规定了居民委员会和村民委员会的组织设置、主要职能以及实现民主自治的方式和程序。这些内容为社区居民自治奠定了必要的基础，成为开展城乡社区自治的有效依据。

三是对城乡社区建设的任务和要求进行了明确。 在城市社区建设中，较为重要的法规和政策主要包括以下几方面。（1）城市社区党的建设。2019年，中共中央办公厅印发了《关于加强和改进城市基层党的建设工作的意见》，提出确保社区党组织有资源有能力为群众服务、健全党组织领导下的社区居民自治机制、领导群团组织和社会组织参与基层治理等要求。（2）城市社区综合服务设施建设。在国务院《关于加强和改进社区服务工作的意见》（国发[2006]14号）和《中发[2017]13号文件》中提出："要将城市社区综合性服务设施包括社区居委会工作用房和居民公益性服务设施建设纳入城市规划、土地利用规划和社区发展相关专项规划，并与社区卫生、警务、文化、体育、养老等服务设施统筹规划建设，使每百户居民拥有的社区综合性服务设施面积不低于30平方米。""新建住宅小区和旧城区连片改造居民区的建设单位必须按照国家有关标准要求，将公共服务设施配套建设纳入建设工程规划设计方案。"（3）城市社区信息化建设。《中发[2017]13号文件》和民政部、国家发展和改革委员会、工业和信息化部、公安部、财政部《关于推进社区公共服务综合信息平台建设的指导意见》(民发[2013]170号)中提出,要"增强社区信息化应用能力"和"整合社区公共服务信息资源"。

在农村社区建设上,《中共中央办公厅、国务院办公厅关于深入推进农村社区建设试点工作的指导意见》(中办发[2015]30号)提出了一系列明确要求,主要包括完善在村党组织领导下、以村民自治为基础的农村社区治理机制,促进流动人口有效参与农村社区服务管理,畅通多元主体参与农村社区建设渠道,推进农村社区法治建设;改善农村社区人居环境,等等。

四是对城乡社区治理的目标与内容进行了部署。《中发[2017]13号文件》对城乡社区治理进行了部署,其主要内容包括健全完善城乡社区治理体系、不断提升城乡社区治理水平、着力补齐城乡社区治理短板、强化城乡社区治理的组织保障。在十九届四中全会《决定》中进一步指出:"构建基层社会治理新格局。完善群众参与基层社会治理的制度化渠道。健全党组织领导的自治、法治、德治相结合的城乡基层治理体系,健全社区管理和服务机制,推行网格化管理和服务,发挥群团组织、社会组织作用,发挥行业协会商会自律功能,实现政府治理和社会调节、居民自治良性互动,夯实基层社会治理基础。加快推进市域社会治理现代化。推动社会治理和服务重心向基层下移,把更多资源下沉到基层,更好地提供精准化、精细化服务。注重发挥家庭家教家风在基层社会治理中的重要作用。"

五是对城乡社区服务的目标和保障提出了规划。在《国发[2006]14号文件》和《中办发[2015]30号文件》中,对城乡社区公共服务提出要求:推进社区就业服务;推进社区救助和社会保障服务;推进社区卫生和计划生育服务;推进社区文化、教育、体育服务;着力提升农村社区公共服务供给水平等。在民政部、财政部《关于加快推进社区社会工作服务的意见》(民发[2013]178号)中要求广泛深入开展社区社会工作服务,逐步用专业社会工作理念丰富社区工作理念,用专业社会工作制度创新社区管理服务制度,用专业社会工作方法提升社区管理服务水平。争取到2020年广大城乡社区自治组织成员、基层党组织成员、社区专职工作者、社区服务人员能够普遍掌握应用社会工作专业理念、知识与方法参与社区管理与服务,有效满足社区居民服务需求。《国发[2006]14号文件》和中央精神文明建设指导委员会《关于推进志愿服务制度化的意见》(文明办[2014]2号)中集中对社区志愿服务提出了要求,主要包括发展社区志愿服务组织和志愿者队伍、开展社区志愿服务活动、建立社区志愿服务记录制度、建立社区志愿服务激励保障机制、培训社区志愿者等。

日本地方自治的法律法规

二、城市社区居民自治的法律法规与政策

居民自治是城市社区治理的基础,而居民委员会的建立又是居民自治的核心。概括而言,相关法律法规和政策对城市社区居民自治有以下几方面的规定。

(一)居民委员会的组织设置

根据《居民委员会组织法》规定,"居民委员会的设立、撤销、规模调整,由不设区的市、市辖区的人民政府决定"。关于居民委员会组织体系的内部设置,《宪法》《居民委员会组织法》以及中共中央办公厅、国务院办公厅转发《民政部关于在全国推进城市社区建设的意见》(中办发[2010]27号)、《中发[2017]13号文件》都有具体规定。包括居民委员会可以分设若干居民小组,小组长由居民小组推选;调整充实社区居民委员会下属的委员会设置,建立有效承接社区管理和服务的人民调解、治安保卫、公共卫生、计划生育、群众文化等各类下属的委员会;选齐配强居民小组长、楼院门栋长,积极开展楼院门栋居民自治,推动形成社区居民委员会及其下属的委员会、居民小组、楼院门栋上下贯通、左右联动的社区居民委员会组织体系新格局。辖区人口较多、社区管理和服务任务较重的社区居民委员会,根据工作需要可建立社区服务站(或称社区工作站、社会工作站)等专业服务机构。

关于居民委员会的工作人员,上述文件规定:居民委员会由主任、副主任和委员共五至九人组成。多民族居住地区,居民委员会中应当有人数较少的民族的成员。社区专职工作人员由基层政府职能部门根据工作需要设岗招聘,街道办事处统一管理,社区组织统筹使用。提倡社区党组织班子成员、社区居民委员会成员与业主委员会成员交叉任职,社区居民委员会下属的委员会和居民小组的负责人可以由社区居民推选产生,也可以由社区居民委员会成员或社区专职工作人员经过民主程序兼任。

(二)居民委员会的主要职能

根据上述法律法规和政策,社区居委会的主要职能包括三个方面。

一是依法组织居民开展自治活动。社区居民委员会是社区居民自治的组织者、推动者和实践者,要宣传宪法、法律、法规和国家的政策,教育居民遵守社会公德和居民公约、依法履行应尽义务,开展多种形式的社会主义精神文明建设活动;召集社区居民会议,办理本社区居民的公共事务和公益事业;开展便民利民的社区服务活动,兴办有关服务事业,推动社区互助服务和志愿服务活动;组织居民积极参与社会治安综合治理、开展群防群治,调解民间纠纷,及时化解社区居民群众间的矛盾,促进家庭和睦、邻里和谐;管理本社区居民委员会的财产,推行居务公开;及时向人民政府或者它的派出机关反映社区居民群众的意见、要求和提出建议。

二是依法协助城市基层人民政府或其派出机关开展工作。社区居民委员会是党和政府联系社区居民群众的桥梁和纽带,要协助城市基层人民政府或者它的派出机关做好与居民利益有关的社会治安、社区矫正、公共卫生、计划生育、优抚救济、社区教育、劳动就业、社会保障、社会救助、住房保障、文化体育、消费维权以及老年人、残疾人、未成年人、流

动人口权益保障等工作,推动政府社会管理和公共服务覆盖到全社区。

三是依法依规组织开展有关监督活动。社区居民委员会是社区居民利益的重要维护者,要组织居民有序参与涉及切身利益的公共政策听证活动,组织居民群众参与对城市基层人民政府或者它的派出机关及其工作人员的工作、驻社区单位参与社区建设的情况进行民主评议,对供水、供电、供气、环境卫生、园林绿化等市政服务单位在社区的服务情况进行监督。指导和监督社区内社会组织、业主委员会、业主大会、物业服务企业开展工作,维护社区居民的合法权益。

(三)城市社区居民自治的实现方式

概括而言,城市居民自治的内容包括"民主选举、民主协商、民主决策、民主管理、民主监督"五个方面。

民主选举主要表现在,居民委员会主任、副主任和委员,由本居住地区全体有选举权的居民或者由每户派代表选举产生;根据居民意见,也可以由每个居民小组选举代表两至三人选举产生。居民委员会每届任期五年,其成员可以连选连任。年满十八周岁的本居住地区居民,不分民族、种族、性别、职业、家庭出身、宗教信仰、教育程度、财产状况、居住期限,都有选举权和被选举权;但是,依照法律被剥夺政治权利的人除外。既可以采取"直接选举"的方式,也可以采取居民小组代表"间接选举"的方式。

民主协商主要表现在,社区党组织、居民委员会在充分征求意见的基础上研究提出协商议题,确定参与协商的各类主体;通过多种方式,向参与协商的各类主体提前通报协商内容和相关信息;组织开展协商,确保各类主体充分发表意见建议,形成协商意见;组织实施协商成果,向协商主体、利益相关方和居民反馈落实情况等。对于涉及面广、关注度高的事项,要经过专题议事会、民主听证会等程序进行协商。通过协商无法解决或存在较大争议的问题或事项,应当提交居民会议或居民代表会议决定。跨社区协商的协商程序,由街道党委(党工委)研究确定。

民主决策、民主管理和民主监督的主要载体是居民会议,居民会议由十八周岁以上的居民组成。居民会议必须有全体十八周岁以上的居民、户的代表或者居民小组选举的代表的过半数出席,才能举行。会议的决定,由出席人的过半数通过。居民会议由居民委员会召集和主持。有五分之一以上的十八周岁以上的居民、五分之一以上的户或者三分之一以上的居民小组提议,应当召集居民会议。涉及全体居民利益的重要问题,居民委员会必须提请居民会议讨论决定。居民委员会向居民会议负责并报告工作。居民会议有权撤换和补选居民委员会成员。

三、农村社区村民自治的法律法规与政策

农村社区村民自治是社区治理的基础,其主要法律法规和政策依据来自《宪法》《村民委员会组织法》、民政部《村民委员会选举规程》(民发〔2013〕76号)等,主要内容包括以下几方面。

(一) 村民委员会的组织构成和主要职能

村民委员会根据村民居住状况、人口多少,按照便于群众自治、有利于经济发展和社会管理的原则设立。村民委员会的设立、撤销、范围调整,由乡、民族乡、镇的人民政府提出,经村民会议讨论同意,报县级人民政府批准。村民委员会可以根据村民居住状况、集体土地所有权关系等分设若干村民小组。

村民委员会由主任、副主任和委员共三至七人组成。村民委员会成员中,应当有妇女成员,多民族村民居住的村应当有人数较少的民族的成员。村民委员会根据需要设人民调解、治安保卫、公共卫生与计划生育等委员会。村民委员会成员可以兼任下属委员会的成员。

村民委员会的经济职能主要包括支持和组织村民依法发展各种形式的合作经济和其他经济,承担本村生产的服务和协调工作,促进农村生产建设和经济发展。村民委员会依照法律规定,管理本村属于村农民集体所有的土地和其他财产,引导村民合理利用自然资源,保护和改善生态环境。村民委员会应当尊重并支持集体经济组织依法独立进行经济活动的自主权,维护以家庭承包经营为基础、统分结合的双层经营体制,保障集体经济组织和村民、承包经营户、联户或者合伙的合法财产权和其他合法权益。

村民委员会的法治、行政和社会性职能包括宣传宪法、法律、法规和国家的政策,教育和推动村民履行法律规定的义务、爱护公共财产,维护村民的合法权益,发展文化教育,普及科技知识,促进男女平等,做好计划生育工作,促进村与村之间的团结、互助,开展多种形式的社会主义精神文明建设活动。村民委员会应当支持服务性、公益性、互助性社会组织依法开展活动,推动农村社区建设。多民族村民居住的村,村民委员会应当教育和引导各民族村民增进团结、互相尊重、互相帮助。

(二) 村民委员会的选举与罢免

村民委员会主任、副主任和委员,由村民直接选举产生。任何组织或者个人不得指定、委派或者撤换村民委员会成员。村民委员会每届任期五年,届满应当及时举行换届选举。村民委员会成员可以连选连任。年满十八周岁的村民,不分民族、种族、性别、职业、家庭出身、宗教信仰、教育程度、财产状况、居住期限,都有选举权和被选举权;但是,依照法律被剥夺政治权利的人除外。

村民委员会的选举,由村民选举委员会主持。村民选举委员会由主任和委员组成,由村民会议、村民代表会议或者各村民小组会议推选产生。村民选举委员会成员被提名为村民委员会成员候选人,应当退出村民选举委员会。

选举村民委员会,由登记参加选举的村民直接提名候选人。候选人的名额应当多于应选名额。村民选举委员会应当组织候选人与村民见面,由候选人介绍履行职责的设想,回答村民提出的问题。选举村民委员会,有登记参加选举的村民过半数投票,选举有效;候选人获得参加投票的村民过半数的选票,始得当选。当选人数不足应选名额的,不足的名额另行选举。另行选举的,第一次投票未当选的人员得票多的为候选人,候选人以得票多的当选,但是所得票数不得少于已投选票总数的三分之一。选举实行无记名投票、公开计票的方法,选举结果应当当场公布。选举时,应当设立秘密写票处登记参加选举的村民,选举期间外出不能参加投票的,可以书面委托本村有选举权的近亲属代为投票。村民选举委员会应当公布委托人和受委托人的名单。具体选举办法由省、自治区、直辖市的人民代表大会常务委员会规定。

本村五分之一以上有选举权的村民或者三分之一以上的村民代表联名,可以提出罢免村民委员会成员的要求,并说明要求罢免的理由。被提出罢免的村民委员会成员有权提出申辩意见。罢免村民委员会成员,须有登记参加选举的村民过半数投票,并须经投票的村民过半数通过。

(三) 村民自治中的决策、管理和监督

村民(代表)会议是村民自治的决策机构,村民委员会向村民会议、村民代表会议负责并报告工作。村民会议由本村十八周岁以上的村民组成。村民会议由村民委员会召集。有十分之一以上的村民或者三分之一以上的村民代表提议,应当召集村民会议。召集村民会议,应当提前十天通知村民。召开村民会议,应当有本村十八周岁以上村民的过半数,或者本村三分之二以上的户的代表参加,村民会议所做决定应当经到会人员的过半数通过。

村民会议的主要权力包括:(1) 审议村民委员会的年度工作报告,评议村民委员会成员的工作;有权撤销或者变更村民委员会不适当的决定;有权撤销或者变更村民代表会议不适当的决定。村民会议可以授权村民代表会议审议村民委员会的年度工作报告,评议村民委员会成员的工作,撤销或者变更村民委员会不适当的决定。(2) 涉及村民利益的如从村集体经济所得收益的使用、土地承包经营方案等重大事项,经村民会议讨论决定方可办理。(3) 村民会议可以制定和修改村民自治章程、村规民约,并报乡、民族乡、镇的人民政府备案。

人数较多或者居住分散的村,可以设立村民代表会议,讨论决定村民会议授权的事项。村民代表会议由村民委员会成员和村民代表组成,村民代表应当占村民代表会议组成人员的五分之四以上,妇女村民代表应当占村民代表会议组成人员的三分之一以上。村民代表的任期与村民委员会的任期相同。村民代表可以连选连任。村民代表应当向其推选户或者村民小组负责,接受村民监督。村民代表会议由村民委员会召集。村民代表会议每季度召开一次。有五分之一以上的村民代表提议,应当召集村民代表会议。村民代表会议有三分之二以上的组成人员参加方可召开,所做决定应当经到会人员的过半数同意。

召开村民小组会议,应当有本村民小组十八周岁以上的村民三分之二以上,或者本村民小组三分之二以上的户的代表参加,所做决定应当经到会人员的过半数同意。村民小组组长由村民小组会议推选。村民小组组长任期与村民委员会的任期相同,可以连选连任。属于村民小组的集体所有的土地、企业和其他财产的经营管理以及公益事项的办理,由村民小组会议依照有关法律的规定讨论决定,所做决定及实施情况应当及时向本村民

小组的村民公布。

村民委员会应当实行少数服从多数的民主决策机制和公开透明的工作原则,建立健全各种工作制度。村民委员会实行村务公开制度,应当及时公布重要事项。村应当建立村务监督委员会或者其他形式的村务监督机构,负责村民民主理财,监督村务公开等制度的落实,其成员由村民会议或者村民代表会议在村民中推选产生,其中应有具备财会、管理知识的人员。村民委员会成员及其近亲属不得担任村务监督机构成员。村务监督机构成员向村民会议和村民代表会议负责,可以列席村民委员会会议。

村民委员会成员以及由村民或者村集体承担误工补贴的聘用人员,应当接受村民会议或者村民代表会议对其履行职责情况的民主评议。民主评议每年至少进行一次,由村务监督机构主持。村民委员会成员连续两次被评议不称职的,其职务终止。村民委员会成员实行任期和离任经济责任审计,审计包括多方面事项。由县级人民政府农业部门、财政部门或者乡、民族乡、镇的人民政府负责组织,审计结果应当公布,其中离任经济责任审计结果应当在下一届村民委员会选举之前公布。

村民委员会或者村民委员会成员做出的决定侵害村民合法权益的,受侵害的村民可以申请人民法院予以撤销,责任人依法承担法律责任。村民委员会不依照法律、法规的规定履行法定义务的,由乡、民族乡、镇的人民政府责令改正。乡、民族乡、镇的人民政府干预依法属于村民自治范围事项的,由上一级人民政府责令改正。

第三节 城乡社区发展的基本状况

法律法规和政策为中国的社区发展奠定了制度基础。经过30多年的实践和完善,目前城乡社区已经建立并实现了比较有效的运行,发挥着重要功能。这些得之不易的成果是实现更高水平社区治理的基础。

一、城乡社区的总体状况及类型

根据民政部公布的统计数据,截至2020年第一季度,全国行政区划有21 014个镇,9220个乡,8530个街道办事处。自治组织中有53.2万个村委会,11.0万个居委会。平均每个居委会有城镇人口约7713人;平均每个村委会有乡村人口1037人。由于有大量农村中青年都在城镇务工,因此事实上城镇居委会管辖的常住人口和流动人口会更多,而村委会所管辖的常住人口中大多数是老人和儿童。

在社区的分类上,则存在着从多个不同外在视角和形态对社区进行分类的观点。在城市社区分类上包括:将1949年后的社区分为"单位制""街居制"和"社区制";[①]对于社区兴起后的居住区分类,有人提出"单一式单位社区""混合式综合社区""演替式边缘社

---

① 吴群刚、孙志祥:《中国式社区治理:基层社会服务管理创新的探索与实践》,北京:中国社会出版社,2011年,第32~63页。

区"以及"新型房地产开发型社区"等;① 有人进一步细分为传统街坊式社区、单一单位式社区、综合混合式社区、过渡演替式社区(主要涉及"城中村"社区、"村改居"社区和城郊边缘社区三种类型)和现代商品房式社区等;② 有的将上海城市社区归纳为五种类型,即传统街坊社区、单位公房社区、高收入商品房社区、中低收入商品房社区和社会边缘化社区;③ 有的从产权和空间的结合上划分,大体可以把北京市的城市社区分为如下九类,即传统街区、商品房小区、房改房、单位宿舍区、经济适用房、两限房、廉租房、拆迁安置房、城中村;④ 有的根据空间区位属性、人口密度、户籍结构、年龄结构、收入水平等基本属性进行社区类型划分,建构了"理论值"谱系;⑤ 有的提出由城市中心向外扩展过程中依次形成了均质型社区、异质性社区、并制型社区以及转制型社区的空间布局。⑥ 对于农村社区,有人划分两学一做社区和政策行为社区两大类;⑦ 有人将村落社区分为三类,即宗族共同体、自然村落和集市社区;⑧ 有的将北京农村社区划分为四种类型,即传统农业社区、城乡过渡型社区、迁移型社区和现代型社区。⑨ 这些不同视角的社区类型划分都有一定的依据,有助于分析社区与社会、国家、社会组织、家庭之间的区别及联系。虽然不同类型社区面临的发展重心有所差异,但从整体上来看,城乡社区的功能主要集中在服务区域内居民生活需求、实现城市社会管理、培育和提升市民公共精神,并最终提高居民的生活质量和幸福感。

二、农村社区发展态势

概括而言,我国农村社区在相关制度架构的基础上得到了有效发展,在社区建设和社区治理中发挥着日益重要的作用。

一是农村居民自治制度得以全面落实。村民自治已基本形成一套由基层党组织、村民委员会、村民会议、村民代表会议、村务监督机构等组成的组织体系。从组织框架来看,这套体系是比较完善的,从基层政治领导机构到村民自治权利主体,再到自治执行机构、监督机构一应俱全;从村民自治内容来看,在这套组织体系中,村民在理论上可充分享受到选举民主、决策民主、参与民主、管理民主、监督民主诸方面一系列的自治权利。

二是村民自治组织在村务管理中的作用越来越重要。《村民委员会组织法》为村民自

---

① 董小燕:《公共领域与城市社区自治》,北京:社会科学文献出版社,2010年,第41~43页。
② 原珂:《中国特大城市社区类型及其特征探究》,《学习论坛》,2019年第2期,71~76页。
③ 王颖:《上海城市社区实证研究——社区类型、区位结构及变化趋势》,《城市规划汇刊》,2002年第6期,第33~40页。
④ 郭于华、沈原:《居住的政治——b市业主维权与社区建设的实证研究》,《开放时代》,2012年第2期,第83~101页。
⑤ 王娟、杨贵庆:《上海城市社区类型谱系划分及重点社区类型遴选的研究》,《上海城市规划》,2015年第4期,第6~12页。
⑥ 朱静辉:《城市空间的社区类型及其治理机制研究》,《长白学刊》,2019年第1期,第118~126页。
⑦ 朱静辉:《"农村社区"辨析》,《社会学评论》,2016年第2期,第59~70页。
⑧ 李远行、蔡光前:《乡脱序语境下的中国传统村落社区类型分析》,《学术界》,2018年第9期,第92~102页。
⑨ 张静波、周亚权:《乡村治理视角下的北京农村社区类型与社区参与》,《新视野》,2018年第6期,第81~88页。

治提供了法律保证,并且确立了一套严格的民主决策程序,加强了村民自治组织在村务管理中的作用。此外,农村民间组织日益发展壮大,不仅丰富了村民业余文体生活,而且在协助村民委员会举办公共事业等方面发挥了积极的作用。

三是村民参与村务决策的深度和广度都在提高。村民委员会由村民直接选举产生并可遵照一定程序加以罢免的法律规定,使村民直接参与村民委员会的人事决策,同时为村民委员会的工作建立起责任制约束。村民会议或村民代表会议审议村中重大事项的法律规定,使村民可以直接参加重大事项的讨论或选派代表参与讨论并做出决定,从而为村民行使自己的民主权利、维护自身利益提供了重要渠道。

同时,农村社区中也存在着一些有待改进的现象,包括村委会选举中存在的不规范问题、"撤村圈地"问题、留守群体与乡村"空心化"问题等。

拓展阅读

村主任霍东征(节选)

三、城市社区的发展态势

中国城市社区在快速城市化的进程中,依据相关法律法规和政策进行了全面的建设。特别是在居民自治制度的基础上形成了新的发展态势。

一是居民自治制度得到有效实现。在居民自治的实践中,各地开展了以居民会议、议事协商、民主听证为主要形式的民主决策实践,以自我管理、自我服务、自我教育为主要形式的民主管理实践;以居务公开、民主评议为主要内容的民主监督实践,积累了日益丰富的自治经验。

二是形成了多种社区治理模式。目前我国社区治理模式可以化约为行政化导向和自治化导向两大类。行政化导向模式主要包括上海模式、青岛模式以及北京、天津、杭州、石家庄等城市的社区改革。自治化导向的社区治理模式主要是指沈阳模式、武汉模式以及哈尔滨、海口、西安、合肥等城市的社区改革。[①]

三是社区的服务能力稳步提升。在居民自治的基础上,大部分城市社区都开展了多种多样的社区服务活动,满足了社区居民的需求。而且随着社区内居民自组织的发展和外部专业机构的引入,社区的服务能力也在争先恐后地创新和提高。

---

① 邱梦华:《城市社区治理》(第二版),北京:清华大学出版社,2019年,第90页。

 **拓展阅读**

费孝通：对上海社区建设的一点思考(节选)①

现在的上海社区是有其历史文化基础的，在研究当前现实问题的时候不能完全离开它的历史。上海以一个沿海渔村为起点，发展为今天的国际都市，有一个发展过程。根据史料，现代意义上的"上海"是从1842年"五口通商"开始的，是不平等条约产生的结果。一百多年来，上海从一个小镇，到今天中国最大的城市，人口其实都是从外面迁移进来的，这个趋势一直没有断过，而且迁移进来的速度越来越快。

……

当年上海开埠，海内外四方移民带着原有文化汇集到这个小镇。第一批乡土农民在与占支配地位的、成熟的西方商业文化正面遭遇中被迅速改变了，由此形成的上海市民和市民文化的基因，一直存在于上海人的行为方式，包括社区行为方式之中。来自不同文化习俗的移民及其后裔在共同相处中逐渐演化出共同的规则，形成了较为明确的遵守规则、服从权威的意识；乡土的血缘和地缘关系因为市场和工业经济的影响而被弱化和改造了，但在大都市生活环境中，家庭内和邻里间仍保留着守望相助的传统；由于长期处于多元并存的文化格局中，市民对差异的包容性、对新事物的开放心态和面对机会的选择能力得到加强。作为这些作用的共同结果，在上海，市民对个人自主性和独立性的需要，对人际关系的合理性、选择性乃至实用性的要求，都得到强化。具有明显不同的地域文化背景和个性的居民，在一个弄堂甚至一栋石库门之中和谐相处，是那个时期形成的市民文化重要特点之一。

……

社区组织的出现，是居民实际生活的需要。社区建设也不是抽象的名词，它体现了一批人所发生的地缘关系和互相合作的关系，包含着许多服务型内容。旧上海有各种组织来做服务性的工作，中华人民共和国成立后是行政机构代办，现在发展的趋势是居民自理，研究这个过程很重要，它直接涉及社区的基本功能，关系到如何提高城市建设的"人文关怀"的水平。如果我们能针对目前的实际情况，逐步引导人们在社区层次上，一步步走向自理，扩大民主生活的基础和范围，就会从最基本的层次上促进一种具有人文精神的、优化合理的社会生活，使我们居民的生活质量实实在在地上一个台阶，也为中国城市建设建立一个重要的示范。

……

---

① 费孝通：《对上海社区建设的一点思考》，《文汇报》，2002年6月23日。

课后提升

一、必懂知识点

1. 农村实行"乡政村治"治理体系的原因。
2. 社区在城市基层组织中演变的过程。
3. 社区治理体制改革的必要性。
4. 居(村)民委员会的组织设置、主要职能及其选举方式。

二、应用练习

选择一个便于调查和参与的社区,完成下列任务:

1. 通过查阅资料或访谈,了解并记录该社区有历史记录以来的发展演变历程。
2. 在社区草图上增加社区中的重大历史事件发生地和时间、重要文化遗产。
3. 调查和记录在该社区发展演变过程中影响重大的事件、人物和家族、企业等。

三、提问、解答与建议

如果你对本章内容有任何评论、疑问和建议,请扫描下方二维码后留言,我们将及时回复。

第二篇 原理机制篇

第四章　来自多学科的社区治理创新原理

对于社区治理这一复杂现象,社会学、经济学、政治性、法学等多个学科从不同侧面进行了研究。这些研究致力于回答:社区治理创新的本质是什么？影响社区治理创新和变化的因素是什么？社区治理的制度创新有哪些？社区治理的组织创新有哪些？对这些问题的深入探索,将为社区治理实践提供理论指导。

第一节　社区治理创新的本质是重建正当秩序

社区发展能够成为社区治理外在的明确的目标,也容易成为政府、居(村)委会和居(村)民的共识。但是,从社区治理的内在本质来看,则需要重新建立人们行为的正当秩序。这一正当秩序既是有效提供社区服务的保障,也是社区发展的基石。

一、"外在秩序"与"内在秩序"的正当性

韦伯提出:"如果并且只要社会行为平均地或近似地以可以表述的'准则'为指南,我们便想把社会关系的意向内容称为'秩序'。无论这些准则被当作有约束力的、楷模的还是其他什么东西,只要它们对行为者是有效的,并且至少(即在有实践意义的程度上)也因此而被当成行为的取向,我们便说与此联系的秩序是'有效的'。"[1]一种有效的秩序在社会中广泛地发挥作用,因为遵从某种秩序意味着接受了某种竞争准则,这种竞争准则内在地规定了特定的分配以及生产的规则,从而决定了最终产品或服务的消费状况,这一消费状况外在地表现为各种社会功能的实现程度。在社区层面上而言,传统的熟人聚落共同体所遵循的秩序最终实现了多个层面的社会功能;同样现代陌生人社区中特定的秩序也实现了大体相同的社会功能。

人们之所以遵循特定的秩序,是因为认为这些秩序是正当的。"正当性指的是在特定的准则、价值、信仰及定义下的社会构造体系中,确立系统中的实体的行动的可接受性、恰当性及合宜性的一种普遍认识或认定。"[2]韦伯认为正当秩序包括惯例和法律。一种秩序的正当性通过不同因素得到保障。一种是纯粹的内在因素,包括纯粹感情因素、价值理性

---

[1] 马克斯·韦伯:《社会学的基本概念》,胡景北译,上海:上海人民出版社,2000年,第44页。
[2] Suchman, Mark C. 1995. Managing Legitimacy: Strategic and Institutional Approaches, Academy of Management Review, 20: 571–610.

和宗教因素；另一种是作为保障因素的利害关系。"在现实中，从单纯传统的动机或单纯目的理性的动机，过渡到从正当性的信仰出发，把秩序作为行为的指南，其间有着难以分开的许多中间状态。"①

韦伯指出，根据他的经验，任何组织都不会"自愿地把保持自己生存的基础只建立在物质和情感动机的感召之上。所有系统都会力图建立和培育对其'正当性'的信仰"②。这就意味着外在的社会秩序通常都有特定的内在的信仰秩序相关联。拉塞尔·柯克在研究美国社会秩序时也提出："秩序是共同体的第一需要。除非我们认可借以实现正义的某些秩序原则，否则便不可能与他人和睦相处。"美利坚合众国秩序的根基分为互相关联的两种："道德秩序也即灵魂秩序的根基，以及公民社会秩序也即共和国秩序的根基。""灵魂的'内在秩序'与社会的'外在秩序'紧密相连。"③

费孝通先生则将内在秩序称之为"心态秩序"。1992年9月他在香港中文大学举办的首届"潘光旦纪念讲座"上发表《中国城乡发展的道路——我一生研究的课题》时提出"建立新秩序不仅需要一个能保证人类继续生存下去的公正的生态格局，而且还需要一个所有人类均能遂生乐业，发扬人生价值的心态秩序"。1993年，在一次谈话中，费孝通先生进一步阐述了心态共识的重要性。他指出："世界经济的一体化，提出了很多问题，大问题。其中有一个需要在意识形态上沟通、理解、协同努力的问题。经济上休戚相关、兴衰与共了，文化上还是各美其美。也就是说，生态方面已经进入共同网络，心态方面还是没有形成共识，两者不协调，这是当今社会的一个大问题。"④

对于社区而言，要建立起能够提供良好功能的外在的社会秩序，也就同时需要建构起内在的信仰秩序或心态秩序。只有在社区中确立起大部分居民认同的正当性秩序，社区才能形成良好的规则，提供丰富的产品和服务。可见，正当性秩序是社区治理的内在要求。

二、传统共同体秩序向现代社区秩序的创造性转化

正当性秩序是传统聚落共同体得以存在的基础，保障了各种基本服务的提供和社会功能。在向现代社区的转换过程中，传统共同体秩序在正当有效的形成来源上以及建构方式上都不得不发生改变。这一改变正是社区治理创新的核心深层内容，也是其困难所在。

韦伯把正当秩序有效的原因总结为四个类型，一是基于传统：过去一直存在的，是有效的。二是基于感情（尤其是情绪的）的信仰：新的启示或楷模的有效。三是基于价值理性的信仰：被视为绝对有效的东西是有效的。四是基于被相信的正当的成文的章程。⑤相对而言，传统的共同体的正当秩序主要是基于第一和第二种原因而形成；现代社区的正当秩序则主要是基于第三种和第四种原因形成。这一差异虽然说是传统的共同体秩序向

---

① 马克斯·韦伯：《社会学的基本概念》，胡景北译，上海：上海人民出版社，2000年，第48、44页。
② 斯科特、戴维斯：《组织理论：理性、自然与开放系统的视角》，高俊山译，北京：中国人民大学出版社，2011年，第235页。
③ 拉塞尔·柯克：《美国秩序的根基》，张大军译，南京：江苏凤凰文艺出版社，2018年，第4~5页。
④ 张冠生记录整理：《费孝通晚年谈话录(1981—2000)》，北京：生活·读书·新知三联书店，2019年，第30页。
⑤ 马克斯·韦伯：《社会学的基本概念》，胡景北译，上海：上海人民出版社，2000年，第53页。

现代社区共同体秩序转变的重要内容,但并不是最关键的差异。因为,即使在现代社区中,不少人依然会把传统或信仰当作正当秩序的来源。

传统共同体秩序与现代社区共同体之间最关键的差异在于建构方式。概括而言,在传统共同体中,一个人是在先天就存在的组织或网络中接受某些特定的正当秩序。这就意味着个体通常是某种秩序的被动接受者和习得者,自由选择的空间很小。在现代社区中,一个人对于正当秩序的接受则是一个自由选择的结果,尽管这一自由度会受到迁移费用、信息费用等因素的限制。而且这一自由选择的前提条件包括加入某个新兴组织或网络,而且该组织或网络是某种新制度的产物;这一新制度得到了特定文化信仰的支持。

由此可见,所谓的社区治理创新在本质上就是由传统共同体秩序向现代社区秩序转变的一个过程。为了实现这一转变,并非是将传统完全丢弃不顾;相反,是需要在传统共同体的基础上采取创造性转化,逐步建立起新的正当秩序。具体而言,首先是需要了解和掌握来自传统社会中的文化资源和组织资源,析出这些资源可以利用的内容;其次是沟通和确立新的制度规则,将这些规则引入新的社区中。例如,垃圾分类就是一种新的社区规则。再次是对传统文化或信仰进行重新诠释,将这些新的诠释与新的社区规则结合起来,塑造为社区居民的心态秩序。

三、社区治理创新的过程和阶段

创新通常可以分为"重大突破"和"持续改善"两种。社区治理创新主要是以"持续改善"的方式进行。从社区治理创新的本质出发,可以对社区治理创新的一般过程做出描述。通常而言,社区治理创新包含了5个阶段,在第一个阶段由具有企业家精神的人发现了提供社区新服务的机会,通过提供新的服务可以有效满足社区成员的需求;在第二个阶段具有企业家精神的人为了提供服务而开发所需的多种资源或要素;在第三个阶段为了让新的服务得到有效供给,具有企业家精神的人提出新的规则或制度;在第四个阶段为了让更多的人接受新的规则或制度,具有企业家精神的人建立起网络或组织;在第五个阶段是在网络或组织中传播新的文化理念,从而对规则或制度形成有效支持,建构起正当性秩序。

依据上述5个阶段,可以将社区治理创新划分为5种类型,即服务或技术创新、资源创新、规则或制度创新、网络或组织创新、文化创新。在日常社区工作,也可以分别将其称之为服务治理、资源治理、协商治理、规则治理和文化治理。随着社区治理的深入,原有的问题得到解决,但又有新的问题不断出现,这就要求提升治理创新的层级。例如,当一些社区完成服务治理、资源治理和协商治理之后,就会发现规则治理和文化治理的迫切性。

社区治理的持续性创新或改善对于提升社区服务质量、实现社区发展目标具有非常重要的作用。这是因为一方面社区居民的需求是在不断变化提升的,而且社区所面临的各种问题也日新月异;另一方面则是由于社区治理永远存在着持续改善的空间。例如,早期社区中关注的是人们的生存问题,但是随着收入水平的提高,社区开始重视对生态环境的保护;在生态环境改善后,社区又开始重视文化艺术活动的开展。在社区治理的多元主体中,也由政府为主导逐步转变为社区委员会或者社区草根组织为主导,这些转变都意味着社区治理的创新。

考虑到当前社会治理所处的阶段和突出问题,本书在初步介绍组织创新和制度创新的基础上,重点介绍和分析服务或技术层面的创新,也就是服务的创新,以及为了提供服务而进行的资源创新。对于文化治理层面的创新,由于绝大多数社区尚未发展到该阶段,暂时不做深入分析。

拓展阅读

丰田公司的"持续改善"之道①

"持续改善"是一种重要的创新方式。日本丰田公司通过实施"精益生产""持续改善"和"活性组织",保持了公司的竞争优势,成为世界500强中的领先者。持续改善(Continuous Improvement, CI)是一种管理思想,是指根据团队成员的意见和建议,对机器、材料、人力资源以及生产方法进行持续不断的改进。凡是作业场所或生产现场,都存在着各种各样的不合理现象。改善的对象实在是多种多样:为了排除无效手工作业的改善,为了避免不经济地使用人力资源的新式设备和设备改造,材料及消耗品利用方法的改善和节约,设备布局的改善,等等。只不过随着科学技术的发展,人员素质的提高,机械化、自动化、信息化程度的进步,不合理的现象会减少。然而,从另一个角度来讲,旧的不合理现象解决了,新层次上的不合理现象又产生了。丰田公司正是抓住了"改善"这把金钥匙,才使企业在充满竞争的经营之路上一步一步攀上新的高峰。

要使改善活动不断取得成果的方法有两个,一个就是QC(Quality Control)小组活动,另一个就是合理化建议制度。在改善的过程中,解决实际问题时也经常会用到"5个为什么"分析法。在进行"5个为什么"分析之前,你要明确问题是什么;然后对问题的起因进行初步的分析。问题是在哪里发现的?这将带你追根溯源,接近问题的最根本原因。随后,通过"5个为什么"分析法就可以找到结果。

比如,一台机器不转动了,你就要问:
"为什么机器停了?"
"因为超负荷,保险丝断了。"
"为什么超负荷了呢?"
"因为轴承部分的润滑不够。"
"为什么润滑不够?"
"因为润滑泵吸不上油来。"
"为什么吸不上油来呢?"
"因为油泵轴磨损,松动了。"
"为什么磨损了呢?"
"因为没有安装过滤器,混进了铁屑。"

反复追问上述5个"为什么"就会发现需要安装过滤器。而如果"为什么"没有问到底,换上保险丝或者换上油泵轴就了事,那么,几个月以后就会再次发生同样的故障。

---

① 大野耐一:《丰田生产方式》,谢克俭、李颖秋译,北京:中国铁道出版社,2006年,第22页。

第二节　基于灵性资本理论的治理创新动力

社区治理创新既是应对新的局势变化,更是为了持续提升治理效率。创新决定着社区治理效果的差异。揭示驱动社区治理创新的初始性动力机制,是开展各层面创新的前提。

一、推动社区治理创新的企业家精神

企业家精神的英语是 entrepreneur,该词源于法语,意思是中间人、中介或承包人。其词源来自拉丁语动词 in prehendo-endi-ensum,意思是去发现、去感知、去认识和去俘获。这些初始含义其实已经蕴含了今天企业家及企业家精神的主要特征。该词汇最初应用于工商管理实践,是由一位成功的商人、银行家理查德·坎蒂隆写入 1755 年出版的《商业性质概论》一书中。在经济学中,围绕着对企业家精神(entrepreneurship)的理解,形成了多个流派。综合多个学科的理论见解,可以将对企业家精神内涵的理解总结为下述四个维度。

一是为追求利润而承担风险。企业家通过发现价格差异并采取套利行为,从而推动经济系统向均衡状态不断地接近。也就是在给定技术知识条件下,企业家推动交易结果到社会生产可能性边界上。企业家敏于发现市场机会,并且因占有别人不具备的知识而能够从中获益。二是通过创新来创造价值。即企业家通过创新来打破原有的均衡。或者说,企业家通过创新来将生产可能性边界移动到更远处。这一思路的开创者是熊彼特,他认为,企业家是革命者,是推陈出新的创新者,他们的"独特的经济职能"是"通过利用一项发明,或者更一般地说是未曾尝试过的技术可能性,以生产一种新产品或者以新的方式生产原先的产品,或者开辟原料供应的新渠道或产品销售的新市场,或者实现一个产业的重组,等等,从而改善或者彻底改变一种生产方式"。由此,企业家精神开创了一个"创造性毁灭"的过程,成为周期性经济繁荣和衰退的根源。[①] 三是跨越"结构洞"开展中间业务。马克·格兰诺维特发现了"弱连带的力量",即在社交网络中密集的集群可以通过少量的连带来联系彼此,这些连带具有"桥接"的性质,从而能够使信息更容易贯穿于整个网络。罗纳德·伯特认为当这种网络"连接"在"断开"时,就形成了"结构洞"。那些中间人就可以置身于结构洞之间,以获取居间利润。显然这个中间人就是扮演了企业家的角色。[②] 四是基于文化价值观形成的事业动力。对于企业家"精神"层面的关注起源于桑巴特、韦伯和托尼等资本主义精神的探索,而韦伯关于清教为企业精神烙上伦理印痕的思想尤为重要。韦伯认为,现代企业家能够突破传统的精神障碍和顽固的心理障碍以及伦理观念,受助于新教伦理的转变。

[①] 熊彼特:《经济发展理论》,何畏、易家祥译,北京:商务印书馆,1990 年,第 83~84 页。
[②] 马克·格兰诺维特:《社会与经济:信任、权力与制度》,罗家德、王水雄译,北京:中信出版社,2019 年,第 186~188 页。

虽然以创新为核心特征的企业家精神通常被适用于工商企业领域，但也有越来越多的研究表明企业家精神同样存在于政府和社会中，存在着政治企业家、①社会企业家的说法。② 企业家精神的重要性已经从学术话语进入政策文件之中。中央全面深化改革领导小组第三十四次会议通过了《关于进一步激发和保护企业家精神的意见》，对激发和保护企业家精神做出专门规定，提出要"激发和保护企业家精神，鼓励更多社会主体投身创新创业"。"更多社会主体"不仅仅是企业组织，也包括各类社会组织、自治的社区组织。从实践来看，这些在基层社区组织探索创新的领导及其团队确实有着杰出的企业家精神及才能。

从社区治理的实践来看，人们发现"社区领袖""社区精英"或"社区能人"对于社区创新发展的作用显著，认为社区建设工作做得好坏取决于社区领袖的工作能力和工作积极性。对农村社区发展的研究也表明，社区成员会自觉不自觉地聚集在社区精英周围，社区精英们为了社区的不断发展，运用他们的权威整合社区资源，协调社区内的各种矛盾，将社区成员有效地组织起来，加强社区的各种组织建设，共同解决社区问题，谋求社区新的发展。

拓展阅读

德鲁克论公共服务机构创新为何比企业创新更难③

彼得·德鲁克(Peter F. Drucker, 1909年11月19日—2005年11月11日)，现代管理学之父，其著作影响了数代追求创新以及最佳管理实践的学者和企业家们，各类商业管理课程也都深受彼得·德鲁克思想的影响。

在《创新与企业家精神》一书中，德鲁克分析了为什么现有公共服务机构内创新会比在典型的企业里创新遇到的障碍更多。认为其中的原因主要有以下三条：

第一，公共服务机构依靠预算拨款，而不是根据成果来获得报酬。它得到的款项主要用于行政工作的开支上，而这笔款项则是由别人提供的。无论该款项是来自纳税人、慈善机构的捐赠人还是设有人事部门或销售服务部门的公司，公共服务机构从事的工作越多，预算拨款的数额就越大。因此，在公共服务机构里，"成功"通常被定义为"获得数目巨大的预算拨款"，而并非是"取得良好效果"。取消公共服务机构的活动和工作就意味着削减它的规模，使它丧失原有的地位与声望。另外，公共服务机构不承认失败。更糟糕的是，它也不承认既定目标已经达到的事实。

---

① 刘洪军：《论政治企业家》，《经济评论》，2002年第6期。杨瑞龙、邢华：《科斯定理与国家理论——权力、可信承诺与政治企业家》，《学术月刊》，2007年第1期。马玉林：《制度变迁视阈下的政治企业家》，《财经科学》，2014年第10期。

② 杨宇、郑垂勇：《"社会企业家精神"概念评述》，《生产力研究》，2007年第21期。温铁军：《生态文明转型召唤社会企业和社会企业家——张睿的启示》，《文化纵横》，2019年第2期。朱光喜：《分化型政社关系、社会企业家行动策略与社会组织发展——以广西P市Y协会及其孵化机构为例》，《公共管理学报》，2019年第2期。

③ 彼得·德鲁克：《创新与创业精神》，张炜译，上海：上海人民出版社，2002年，第224～225页。

第二,公共服务机构需要依赖许多要素。对于在市场销售产品的企业而言,消费者就是它的一个要素,其重要性远远超过了其他一切要素。……公共服务机构(包括企业内部的员工服务部门)不是依靠成果来获取报酬,所以任何要素,无论它是多么无足轻重,都具有否决权。公共服务机构必须满足每个要素,不能忽略它们中的任何一个。

第三,公共服务机构之所以存在,最重要的原因是为了"做好事"。这就是说,它们常把自己的任务视为一种绝对道德准则,而不是经济性以及必须计算成本与收益的工作。经济总是在探索相同资源的不同分配方法,以获取更高的收益。因此,在经济领域中,任何事物都是相关的。但是,在公共服务机构里不存在所谓的"更高效益"。如果一家服务机构正在"做好事",那就没有"更好"这个字眼。

二、社区领导者的灵性资本

企业家精神只是早期经济学家的一种概括,也是一种较为模糊的日常话语。对于其本质特征,还需要用更为深入的解析。在对企业家精神长期研究的基础上,笔者提出企业家精神的核心是灵性资本(spiritual capital,或译为精神资本、信仰资本)的观点。[①] 具体来说,灵性资本是指为了获得精神和物质上的持续收益,个体从信仰或其他超越性对象中接受到的人生意义与使命感。[②] 这一概念并非是虚构的产物,而是在对人类实践活动观察思考基础上被逐渐发现的。生命意义及使命对个体行为的重大影响已经得到心理学等学科的深入研究。[③] 研究者发现宗教或信仰能够通过超越性力量为人们提供意义、价值观和基本目的,对人们的行为有着重要影响。[④] 需要说明的是,虽然宗教或信仰是灵性资本的重要来源,但并非是唯一来源。灵性是一种对至高力量的体验和意识,也是一种与自我、他人、人世和至高力量具有内在联系,进而担当责任的感觉。[⑤] 只要能够给人们带来意义感与使命感的都可以成为灵性的来源。包括神话或童话、亲情友情及爱情、大自然或旅游、艺术或文学、游戏或科幻等。[⑥] 当我们将不同来源形成的个体意义感与使命感称之为灵性资本时,意味着它具有四个方面的性质:(1)可以度量,可以比较;(2)该资本既可以增值也可以贬值;(3)具有非负的经济支付;(4)与传统的人力资本有明确的区别。

[①] 张志鹏:《企业家精神的经济性质:一个灵性资本的解释》,载郭祐诚、陈善瑜、颜厚栋主编:《创业家精神与经济转型》,逢甲:逢甲大学出版社,2015年,第212~223页。

[②] 张志鹏:《灵性资本:内涵、特征及其在转型期中国的作用》,《南京理工大学学报》(社会科学版),2010第2期。

[③] 维克多·弗兰克尔:《追寻生命的意义》,何忠强、杨凤池译,北京:新华出版社,2003年。Steger M F, Frazier P, Oishi S, et al. The Meaning in Life Questionnaire: Assessing the Presence of and Search for Meaning in Life[J]. Journal of Counseling Psychology, 2006, 53(1): 80-93.

[④] Iannaccone, L. R., Klick, J. Spiritual Capital: An Introduction and Literature Review (Preliminary Draft Prepared for the Spiritual Capital Planning Meeting). [2006-12-01]. http://www.metanexus.net/spiritual_capital/pdf/review.pdf. 2003.

[⑤] 张志鹏、和萍:《国外管理学研究新热点职场灵性研究前沿探析》,《外国经济与管理》,2012年第11期。

[⑥] 大卫·艾尔金斯:《超越宗教:在传统宗教之外构建个人精神生活》,顾肃译,上海:上海人民出版社,2007年。

目前,心理学普遍使用的生命意义问卷(Meaning in Life Questionnaire,MLQ)已经提供了可度量和可比较的灵性资本指标。

从企业家精神的本质是灵性资本的判断出发,我们可以揭示那些具有企业家精神的推动社区发展的社区领导的共同特质。这些社区领导并不一定具有通常学历教育为指标的高水平人力资本,但他们通常具有更高的人生意义评价和使命感,也就是说他们具有更高的灵性资本。这些更高的灵性资本通常来自社区领导个人成长的家庭、社区或学校,国家主流信仰或其他基于传统文化的信仰都可能是其内容。用灵性资本来描述和度量社区领导所具有的企业家精神,一方面有助于发现决定社区发展的最关键的资产(或资本),另一方面也有助于揭示社区资产中的物质资本、人力资本、社会资本、文化资本、制度资本与决定性因素灵性资本之间的关系。

概括而言,灵性资本在社区发展中具有三个方面的基础性作用。一是社区领导的灵性资本有助于提出社区发展的意义和价值,发现社区治理创新的潜在收益。在许多人的心目中,社区工作"没有前途,缺少意义"。显然,持有这一观念的人是无法带动社区发展的。只有那些具有很高灵性资本的社区领导才能够看到和提出社区发展的重大意义和价值,才能够为了实现这些意义和价值而投入创新的才能和大量精力。二是社区领导的灵性资本有助于确立务实可行的社区发展目标。转型期的中国社区发展存在着多重要求,如何实现这些目标的有机统一,采取务实可行的社区发展目标通常是社区的重要前提。同样,只有那些高灵性资本的社区领导才能够确立体现社区发展意义的具体目标。三是社区领导的灵性资本有助于发现社区发展的具体路径。如何利用社区现有资产实现发展的目标,这是一项极为艰难的"跨越"。只有高灵性资本的社区领导,才能够在意义感和使命感的支持下,摸索到实现的可行路径。这三个方面的独特作用,决定了社区领导在社区发展中具有的"火车头效应",也反映了灵性资本这一关键性因素的重要性。

三、灵性资本带动下的社区发展

发现了灵性资本这一决定社区发展差异的深层次关键因素后,才能够确定社区发展的起始点,梳理和描述社区发展的一般过程和机制。通常而言,社区发展具有下述三个环节:灵性资本作为自变量、社会资本作为中介变量和社区发展作为因变量的传导机制(见图 4-1)。

首先,灵性资本是激活社会资本的关键因素。许多研究者都意识到激活社会资本,引导多种社会组织参与社区建设的重要性。然而,有的社区自组织层出不穷,有的社区中则是一盘散沙。多个案例显示,同样的社区会因为领导的改变而带来社会资本的显著转变。具体的激活方式除了前述社区领导积极提出和传播社区发展的意义,展现社区发展的使命、愿景和目标之外,还包括社区领导采取为居民服务的行动、推动社区自发组织建设、引进各类组织参与社区开发。愿意而且能够做到这些的社区领导一定都具有"为居民服务"的事业心和使命感,只有这样才能感召更多居民来参与社区建设,激活潜在的社会资本。

其次,通过社会资本开发利用多种社区资产。激活社会资本的直接后果是有不断增多的社会组织参与和提供社区服务,由此才能够对原有潜在的各类社区资产进行开发和

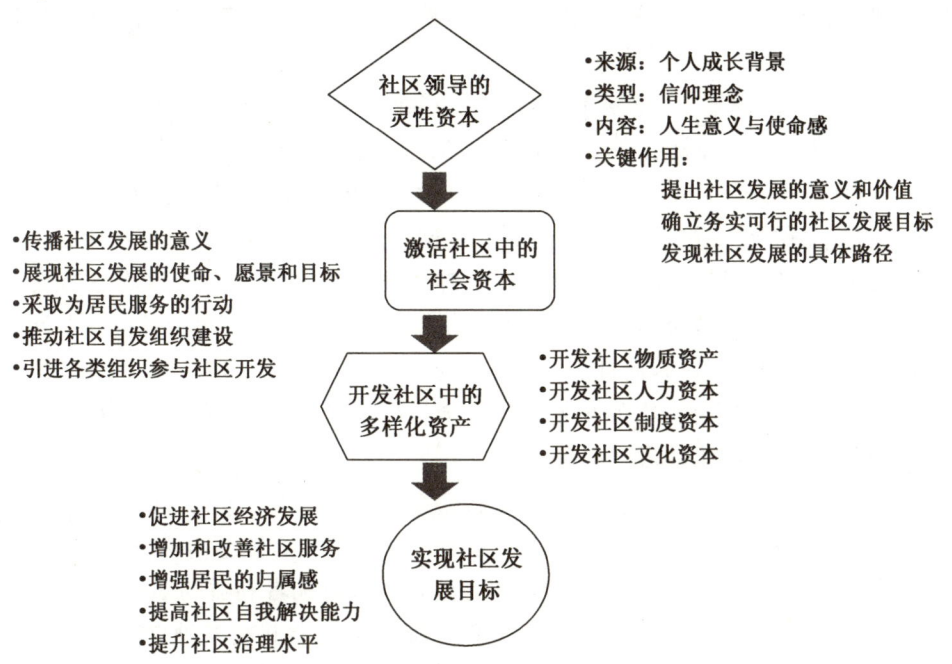

图 4-1 基于灵性资本的社区发展模型

有效配置利用。包括通过发展社区经济提升社区物质资产收益；通过发展社区教育提升社区人力资本水平；通过开发制度资本来推动相关法律政策及社区内乡规民约的创新变革；通过开发文化产业提升社区文化资本的价值。

再次，通过社会资源开发促进社区全面发展。当社区中多样化的资产或资本被充分开发利用后，社区发展的目标就会逐步实现。这些目标通常相互关联，但各有侧重。包括促进社区经济发展、增加和改善社区服务、增强居民的归属感、提高社区自我解决能力、提升社区治理水平。

第三节　基于社会资本理论的组织创新

在企业家精神得到充分发挥的社区，为了有效提供服务和开发资源，社区中的组织和网络就成为影响治理效果的关键因素。特别是组织和网络所带来的互惠和信任是促进社区发展的稀缺资源。

一、网络和组织是社会资本的基础

虽然研究者的侧重点有所不同，但总体而言社会资本指的是普遍公民的民间参与网络，以及体现在这种约定中的互惠和信任的规范。对于社区治理而言，社会资本既是影响其差异化发展的重要变量，也是社区治理成效的一个显著体现。一个具有高度互惠和信任规范的社区，在治理方式与效果上显然与缺乏此特征的社区不同。为此，需要从社会资本的视角来解释社区治理的差异,也由此来揭示社区在正式组织与非正式组织上的创新现象。

在对社会资本的理解上,皮埃尔·布迪厄(Pierre Bourdieu)率先提出"场域"和"资本"概念。"场域是以各种社会关系连接起来的、表现形式多样的社会场合或社会领域……一个场域可以被定义为在各种位置之间存在的客观关系的一个网络,或一个构型。"场域就像一张社会之网,位置可以被看成是网上的纽结。社会成员和社会团体因占有不同的位置而获得不同的社会资源和权利。布迪厄提出,所谓社会资本就是"实际的或潜在的资源的集合体,那些资源是同对某些持久的网络的占有密不可分的。这一网络是大家共同熟悉的,得到公认的,而且是一种体制化的网络,这一网络是同某团体的会员制相联系的,它从集体性拥有资本的角度为每个会员提供支持,提供为他们赢得声望的凭证"。社会资本以关系网络的形式存在。①

詹姆斯·科尔曼(James S. Coleman)把社会结构资源作为个人拥有的资本财产叫作社会资本。社会资本的形式有义务与期望、信息网络、规范与有效惩罚、权威关系、多功能社会组织和有意创建的组织等。科尔曼指出:"蕴含某些行动者利益的事件,部分或全部处于其他行动者的控制之下。行动者为了实现自身利益,相互进行各种交换……其结果,形成了持续存在的社会关系。""这些社会关系不仅被视为社会结构的组成部分,而且是一种社会资源。"② 林南(Nan Lin)认为社会资本是"投资在社会关系中并希望在市场上得到回报的一种资源,是一种镶嵌在社会结构之中并且可以通过有目的的行动来获得或流动的资源"。林南定义社会资本时强调了社会资本的先在性,它存在于一定的社会结构之中,人们必须遵循其中的规则才能获得行动所需的社会资本,同时该定义也说明了人的行动的能动性,人通过有目的的行动可以获得社会资本。③

罗伯特·帕特南(Robert D. Putnam)在科尔曼的基础上,将社会资本从个人层面上升到集体层面,从自愿群体的参与程度角度来研究社会资本。他认为由于一个地区具有共同的历史渊源和独特的文化环境,人们容易相互熟知并成为一个关系密切的社区,组成紧密的公民参与网络。这一网络通过各种方式对破坏人们信任关系的人或行为进行惩罚而得到加强。这种公民精神及公民参与所体现的就是社会资本。在帕特南那里,社会资本是一种团体的甚至国家的财产,而不是个人的财产。帕特南强调,如果认识到社会资本是重要的,那么它的重心不应该放在增加个人的机会上,而必须把注意力放在社群发展上,为各种社会组织的存在留下空间。④

二、社会资本的多种作用

社会资本不再仅指能为行动者带来收益的、持续稳定的一种社会关系,它也上升到了社会规范、文化、信任及社群、团体发展的层面上。在这个层面上,社会资本不仅对宏观的

---

① 布尔迪厄:《文化资本与社会炼金术》,包亚明译,上海:上海人民出版社,1997年,第189~191页。
② 詹姆斯·科尔曼:《社会理论的基础》(上册),邓方译,北京:社会科学文献出版社,1990年,第354页。
③ 林南:《社会资本:关于社会结构与行动的理论》,张磊译,上海:上海人民出版社,2005年,第19页。
④ 帕特南:《使民主运转起来》,王列、赖海榕译,南昌:江西人民出版社,2001年,第195页。

经济和政治产生影响，也对社区层面的发展具有直接作用。

研究者对社会资本与经济和社会发展的关系进行了经验研究，"结果发现一个国家的国民对他人的信任程度越高，国家的国民规范越明确，则该国的经济（社会）发展水平就越高"。深入来看，社会资本对经济发展的作用或许是其对教育、科技创新的影响。科尔曼曾指出，在传统社会中，儿童的成长过程会受到家庭和邻里人的关注，这些构成了儿童成长的社会资本。研究结果表明，"父母对子女关心程度的高低在很大程度上决定着孩子们学业成绩的高低和在学校里表现的好坏，社会资本在人力资本的形成过程中发挥着不可替代的作用"。同时，许多研究者注意研究了社会网络在科学积累与新思想传播中的作用。科学知识的积累就是新的科学思想在科学家之间的非正式网络联系中进行的。"这种非正式联系或网络被称为无形学院。"在劳动就业中，"即使在欧美等劳动力市场制度建设较完善的国家里，人们在就业和求职过程中还是会更多依靠自己的社会网络关系，求职者可通过自己的社会关系网络来获得信息与帮助，从而容易找到理想的工作"。同时，对雇主来说，使用社会网络寻找雇员可扩大雇佣范围，保证员工质量。对于企业而言，信任的程度能影响企业的规模，信任也能降低企业的交易费用，提高企业的经济效益和社会效益。

在社区层面来看，社会资本对于社区经济发展也具有重要作用。例如，现代的科技聚集区"硅巷"就是建立在社会资本的基础之上的。纽约的科创产业在中心城区聚集——以中城南区的熨斗区、切尔西地区、SOHO区和联合广场为起点，逐渐向曼哈顿下城和布鲁克林蔓延。这个无边界的科技产业聚集区被称为"硅巷"。其基础就是通过把社区打造成一个高品质的开放空间网络，既保留了不同街区的文化多样性，又通过丰富的文化资产、自如的人口流动，促成了社区的公平发展。

帕特南的研究指出了社会资本对于市民生活和民主制度的重要作用。他指出，公民对于公共事物的参与有助于产生自发的社会网络组织及成员间的信任和规范，这是市民社会生存所依赖的社会资本。社会资本是民主进步的一种重要的决定性因素。在意大利那些民主制度得到很好运行的地区，往往都是在历史上社会资本积累深厚的地区。在很大程度上，社会资本的差异解释了意大利各地区民主制度和经济发展的不同。还有学者研究表明，"以社会参与行为和自愿连属组织为代表的社会资本是市民社会的基石，人们不仅可以通过社会参与和自愿组织活动更为积极地参与社会政治生活和公共事务，而且可在自发形成的组织活动中自然体验到民主的程序和实质"。

"民主的改革者必须从基层开始，切实鼓励普通公民之间的民间约定。"对于社区治理而言，如何实现民主自治一直是一个难题。社会资本的理论视角提供了可行的思路。提升社区自治水平和民主决策水平，必须重视保持和培育公民组织和参与网络，从而形成必不可少的信任和互惠的规范。当一些农村社区的人际关系观念逐渐淡薄，相互之间的交流与互相帮助越来越少，社会资本不断流失，社区自治的难度也就更大。

拓展阅读

帕特南论"公民参与网络"的积极效果[①]

罗伯特 D. 帕特南是当代西方著名政治学家。他的主要研究领域是政治学、国际政治和公共政策,发表的著作包括《手拉手:西方七国峰会》《独自打保龄:美国社会资本的衰减》等。其中,《让民主的政治运转起来》一举奠定了帕特南教授在西方学术界的权威性地位。在该书中,他运用社会资本、治理和善治等新的政治分析框架,对意大利进行个案考察,经历长达20年的实证研究,论述了意大利如何在法西斯专制崩溃后,成功地利用意大利深厚的公民传统,建立起一套有效的民主机制,逐渐使意大利社会走向善治和繁荣。

在书中,帕特南论述道:任何社会,现代的或传统的,专制的或民主的,封建主义的或资本主义的,都是由一系列人际沟通和交换网络构成的,这些网络既有正式的,也有非正式的。其中一些以"横向"为主,把具有相同地位和权力的行为者联系在一起。还有一些则以"垂直"为主,将不平等的行为者结合到不对称的等级和依附关系之中。当然,在真实的世界里,几乎所有的网络都含有这两者。在一个共同体中,此类网络越密,其公民就越有可能进行为了共同利益的合作。为什么公民参与网络具有这种极为有益的附带效果?

- 公民参与网络增加了人们在任何单独交易中进行欺骗的潜在成本。投机者要面临这样的风险:既无法从未来的交易中获益,也不能从他目前参与的其他交易中得到他所期望的收益。用博弈理论的语言说,公民参与网络增加了博弈的重复性和各种博弈之间的联系性。

- 公民参与网络培育了强大的互惠规范。在许多社会背景下,互动的同伴们,"倾向于给那些可以接受的行为制定强大规范,并且在各种交往场所互相交流各自的期望"。这些规范因"关系网络而得到加强,而关系网络则取决于好名声的确立,其中包括信守诺言、遵守当地的行为规范"。

- 公民参与网络促进了交往,促进了有关个人品行的信息之流通。公民参与网络使得名声得以传递和溢美。如我们所见,信任与合作,依赖于人们对潜在伙伴的以往行为和当前利益的真实了解,而不确定性则强化了集体行动的困境。因此,假设其他条件相同,参与者之间的交往(直接的或间接的)越多,他们之间的互信就越大,合作也就更容易。

- 公民参与网络体现的是以往合作的成功,可以把它作为一种具有文化内涵的模板,未来的合作在此之上进行。"文化的过滤装置为我们提供了连续性,因此,那些对交换问题的古老的非正式解决方案,延续到了今天,它们使得非正式约束成为社会长期变迁中的连续性之重要来源。"

[①] 帕特南:《使民主运转起来》,王列、赖海榕译,南昌:江西人民出版社,2001年,第203~204页。

三、社区治理中的组织与网络创新

发挥社会资本的作用,在一定意义上来说就是要促进社区中网络和组织的创新。这种创新有的是建立在历史传统的基础之上,有的是适应新的社会需求而提出。概括而言,在组织与网络层面的创新主要有以下几方面。

一是创建社区非正式网络。社区中的任何两个以上的居民,无论通过面对面的方式,还是通过互联网络的联系,都可以以某个主题或目标为中心,建立起多种多样的非正式网络。这些网络的出现本身就是创新,成为参与社区治理的重要力量。

二是创建正式的社区内自组织。在非正式网络的基础上,围绕着更为明确和长久的目标,可以备案或登记注册成为正式的自组织。这些自组织有着自己的章程和稳定的成员,能够形成更为紧密的互动和信任关系,在社会治理中能够发挥更为强大的作用。

三是推动社区网络与组织的公民参与。公民参与网络所具有的诸多优势,使得非正式网络和正式自组织比个体更能够有效推动社区中的公共事务,也有助于促进社区层面民主和自治的实现。

第四节　基于公共选择理论的社区制度创新

社区治理在制度层面的创新涉及对相关法律制度特别是产权制度的改变,虽然其面临的困难巨大,不过,这一层面创新所蕴藏的潜力也非常深厚。理解制度层面的创新,一方面要了解区域性物品的特性,另一方面要应用现代公共选择理论。

一、提供区域性集体物品的社区治理模式

不可分性与非排他性通常是纯公共物品存在的原因。但是物品的不可分性与非排他性并非是绝对不能够进行的,只不过是分割与排他的代价较高。在一定的技术或制度条件下,物品可以进一步分割,也可以采取低成本的排他措施。这样就会使得纯公共物品转变为俱乐部物品或者是私人物品。例如,在1867年美国人约瑟夫·格利登发明带刺铁丝网之前,许多土地是很难排他的。因为铁丝网容易生产,安装简单,价格便宜,能有效地隔离牲畜,并且降低个人财产被盗的概率,极大地降低了土地排他的成本,在美国西部边疆的开拓过程中,起到了明确产权的作用。正是使用了这种带刺的铁丝网,牧场主们才能够把自己的牧场和他人的牧场区分开来。对此,一位著名的经济学家认为,铁丝网是"改变世界面貌的七项专利之一"。

牧场是一个典型的具有区域性的物品,这个区域性是指人们总是生活在地球上的某个三维空间中,人们的所有活动都是以某个确定的土地为基础的。区域性物品不仅在一个较大范围内是具有可分性的,或者说分割的成本较低,例如一个国家和州的土地可以划分为多个社区;而且区域性物品的排他性也可以采取较低的方式来实现,例如,通常讲路灯是难以排他的,但是当路灯是在一个区域性的土地之上,附着于特定区域的服务时,就

可以通过对所在的土地设置障碍,路灯也就成为具有排他性的服务了。再如,"多一双眼睛观赏瀑布,并无损于瀑布的美丽。但是,这双眼睛的拥有者需要有营地和道路空间,这些资源是有限的,是不得不受到限制的"①。需要指出的是,可分性和排他性并不是自动实现的,而是那些具有企业家精神的人从中发现潜在的收益,采取行动实现创新的结果。

大部分由政府提供的市政物品或由社区提供的社区服务都是具有区域性的。例如,政府提供的警察治安,公园、树林等休闲娱乐场所都是以具体的土地为基础的。这也就意味着所有的社区及其提供的服务都可以在分割和排他性成本变化的情况下,实现产权与治理方式的转变。当社区及其服务分割和排他性成本很高且缺乏创新性方法时,通常会被当作纯公共物品,由政府进行强制性管理。如果在具有企业家精神的人的创新推动下,分割与排他性成本大幅下降,则会转变为俱乐部物品或私人物品,采取契约式管理。

社区(或市政)管理可以通过强加在一些参与者身上的单边代理机构来实现,也可以通过所有行为者之间自愿达成的多边协议来实现。前者被看作"政府""统治者""政治过程"和"公共部门"的同义词;后者则是"合同的""自愿的""市场的"或"私人部门"的同义词。从法律角度来看,"公共部门"由强制型管理模式构成。除了直接拥有一些财产(如公路)之外,公共部门在其辖区内对私人土地、财富和人员行使统治所有权。"私人部门"由所有的其他人员及其财产构成。私人部门同样拥有管理,即代理人同意形成他们自己的管理体系。因此,"私人部门"就是拥有双方同意的私人管理模式的私人部门俱乐部。②

在社区层面同样存在着强制型管理模式与契约型管理模式两种大的类别。在强制型管理模式中,政府及其代理机构依据现有法律或政策,对社区重大事务进行决策。通常来说,其实现方式包括政府直接管理、利益集团主导、一事一议制度、多数票通过规则、全体一致规则等。契约型社区治理模式则取决于当事各方之间的谈判与契约内容,其具体方式包括公司经营的社区、私有土地收取租金的社区、分套出售公寓社区、大型市民协会、居民点协会等(见图4-2)。

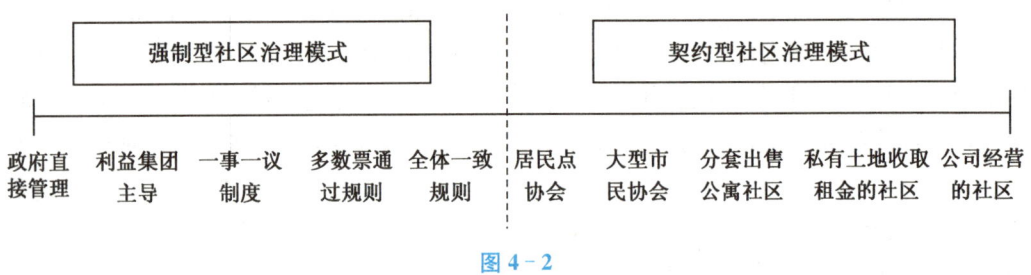

图4-2

二、强制型社区的制度创新

在这两种不同的管理模式下,都面临着如何把私人的个人选择转化为集体选择的问

---

① Gaffney,Mason(1968),"The Valuation of Public Goods", in Morris Garnsey and James Hibbs(eds), Social Sciences and the Environment, Boulder: University of Colorado Press,154-60.

② 弗雷德·E. 弗尔德瓦里:《公共物品与私人社区》,郑秉文译,北京:经济管理出版社,2011年,第73~74页。

题,也就是公共选择问题。依据公共选择理论,人们通过民主决策的政治过程来决定公共物品的需求、供给和产量,要经过立宪、立法、行政和司法三个过程。在第一阶段即立宪阶段,所进行选择的是制定根本性的法规来约束人们的行为;第二阶段即立法阶段,主要是在现行的规则和法律范围内展开集体活动;而第三阶段即行政和司法阶段则是执行阶段,它将立法机构通过的法案具体付诸实施,并且执行各项决策。

研究者对不同方式的民主决策方法的效果与条件进行了分析。1962年,布坎南(James M Buchanan)与戈登·塔洛克(Gorden Tullock)在其名著《一致同意的计算》中论证了在公共选择中,由于信息不对称,一致同意需要极大的成本。现实中的政治程序多采取间接民主制(代议制)或多数票原则(简单多数或比例多数)。然而,阿罗不可能定理说明,依靠简单多数的投票原则,要在各种个人偏好中选择出一个共同一致的顺序,是不可能的。戈登·塔洛克认为,在现实世界中出现阿罗不可能定理所描述的投票悖论的概率很小,如果实际的多数投票结果确实靠近中间状态,则该结果将被大家所接受。1994年,休·史卓顿(Hugh Stretton)和奥查德(Lionel Orchard)的分析表明:由于投票过程中理想最优的一致同意的直接民主无法实施,实际中采取的间接民主投票仍不是理想的民主决策方式。间接民主投票存在如下缺陷:(1)多数票规则难以获得均衡结果;(2)多数票规则会导致对公共决策控制权的争夺;(3)多数票规则会导致选民对公共选择活动的冷淡。

在强制型社区治理的实践中,多数票规则只是其中一种常见的规则。除此之外,还有其他决策方式。这些方式各有利弊,在不同时期成为主导性模式。

政府直接管理是指政府直接决定城乡社区公共物品的需求、供给和产量,甚至连日常的生活必需品的生产和消费也统一进行管理。最为典型的是在20世纪60—70年代中国城市里的"单位制"和农村的"人民公社"。在单位里提供几乎从幼儿园、澡堂到食堂的所有服务;而在人民公社里,粮食从种植到分配都统一进行。

利益集团主导是指利益集团作为社区中一种具有一致性利益方向的特定群体,对政府的政策往往具有特定的偏好,因而可能会通过各种途径向政府施加压力,以求政府的政策有利于其利益的实现。社区中的利益集团通常都有来自政府部门或官员的支持,或者得到所在社区内家族势力的支持。例如,在实行村民自治的过程中,村主任一职的竞选在相当数量的村庄内在一定程度上是家族之间的竞争,也就是以家族为单位的利益集团之间的竞争。如果某家族利益集团的成员当选了村主任,该家族利益集团在村级事务决策中的话语权自然较大,影响力也就较强。这种现象在村级事务由村级组织负责人独裁式决策的情况下更是明显。但在民主式决策的情况下,利益集团对村级事务决策的影响力在各利益集团力量的较量中被削弱。

"一事一议"制度是指把涉及社区的重大事情,比如水电费收取标准、村里公共设施建设、村镇土地开发、宅基地占用、救济款物的分配、重大民事纠纷调解,等等,先由社区"两委"开会集体讨论,确定议题或提出初步意见后,再交给村民代表进行"一事一议",由村民代表讨论决定。在人员能够自由流动的情况下,社区居民无须隐瞒自己对公共产品的偏好程度,因为当其发现有人故意隐瞒而少承担成本,从而使不利于自己的决议获得通过时,他还可以采用以脚投票的方式退出该俱乐部,避免自身利益损失的发生。但在人员不能自由流动、用脚投票机制难以发挥作用的情况下,会出现因个人需要承担公共产品的成本而不愿显示对公共产品的偏好的问题。在按照受益原则进行成本分摊时,人人为少负担成本而隐瞒偏好的结果必然是"一事一议"决议往往难以通过。

多数票通过规则是指一项议案或决策须经 1/2 以上投票者赞成方可通过的一种决策规则。在社区事务特别是社区领导选举中通常会采取此规则。多数票规则在操作中又可以分为简单多数规则和比例多数规则。按照简单多数规则,只要赞成票超过一半,议案和决策就获通过;而按照比例多数规则,赞成票必须超过半数以上的特定比例(如 2/3、3/4、3/5 或 4/5 等),议案才可能获得通过。在采取多数票通过规则时,需要注意少数人的意见,保护少数人的利益不受损害。

全体一致规则是指行政决策方案的通过需要参与行政决策的全体投票都对某项行政决策方案投赞成票。在这种决策规则之下,一项行政决策方案的通过,取决于全体投票人一致同意,只要其中任何一个投票人投了反对票,其他人的一致选择结果就无效。在社区治理的现实中,全体一致规则实施成本过高,适用范围有限,其优点是排除了个人的策略行为,但坚持全体一致规则的结果有可能达不成集体决策。

拓展阅读

阿罗不可能定理

肯尼斯·约瑟夫·阿罗(Kenneth J. Arrow,1921 年 8 月 23 日—2017 年 2 月 21 日),美国经济学家,于 1972 年因在一般均衡理论方面的突出贡献与约翰·希克斯共同荣获诺贝尔经济学奖。他是不确定性经济学、信息经济学和沟通经济学的发展先驱。他在福利经济学方面的重要贡献是提出了"不可能性定理"。

阿罗的不可能定理源自孔多塞的"投票悖论",早在 18 世纪法国思想家孔多赛就提出了著名的"投票悖论":假设甲乙丙三人,面对 ABC 三个备选方案,有如图的偏好排序。

投票者	对不同选择方案的偏好次序
甲	a b c
乙	b c a
丙	c a b

甲(a>b>c);乙(b>c>a);丙(c>a>b)。甲(a>b>c)代表——甲偏好 a 胜于 b,又偏好 b 胜于 c。

1. 若取"a""b"对决,那么按照偏好次序排列如下:
甲(a>b);乙(b>a);丙(a>b);社会次序偏好为(a>b)
2. 若取"b""c"对决,那么按照偏好次序排列如下:
甲(b>c);乙(b>c);丙(c>b);社会次序偏好为(b>c)
3. 若取"a""c"对决,那么按照偏好次序排列如下:
甲(a>c);乙(c>a);丙(c>a);社会次序偏好为(c>a)

于是得到三个社会偏好次序——(a>b)(b>c)(c>a),其投票结果显示"社会偏好"有如下事实:社会偏好 a 胜于 b、偏好 b 胜于 c、偏好 c 胜于 a。显而易见,这种所谓的"社会偏好次序"包含内在的矛盾,即社会偏好 a 胜于 c,而又认为 a 不如 c! 所以按照投票的大多数规则,不能得出合理的社会偏好次序。

阿罗的不可能性定理是指,如果众多的社会成员具有不同的偏好,而社会又有多种备选方案,那么在民主的制度下不可能得到令所有的人都满意的结果。阿罗不可能定理说明,依靠简单多数的投票原则,要在各种个人偏好中选择出一个共同一致的顺序,是不可能的。这样,一个合理的公共产品决定只能来自一个可以胜任的公共权力机关,要想借助于投票过程来达到协调一致的集体选择结果,一般是不可能的。

三、契约型社区的制度创新

契约型社区是指突破了社区只能是集体共有产权的假设,通过探索其他多种类型产权制度基础上的社区及其治理方式。这是社区治理在更高层面上的创新和变革。以下多种类型的契约型社区展示了其在提供公共物品方面的优势。①

所有权社区是指一块大面积土地上的不动产综合体,由私人集团所有并经营,几乎没有任何公共部门的重要资助或管理。典型的所有权社区是"迪士尼世界",它不仅是为游客提供服务的商业活动,它的基础设施和市政物品的供给与一个城市的社区并无不同。所有服务所需的资金都出自客人支付的使用费和租金。"迪士尼世界"证明了大型私人社区不仅能够提供市政物品,而且数量丰富、方式先进,具有独特的文化影响。所有权社区得以成立的条件是所在地区的法律能够赋予私人公司以法律自治权。

私有土地上利用场地租金为集体物品筹集资金的社区是指社区土地由一个非营利信托公司所有,该公司从租赁权中收取场地租金,建筑物分别由个人所有。租金数额由居民选举产生的评估员来决定,然后交给社区使用,其管理由大多数居民投票决定,旨在为社区的市政物品提供资金。信托公司还向县里支付财产税,包括建筑物税。由于每个承租人都与信托公司签订租赁合同,这一模式的社区的市政物品是通过市场过程提供的。一个典型的私有土地上利用场地租金的社区是美国的阿登村(the Village of Arden),在该社区能够提供优于政府所提供的市政物品。相反,政府的一些政策恰恰限制了该社区市

---

① 弗雷德·E. 弗尔德瓦里:《公共物品与私人社区》,郑秉文译,北京:经济管理出版社,2011 年,第 151~253 页。

政物品的供给。

分套出售公寓是一个具有共同利益的社区,它由众多的共同所有者组成。"分套出售公寓"意味着"共同支配"。一个成员拥有对其单元房的全部所有权,拥有对这个共同财产的不可分割的共享所有权。单元房的所有者通过成立"业主理事会",起草了复杂的总契约及其附则。契约记录了单元房的面积、最初价值以及在共同财产中所占的利息百分比,这种利息百分比决定了每套单元房的所有者即业主在表决权方面所占的百分比。总契约对单元房的界限进行了详细的划分,确立了财产权以及单元房与联合会的支出划分。联合会举行年度会议,选举董事会并处理其他事务。董事会由单元房成员组成,是自愿性无报酬服务。董事会授权的委员会涵盖了建筑与工程、土地、停车场、游泳池、社会活动、安全保卫等方面。分套出售公寓不需要得到公共部门的支持,他们在内部筹集资金。

大型市民协会是一种大型的在总体上进行规划设计的契约型城镇。在这种社区里,所有居住财产所有者和居民都是协会的会员,协会选举出董事会。协会的职能是:经营开放空间和设施;执行协会的契约;通过它任命的设计审查委员会对建筑物进行维护。成员拥有投票权和使用共同区域的权利,有责任遵守契约和规定,有义务支付评估资金。协会的契约涉及植物、垃圾、车辆、建筑物重建等。由于不存在百分比权益,家庭所有者协会的表决方式比分套出售公寓更为灵活。所有者按照契约规定向协会支付评估资金,无论他是否使用了共同区域,每套公寓单元房或每块场地收取相同的金额。这样做,会忽视在土地价值和租金方面的差异。

大都市里居民点组成的协会既是公共城市与私人街区、拥有所有权的居民点、住宅协会等多中心治理的结合,也是政府服务与私人部门的合作。在都市中有多个私人街区,私人街区对住宅实行统一收费,他们提供服务,包括街道维护、排水、扫雪、清洁、除草、树木修剪、街道照明、交通管制及进入限制、入口处标志和建筑契约以及垃圾收集、安全巡逻等服务。服务的不同组合使人们可以在市政物品供给的水平上对私人街区进行挑选。中低收入的居民点协会可以提供或促进当地的安全、建筑重建、垃圾处理等集体服务。消防区的私人街区之间有互相援助的协议,私人街区也成立了理事会,来提供服务并作为共同代理机构在上级政府中代表他们。

 拓展阅读

阿登村和土地信托[①]

阿登村是位于美国特拉华州威明顿市北部的一个契约式社区。它是美国唯一整体入选"国家历史景点名册"的村镇;是一个成功的实验性社区,是花园城市,是直接民主和艺术中心的典范,并且为保留"真正的、具有深刻社区意识的乡村感情"提供了范例。

---

① 弗雷德·E.弗尔德瓦里:《公共物品与私人社区》,郑秉文译,北京:经济管理出版社,2011年,第192~193页。

在1900年，雕塑家弗兰克·斯蒂芬斯和建筑师威尔·普莱斯在肥皂制造商约瑟夫·费尔斯的支持下，购买了一个占地162英亩的废弃农庄，将其命名为"阿登"。为了吸引更多居民，1908年受托的管理者修改了社区的"阿登信托法"，设立了由居民选举产生的评估员，限制受托人的权力，制定了新的租约。信托公司收取租赁土地的租金，并在缴纳税款和支付信托公司支出后把资金用于"合适的公共事业"。

村民大会是合法的村立法机构，其下设的委员会构成了政府的行政分支机构。村民大会通过了涉及限速、公共物品的使用、噪声、火器、家犬和道路等多项法令。所设立的委员会有负责保存历史文献的档案委员会、负责与市政有关的市民委员会、负责美化环境的社区规划委员会，以及法律参考委员会、活动场所委员会、安全委员会等。村民大会的官员包括顾问委员会主席、村主席、秘书和司库，经大会选举产生。秘书和司库是兼职职务，而且是村里唯一一拿薪水的官员。

阿登土地租赁制度的结果是它的未建设土地的置存资产成本大大高于周围地区。1965年，阿登一英亩土地的年租金是328美元，而外面类似的一英亩土地的税金不含污水费只有10美元。村预算为居民提供了大部分的市政物品，许多文化和娱乐服务是由志愿者提供的。

课后提升

一、必懂知识点

1. 现代社区中的"外在秩序"与"内在秩序"。
2. 社区治理创新的主要阶段。
3. 社区企业家精神来自意义与使命。
4. 网络和组织是社会资本的基础。
5. 区域性集体物品的不同供给方式形成了多种社区治理模式。

二、应用练习

选择一个便于调查和参与的社区，完成下列任务：
1. 通过查阅资料或访谈，了解并记录该社区主要负责人的个人情况和工作履历。
2. 通过访谈，了解并记录社区主要负责人对社区发展的目标设想。
3. 分析和判断该社区当前处于治理创新的哪一个阶段。

三、提问、解答与建议

如果你对本章内容有任何评论、疑问和建议，请扫描右边二维码后留言，我们将及时回复。

第五章　社区治理的主体及其互动机制

在社区治理中,居委会和村委会是关键主体,除此之外,社区治理还要涉及多个利益主体。那么,社区治理中有哪些利益相关者?这些利益相关者之间是怎样的关系?利益相关者之间构成了哪些运行机制?了解这些知识,对于促进社区建设和社区服务具有重要作用。

第一节　社区的多种利益相关者

社区的利益相关者是指那些影响和参与社区治理过程的组织和个人,通常包括政府及其派出机构、社区组织、社会组织、驻社区机构、物业公司、居民等。

一、政府及其派出机构

在中国,政府是一种自下而上建构起来的、实施城乡基层行政管理和社会控制的社会治理单元,政府在社区的运作过程中居于主导地位。政府既是社区治理的指导者,也是社会公共服务的供给者、市民社会的培育者,还是社区自治组织的监督者。总体上而言,政府负责制定政策、提供公共资源和服务以及指导社区自治等。作为社区治理政策的制定者,中央政府和各级地方政府阶段性出台的行政法规、指导政策和规章制度,明确了社区治理的基本原则和发展内容,逐步界定政府与社区间的关系,提供具体的政策建议。同时,政府通过直接配置或者以规章制度的方式引导资源向社区集聚,为社区治理提供所需要的物质资源和人力资源。此外,政府对社区治理进行持续性的指导,从社区自治组织的建立到自治组织的运行,从社区自治事务的规范和监督到对冲突的协调控制。

在实践中,对城市社区直接进行指导和监督的是街道办事处。街道办事处是市辖区或不设区的市人民政府根据行政职能的需要,经人民政府批准,在某一指定区域内设立的代表机构,并接受市辖区和不设区的市人民政府的领导。它只是政府的派出机构,而不是一级政府。根据《城市街道办事处组织条例》,街道办事处的主要职能包括办理市、市辖区政府有关居民工作的交办事项,指导居民委员会的工作,反映居民的意见和要求。改革开放以来,伴随着城市发展,一些街道办事处的工作任务拓展到30多个方面100多项,街道办事处"上管天(环保),下管地(环境卫生),既管老(老龄工作),又管小(幼托),管生(计划生育)、管死(殡葬改革)、管救济,还管教育和安置"。为实现这些职能,街道办事处一般设有行政办公室、社会治安综合治理办公室(司法科)、经济管理科、民政科、计划生育办公室、城市管理科、文教科(街道文化站)、财务科。

在农村,乡、镇直接指导和监督着农村社区的自治。乡、镇一头连着城市,一头连着农村,是中国最基层的行政机构。乡、镇承担着管理辖区内乡村各项政治、经济、文化和社会事务的职能,是农村经济社会发展的组织者和执行者。乡、镇政权在农村社会治理中发挥着促进农村经济发展、提供农村公共服务、维护农村社会稳定、发展农村民主政治、建设农村先进文化的重要作用。乡、镇一般设党委、人大、政府三个领导机构。内设机构实行"大办制",将乡、镇原有内设机构按相应职能重新合并,成立3~5个综合性办公室,如党政综合办公室、经济发展办公室、社会事务办公室等。规模较小的乡镇只设一个综合性办公室。

📖 **拓展阅读**

2016年前上海街道办事处组织机构图①

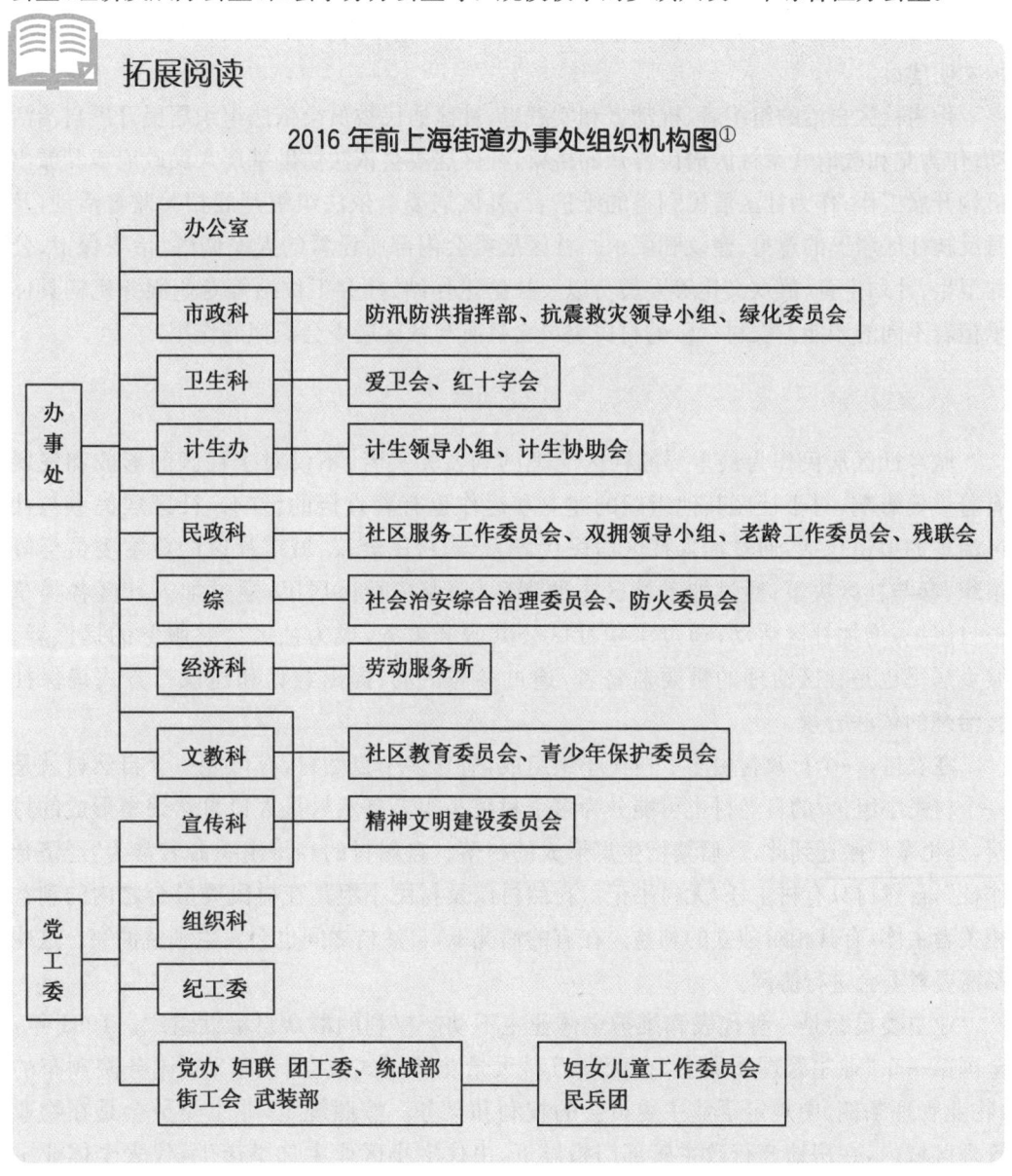

---

① 王波:《城市社区管理体制创新探索——行政、统筹、自治之三元复合体制》,《新视野》,2010年第2期。

二、社区党组织和社区居委会

在《民政部关于在全国推进城市社区建设的意见》中对社区党组织的地位和职责进行了明确的阐述:"要按照《中国共产党章程》的有关规定,结合社区党员的分布情况,及时建立健全社区党的组织,开展党的工作。社区党组织是社区组织的领导核心,要在街道党组织的领导下开展工作。"社区党组织在社区治理中处于核心地位,其功能主要有政治领导功能、利益协调功能和文化导向功能等。社区党组织对社区的具体事务包括对社区居委会通过的重大事项进行最终决策,对社区内各类组织加以协调和对话,对社区自治组织开展自治活动的引导。同时,社区党组织还以党员的模范带头作用,积极影响社区文化和精神文明建设。

作为社区自治的组织者、推动者和实践者,社区居民委员会依法组织居民开展自治活动;作为党和政府联系社区居民群众的桥梁,社区居委会依法协助基层人民政府或其派出机构开展工作;作为社区居民利益的维护者,社区居委会依法组织开展相关监督活动,及时反映社区居民的意见、建议和要求。社区居委会内部所设置的人民调解、治安保卫、公共卫生、计划生育、群众文化等委员会以及社区工作站、社会工作站等专业服务机构具体承担着不同的职能。农村社区的村民委员会具有与社区居委会类似的作用。

三、社区居民、业主委员会与物业公司

城乡社区居民作为最重要的社区治理的利益相关者,不仅对于社区的形成和发展有着重要影响,对于社区其他组织的建立和运作也有着直接的影响。社区居民参与社区治理的渠道包括:通过加入社区居民代表大会、村民会议、城市社区的业主委员会等组织,参与社区决策;通过加入社区志愿者队伍,服务社区居民;通过加入社区各类草根自组织,增加社区活动;通过承担社区公共服务事务,成为社区公共服务的提供者。城乡居民也是社区治理的重要监督者,通过参与活动、提出意见和建议等方式确保社区治理的依法合规。

在农村,一个行政村由多个村民小组组成,包含多个自然村,有可能一个自然村就是一个村民小组,大的自然村也可能分为多个村民小组。自然村是人口自然聚集形成的村落,是祖辈们搬迁到此,然后繁衍生息形成的村落。自然村的经济组织命名常为"经济合作社",自然村只有村主任,无村书记。自然村以及村民小组是在村民委员会之内的利益相关者主体,有其相对独立的利益。在有的情况下,自然村之间也会发生利益冲突。这些都需要村委会进行协调。

业主委员会是一种代表和维护全体业主不动产权利的群众自治性组织。1991年,全国第一个"业主管理委员会"在深圳万科天景花园正式成立。2003年国务院颁布的《物业管理条例》中规定了业主委员会的权利和义务。按照规定,业主委员会是在物业管理区域内,在房地产行政主管部门指导下,由住宅小区业主选举产生,代表全体业主对物业实施自治管理,其运作经费来自维修基金。经过多年的实践,业主委员会已经成为社区多元主体中不可或缺的一元。虽然在修订后的《物业管理条例》中将社区居

委会置于业委会之上,规定社区居委会指导和监督业委会的工作,业委会也要在社区居委会的筹备之下产生,但是,在具体的社区中,业委会与社区居委会的关系则取决于业委会的运作状况。

物业管理公司是按照法定程序成立并具有相应资质条件,经营物业管理业务的企业型经济实体,是独立的企业法人。它属于服务性企业,它与业主或使用人之间是平等的主体关系,它接受业主的委托,依照有关法律法规的规定或合同的约定,对特定区域内的物业实行专业化管理并获得相应报酬。在《物业管理条例》的框架下,物业公司被赋予小区物业实质管理者的身份。大多数小区都是建管合一,开发商和物业公司之间形成了天然的关联。在这种体制下,物业公司从对房屋维修及设备的管理延伸到对水、电、气、暖的管理,甚至演化到对人和社会的管理,利用物业保安来维护小区的进出及安全。在社区治理中,物业公司也是一个重要主体,与社区居委会的工作存在着多方面的联系。

四、驻社区机构

在城市社区中,驻社区机构包括社区范围内的行政单位和企事业组织,如学校、医院、派出所、超市以及受街道管辖的企业等。驻社区机构与社区居委会是"共驻共建、资源共享"的关系,具有互相协助的义务,具有互相监督的权力。一方面,驻社区机构在完善社区基础设施建设,提供人力、财力和物力等相关资源,拓宽社区服务内容,活跃社区文化,优化社区环境等方面发挥着重要作用。另一方面,社区居委会要为驻社区单位创造良好的工作、生产和经营环境。

五、社会组织

"社会组织"一词是 2007 年在南京召开的全国社会组织建设与管理工作经验交流会上正式提出,并被写入中共十七大报告的一个具有中国特色的概念,意指政党、政府之外的各类民间性社会组织,主要包括社会团体、基金会、社会服务机构(即民办非企业单位)、部分中介组织以及社区活动团队。按照活动主体的不同,城乡社会组织可以细分为"社区内的社会组织"和"活动于社区的社会组织"。前者是指社区建立的、以满足社区居民需要为目标的、吸纳社区成员参与的社会组织;后者是指形成于社区之外,但主要在社区内开展活动的社会组织。具体来看,这些社会组织又可以细分为:(1)传统群团组织,包括工、青、妇、团、残、老等传统群团组织以及在社区建立的相应协会;(2)依法成立的各类社会组织,包括民办非企业单位、社会团体、基金会三类;(3)社会体制改革过程中新产生的各类社会组织,如社区卫生服务站、民办学校、各种文体协会、宗教组织等。[①] 社区社会组织在社会治理中的角色和所具有的功能日益得到人们的认可,在提供社区服务、扩大居民参与、培育社区文化、促进社区和谐四个方面发挥独特作用。

---

① 邱梦华:《城市社区治理》(第二版),北京:清华大学出版社,2019 年版,第 164~165 页。

 **拓展阅读**

美国社区自治中的多主体合作①

美国的社区治理是一种典型的公民自治模式。社区在发展和管理上，普遍采取了"政府指导并提供资金、社区负责具体管理"的方式。在社区治理过程中，发挥社会组织、社区组织的参与积极性，以社区委员会、社区主任、社区工作者、社区居民、非营利组织、志愿者为社区治理的主体，负责处理具体事务。

第一，政府通过制定政策影响社区发展。例如，联邦政府、州政府负责评估和修改社区的社区和经济政策，同时又在消除歧视、反贫困等方面采取措施。政府还制定了鼓励和支持社区组织发展的政策，并且和社区治理主体间建立合作关系，通过税收减免等引导私企参与社区建设。

第二，非营利组织是美国社区治理的中流砥柱。从20世纪90年代开始，越来越多的社区公共服务由非营利组织来提供。随着时代的发展，非营利组织提供公共服务的种类和数量也越来越多，并且逐步形成了一个庞大的系统，主要包括传统社区服务机构（以慈善为主）、支持型社区组织（承担就业培训、创业支持等其他支持性服务）、社区邻里组织（满足社区居民基本需要的组织），各个组织之间没有隶属关系，各自为不同的群体开展活动。

第三，社区企业为社区建设与发展提供支持。社区企业包括：社区企业孵化器，为小企业提供融资、咨询服务；社区化的投资公司，为所在社区提供资本支持；社区开发公司，为社区提供土地、厂房等长期债务融资；社区微型贷款公司，支持社区少数族裔、妇女等弱势群体。

第二节　社区利益主体间的关系

上述多个社区利益相关者都在社区这一场域中存在和活动，有着共同的利益，也存在着各自的目标。概括而言，这些利益主体之间主要有三种关系：委托代理关系、指导监督关系和市场供求关系。

一、社区的权力委托代理关系

委托代理关系是一种所有权与经营权分离情况下的契约关系。委托人聘用代理人完成工作，代理人在委托人的授权范围内行使代理权，实施代理行为；委托人的利益依赖于代理人的行为；代理人以委托人的名义实施行为，但其行为的法律后果要由委托人承担。

---

① 邹丽琼：《美国城市社区治理及其启示》，《北京城市学院学报》，2009年第1期。

通常来说,代理人比委托人拥有更多的有关工作的信息(信息不对称),委托人难以观测到代理人努力工作的全部情况,代理人有可能会采取使自身利益最大化的行动。因此,委托人与代理人之间有可能出现利益不一致或者冲突的情况,需要通过不断完善或改变契约来建立有效的激励机制,实现委托人与代理人的利益相容。在社区层面,主要存在着两个类型的权力委托代理关系,一个是社区居民将自治的权力委托给社区居委会;另一个是小区居民将权力委托给业主委员会。

从理论上讲,居民是社区居委会权力的初始委托人。作为居民利益的代理人,社区居委会的主要职责是向居民提供最优质的公共产品和公共服务,同时接受居民的监督。但是在实际的运行中,以街道办事处和乡镇为代表的城乡基层政府与社区居委会之间形成了一种"隐形"的委托代理关系。具体而言,街道办事处和乡镇为了完成上级政府分配的工作和实现"业绩",利用自己所掌握的政治和经济资源,影响甚至控制了社区居(村)委会的财政资金分配、工作任务安排、绩效评价等权力,将大量琐碎的行政事务交给居委会执行。使得居委会一方面不得不进入"行政化"轨道,变成基层政府的执行机构;另一方面忽视了真正委托人——居民——的需求和意愿,有时以管理者自居,把服务对象作为管理对象对待。由此,形成了当前基层政府、社区居(村)委会和居民之间复杂的委托代理关系(见图5-1),影响了社区治理的效果。

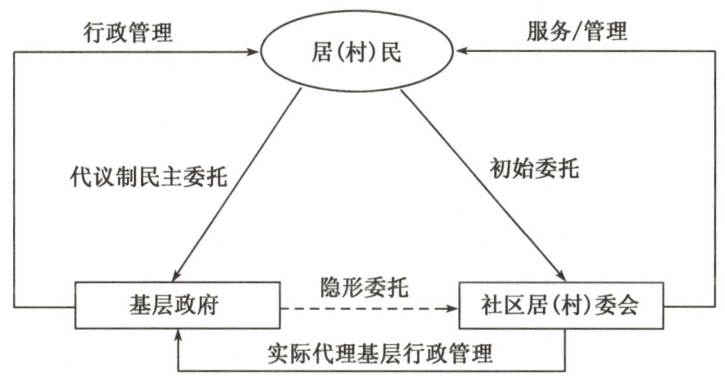

图5-1 基层政府、居委会与居民间的委托代理关系①

在居民、业主委员会与物业公司之间存在着双重委托代理关系。按照《业主大会章程》规定,业主大会是小区物业管理的最高权力机构,其常设机构是业主委员会。业主委员会的主要职责是召集业主大会并执行其决议,聘用、监督、解聘物业管理企业,必要时代表业主进行维权。这是第一层面的委托代理关系,业主们将零散权力委托给业主委员会,业主委员会代理居民们的权力。在此基础上,业委会与物业管理公司之间签订聘用合约,建立一种经济委托代理关系。业主们支付费用、获得服务,能够观察到服务项目、收费等外在形象,却无法观察到物业公司的管理行为,双方存在着信息不对称问题。业主通过业主委员会来激励物业管理公司,将物业公司的收入与其经营行为相挂钩,促使其改善经营

---

① 陆军等:《营造新型共同体:中国城市社区治理研究》,北京:北京大学出版社,2019年,第64页。

质量。这种双重委托代理关系无法消除单个或某些居民与物业管理公司之间的矛盾,例如因为对物业服务不满而拒交物业费的冲突就经常发生。

二、社区的指导监督关系

在社区各利益相关者中,还存在着一些法律上规定的指导监督关系。较为典型的是政府及其派出机关对居(村)民委员会的指导及监督,居(村)民委员会对业主委员会、物业公司的指导监督。这种指导监督关系由于缺乏明确的界定,在实践中往往会形成复杂和灵活的社会关系。

《居民委员会组织法》规定:"不设区的市、市辖区的人民政府或者它的派出机关对居民委员会的工作给予指导、支持和帮助。居民委员会协助不设区的市、市辖区的人民政府或者它的派出机关开展工作。"《村民委员会组织法》规定:"乡、民族乡、镇的人民政府对村民委员会的工作给予指导、支持和帮助,但是不得干预依法属于村民自治范围内的事项。村民委员会协助乡、民族乡、镇的人民政府开展工作。"除了"指导、支持和帮助"之外,在居民委员会的一些选举、履行义务等事项上,政府及其派出机关还有监督的职能。

在实践中,政府及其派出机关对居(村)民委员会的指导监督关系的模糊性容易导致自治组织变成政府的"行政末梢"。为此,《中办发[2010]27号文件》中明确规定:"普遍推行社区公共服务事项准入制度,凡属于基层人民政府及其职能部门、街道办事处职责范围内的事项,不得转嫁给社区居民委员会;凡依法应由社区居民委员会协助的事项,应当为社区居民委员会提供必要的经费和工作条件;凡委托给社区居民委员会办理的有关服务事项,应当实行权随责走、费随事转。逐步清理和整合在社区设立的各种工作机构,规范政府部门面向社区居民委员会开展的检查评比达标活动,大力压缩针对社区居民委员会的各类会议、台账和材料报表。"在《中发[2017]13号文件》中再次重申:"各省(自治区、直辖市)按照条块结合、以块为主的原则,制定区县职能部门、街道办事处(乡镇政府)在社区治理方面的权责清单;依法厘清街道办事处(乡镇政府)和基层群众性自治组织权责边界,明确基层群众性自治组织承担的社区工作事项清单以及协助政府的社区工作事项清单;上述社区工作事项之外的其他事项,街道办事处(乡镇政府)可通过向基层群众性自治组织等购买服务方式提供。建立街道办事处(乡镇政府)和基层群众性自治组织履职履约双向评价机制。基层政府要切实履行城乡社区治理主导职责,加强对城乡社区治理的政策支持、财力物力保障和能力建设指导,加强对基层群众性自治组织建设的指导规范,不断提高依法指导城乡社区治理的能力和水平。"

需要说明的是社区工作站是街道办事处派驻到社区的工作机构,承担政府及街道办事处在社区的各项工作和公共服务。设立社区工作站的目的,就是通过建立一支专职社区工作者队伍,通过社区内组织、功能和资源的整合,通过开展社区行政管理和服务工作,保证社区居民的诉求有专人受理和服务,保证政府的工作有专人落实。社区工作站的主要职责有三项:(1)行政性服务。主要是协助政府及有关职能部门开展好下列工作:办理失业卡、待业卡;失业人员就业安置;残疾证和残疾人家属农转非的申办;社区内失业人员及离退休人员管理与服务;居民收养证明;居民身份证和老年卡申领;直系亲属公房卡过户申办;外来人员暂住证申办;规划杂项工程申办;居民占绿手续申办及宠物类管理申办;待业人员独生子女父母奖励申办;《独生子女父母光荣证》申办、生育审批及《生殖健康服务证》申领;流动和失业人员计生申请等。做好社区公益性资产管理工作,完成其他由街道办事处(镇政府)确定需要进入社区的工作事项。(2)福利性服务。主要是协助政府及有关职能部门开展好下列工作:居民最低生活保障、社会救济金申办,失业人员失业金、救济金申办;民政对象、退休人员房租减免申办;特困对象家庭子女就读学杂费减免申办;社会救济对象的送养申办以及其他需要提供福利性服务的工作。(3)社会化服务。主要是老年休养院、老年活动室、托幼服务、社区卫生服务、社区物业服务、社区志愿者服务以及辖区内各类中介服务组织的协调管理;社区服务信息网络协调管理;开展其他便民利民服务工作。通过"议行分设",把不属于社区居民委员会工作职责的行政性工作分离出来,使社区居民委员会真正履行依法自治职能,更好地集中精力抓好社区自治管理。

社区居委会对业主委员会、物业公司的指导监督关系同样存在着模糊的边界和空间。具体而言,业主委员会有权决定是否选聘和解聘物业公司,并需要接受政府房管部门、街道办事处和社工委的指导和监督。社区居委会有权指导和监督业主委员会和物业公司,同时又需接受街道办事处和社工委的领导。物业公司受制于业主委员会,并需接受政府房管部门、街道办事处、社工委和社区居委会的指导和监督。在实践运行中,由于利益目标和工作空间不同,这种指导监督关系呈现出复杂多变的特征。社区居委会聚焦于处理好居民社会关系,目的是追求社会效应;业主委员会聚焦于改善居民生活环境,目的在于寻求社区居民认同;物业公司聚焦于社区物理环境,目的在于获取经济利益。社区居委会在完成一些任务时往往需要借助物业公司的资源;而物业公司则受制于业主委员会,有可能借助社区居委会的行政力量来处理物业管理事务。①

三、社区的市场供求关系

市场供求关系是以契约为基础的交换关系,在一定程度上也可以看作经济委托代理关系。近年来,市场力量和市场主体逐渐参与到城乡社区公共事务的决策和管理过程中。概括而言,社区中存在着三大类型的市场关系:一是社区开发商和住房所有者之间的市场关系;二是社区居(村)委会与各类各种社区服务提供者之间的市场关系;三是业主委员会与物业管理公司之间的市场关系。市场关系的显著特点是契约双方的平等性和交易目的的经济性。在社区治理中,市场供求关系所发挥的作用越来越大。

将市场供求双方联结起来的是不同类型的市场化治理工具。社区中常见的市场化治理工具主要包括:(1)民营化。是指政府通过承包或出售的方式将自身拥有的职能转交给企业或者私营机构,以此提供经营效率。城乡社区的一些集体资产的运营同样可以采取民营化的创新做法。(2)用者付费。是指受益者为了取得一定的收益权而向公共部门支付一定费用,这是一种承包补偿。在社区教育、社区公共图书馆、通信网络、公共交通等

---

① 朱喜群:《社区冲突视阈下城市社区多元治理中的权力博弈——以苏州市D社区更换物业公司为考察个案》,《公共管理学报》,2016年第3期。

社区准服务上可以根据不同的属性特点,采取用者付费的形式和定价策略,一方面弥补社区服务开支的资金缺口,另一方面也能满足不同社区居民的个性化需求。(3) 合同外包。是指政府与私营部门、非政府组织、非营利组织等签订合同,将某些公共服务和产品的提供权转移给私营部门等组织。当前社区以合同外包形式提供的产品和服务主要涉及社区垃圾处理、社区婚介服务、社区职业介绍服务、社区综合服务、呼叫网络、社区绿化等。(4) 特许经营。是指政府授予某一组织向公众出售其服务和产品的一种具有排他性的权利。这种市场化工具可以应用到社区水电气供应、有线电视、社区垃圾收集和处理、社区文体馆所、公共空间经营等领域。居家养老服务中心、社区服务发展中心、社区卫生服务中心等通常采取"建设—经营—转让"模式。(5) 补贴和凭单制。是指政府以资金、免税或其他税收优惠、低息贷款和贷款担保等方式向生产者提供的补贴。例如,对提供诸如文化、教育、卫生服务、民办社区护理、照顾服务等社区准公共服务的主体,政府可以采取补贴。凭单则是政府发给消费者的一种有价消费券,是对特定消费群体的补助。凭单可以用于社区的食品、住房、医疗服务、儿童保育、家庭护理等多个领域。(6) 政府购买服务。是指政府通过公开招标,有针对性地以委托和招标方式将原先政府承担的公共服务转移给生活组织、企事业单位等。目前政府采购服务主要使用三种方法:政府采购、公益创投和自行委托。在社区治理中,政府采购服务的领域包括社区智能平台建设、调查调研课题、老人护理、社区活动等。①

拓展阅读

社区"三社联动"线上抗疫模式的工作模型②

2020年3月,民政部基层政权建设和社区治理司等单位指导编写《社区"三社联动"线上抗疫模式工作导引(第二版)》,提出社区"三社联动"线上抗疫模式:通过线上微信群等信息化手段,由社会工作服务机构和社会工作者协调统筹,协助社区工作者建立线上抗疫工作平台,完善社区防控互助体系,做好排查监测、宣传教育、居家生活保障、困难群体帮扶工作;同时,发挥社会工作专业优势,链接全国范围内的优秀心理服务专家等志愿者,通过线上抗疫工作平台,"社工+心理+其他志愿者",联合为社区防控中转介的服务对象、压力较大的社区工作者、受疫情影响的患者和家庭、参与一线抗疫的医务工作者等重点对象提供心理疏导、情绪支持、个案辅导等专业服务,高效引导社会力量共同抗击疫情。

---

① 陆军等:《营造新型共同体:中国城市社区治理研究》,北京:北京大学出版社,2019年,第102~109页。
② http://www.gov.cn/xinwen/2020-03/12/content_5490411.htm。

下图为"三社联动"的工作模型。

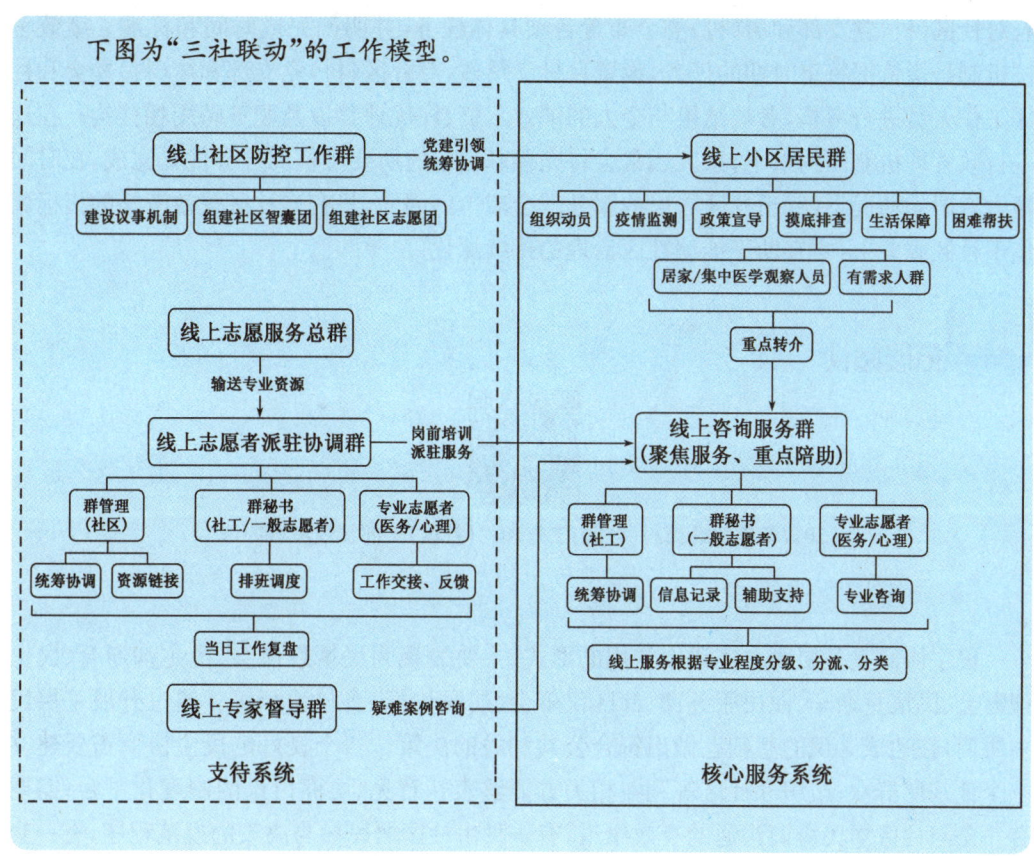

第三节 社区主体间的互动机制

多个社区利益相关者,形成了多种社会关系。在实际运行中,主要采取了行政管理机制、民主协商机制和市场竞争机制,反映了背后的政治逻辑、商业逻辑和公益逻辑。

一、行政管理机制

虽然社区是一个自治组织,但是由于存在着基层政府对社区的隐形委托代理关系,所以行政管理机制依然在社区的一些事件中发挥作用。行政管理是指行政组织依靠自己的权力或权威,通过制定各种决议、决定,下达各种命令、指令性计划,规定各种规章制度、纪律、工作程序、标准等办法来协调行政组织之间、行政工作人员之间的关系,或维持某种秩序,从而保证完成组织预定目标的一种管理方式。行政管理可以使行政信息通过纵向途径迅速传递,使各种管理办法和措施较快发生作用;它能够集中统一又灵活自如地调配人力、财力和物力,保证政府工作重点的实施;它还有效地保证了行政组织内部上下左右之间在行动上的协调一致,保证了国家对社会生活的有效控制。

行政管理的机制主要包括任务下达机制和绩效考核机制。任务下达机制是指基层政府对社区(村)党支部和居(村)委会布置各项具体任务,并明确完成时间和标准。绩效考核机制是指依据特定时期的任务,设置目标和绩效,对社区(村)党支部和居(村)委会和社区工作人员进行考核,考核结果与个人的绩效工资、评优评奖以及职务聘用相挂钩。在这一行政管理机制的约束下,社区通常会将完善基层政府所要考核的任务优先完成,在时间精力有限的情况下,对于社区居民的服务就会减少。因此,只有当社区绩效考核的指标聚焦于社区服务上,才有助于推动社区治理的持续深化。

2017年度罗岭镇村(社区)工作和村(社区)干部绩效考核办法

二、民主协商机制

民主协商是基层民主实践中常用的形式,主要表现为民情恳谈会、民主沟通会、民主理财会、民情直通车、便民服务窗、社区议事会、居民论坛、乡村论坛等。通过开展基层民主协商,在达成共识的基础上做出符合公共利益的决策。一个良好的民主协商需要建立一个让基层群众、组织和社区等利益相关方能够表达意见、协商讨论的制度化平台;需要有一条与社区居民协商沟通的有效渠道,有一种由社区居民参与决策的规范程序,有一套党委政府领导下的专家论证、群众参与的科学机制。

在实践中,各地社区已经探索出了"N 位一体的联席会议"的工作协商机制和"1＋N＋X"的民主协商机制。所谓"N 位一体"是指由社区党组织、居委会、业委会、物业管理公司和派出所等相关利益主体共同协商社区事务,共同开展社区服务的模式。"1＋N＋X"是指村(社区)协商委员会,其中"1"为协商委员会主任,固定由村(社区)党组织书记担任;"N"为成员,从七类人员信息库中动态产生,涵盖了村(社区)"两委"与监督委员会成员、两代表一委员、村(居)代表、社工和社会组织成员,以及驻辖区单位代表和专业人士等;"X"为利益相关人员。每开展一次协商,组建一个协商委员会。例如,河北沧州民主社区共辖 3 个小区,其中怡馨园小区和沧县小区均系开放式、无物业的老旧式小区。针对这一情况,社区党支部创新工作思路,先后制定民主协商机制实施方案、议事规则、自治章程,明确需要协商解决的问题清单,建立了由"7＋x"为人员的社区协商工作委员会工作机构。"7"即社区"两委"人员、有威望人士、党员代表、居民代表、妇女代表、辖区单位和退役军人代表;"x"为其他社会组织。再如,安徽省天长市以"党建引领、多方参与、协商共治"为社区治理创新主题,2018 年在全市 15 个乡镇(街道)的 16 个村(社区)开展第一批改革试点工作,并于 2019 年在全市全面推开。总结形成了"11355"社区协商治理模式:1 个主体,即村(社区)协商委员会;1 套目录,即围绕乡村振兴战略设立的协商参考目录;3 个层级,即乡镇(街道)、村(社区)和自然村(村民小组)三级协商机制;5 步 5 单,即协商事项的采集、交办、办理、公示、评议及对应的处理清单。此外,议事规则是民主协商的核心规则,在参考借鉴国外成熟完备的议事规则的基础上,各地在实践中也逐步形成了适用简明的议事规则。

拓展阅读

罗伯特议事规则简化版的"南塘十三条"①

第一条:会议主持人,专门负责宣布开会制度,分配发言权,提请表决,维持秩序,执行程序。但主持人在主持期间不得发表意见,也不能总结别人的发言。

第二条:会议讨论的内容应当是一个明确的动议:"动议,动议,就是行动的建议!"动议必须是具体的、明确的、可操作的行动建议。

第三条:发言前要举手,谁先举手谁优先,但要得到主持人允许后才可以发言,发言要起立,别人发言的时候不能打断。

第四条:尽可能对着主持人说话,不同意见者之间避免直接面对面发言。

第五条:每人每次发言时间不超过两分钟,对同一动议发言每人不超过两次,或者大家可以现场规定。

第六条:讨论问题不能跑题,主持人应该打断跑题发言。

第七条:主持人打断违规发言的人,被打断的人应当中止发言。

第八条:主持人应尽可能让意见相反的双方轮流得到发言机会,以保持平衡。

第九条:发言人应该首先表明赞成或反对,然后说理由。

第十条:不得进行人身攻击,只能就事论事。

第十一条:只有主持人可以提请表决。只能等到发言次数都已用尽,或者没有人想再发言了,才能提请表决。如果主持人有表决权,应该最后表决,防止抱粗腿。

第十二条:主持人应该先请赞成方举手,再请反对方举手。但不要请弃权方举手。

第十三条:当赞成方多于反对方,动议通过。平局等于没过。

三、市场竞争机制

随着社会组织等利益相关者在社区治理中的参与,社区治理中的市场竞争机制得到广泛的应用。概括而言,社区中的市场竞争机制主要包括价格引导机制、契约规范机制、信用维护机制、信息披露机制和评估监管机制。在这些机制的共同作用下,多种市场化治理工具在社区得到有效利用,不仅提升了社区治理的效率,也促进了社区的全面发展。

价格引导机制是指通过同质比价、分级定价、优胜劣汰的方式促进社区服务品质的提升。例如,社区可以根据不同的服务类型和公共产品的性质采取差异化定价策略。对于维修、家政、洗衣等社区生活服务的存量市场,可引入多个市场主体,提高行业的竞争水

---

① 袁天鹏先生在安徽阜阳南塘村推广应用罗伯特议事规则时针对当地村民形成的规则简化版本。

平,提高社区服务市场的透明度,敦促企业主体提高服务质量和效率。

契约规范机制是社区通过与其他市场主体签订契约,以契约为依据传递市场信号、确定服务质量标准、规定激励条件和措施等。例如,当前许多物业管理公司与居民之间的矛盾,通常都是由于契约中的服务规范和标准的不完善和双方理解的差异造成的。通过完善契约规范机制,可以有效减少社区内的纠纷。

信用维护机制有助于减少合作成本,实现持续的市场合作。政府在社区信用体系建设中主要发挥政策扶持、维护市场秩序和营造诚信氛围的作用;市场主体是要做好经营和管理,进行项目互动和合同履行;社区居委会主要负责提升社区居民的诚信意识、提高诚信体系建设的参与度。

加强对物业管理公司、专业化的社区综合服务运营商、社区化社会企业等市场主体的信息披露,有利于利益相关者更好地做出决策和监督。信息披露机制可以分为自愿性信息披露和强制性信息披露。自愿性信息披露是指市场主体基于自身形象、管理者声誉、赢得社区消费者满意等目的,主动发布信息。强制性信息披露是指按照相关法律法规要求必须进行的信息披露。对于参与社区治理的市场主体而言,主要是鼓励进行自愿性信息披露。对于一些社会性很强的项目,也需要采取强制性披露方式。

建立有效的评估和监管机制是维护社区成员共同利益、增加社区成员福利的重要措施。政府通常对承担社区服务项目的市场主体的品质、所提供社区服务的目标、执行方案、项目绩效、服务质量、居民满意度等进行全面的评估和监管。为了尽可能地客观中立,政府通常会引入第三方评估机构全程监控社区服务项目的进展情况。同时,政府也要调查社区居委会、业委会、社区居民等主体的积极性,广泛参与到社区治理的市场监管中。①

拓展阅读

《政府购买服务管理办法》3月1日起施行禁止政府变相用工

课后提升

一、必懂知识点

1. 社区利益主体之间的委托代理关系、指导监督关系和市场供求关系。
2. 社区主体间的行政管理机制、民主协商机制和市场竞争机制。

---

① 陆军等:《营造新型共同体:中国城市社区治理研究》,北京:北京大学出版社,2019年,第94～101页。

二、应用练习

选择一个便于调查和参与的社区,完成下列任务:

1. 通过查阅资料或访谈,了解并记录该社区的主要利益相关者。
2. 通过访谈,了解并记录街道办或村、镇对该社区及其工作者的主要考核指标体系。
3. 调查和分析该社区当前经常利用民主协商机制解决的问题有哪些。

三、提问、解答与建议

如果你对本章内容有任何评论、疑问和建议,请扫描下方二维码后留言,我们将及时回复。

第六章 社区服务供给及其链接机制

有一个说法是"服务就是最好的治理",在一定程度上揭示了社区治理的主要内容。为此,有必要深入了解:社区通常需要哪些服务?这些服务的性质和特点是什么?如何增进社区服务供给主体和内容?围绕着这些问题,不仅需要梳理社区服务的演变过程,还要应用相关理论进行深入分析。

第一节 社区服务的兴起及其内容

虽然说在古代共同体中人们就期望有必要的服务,也在有限条件下提供了一些服务,但是大规模的全面的社区服务是在现代社会中才出现的,而且社区服务的内容随着社会发展而不断丰富。

一、社区治理与服务的关系

社区服务是指为了满足社区居民生活质量提升的需求而提供的一系列服务措施。社区服务的水平通常受到经济发展水平和社会治理状况的影响。经济发展水平是社区服务的基础性条件,在低的生产率和物资匮乏的时代,人们所获得的服务保障较为低下;只有随着生产率提高和物品日益增多,社区居民的服务保障水平才有可能提升。社区治理则是社区服务的制度性条件,只有在现代的多元和自治为核心的社区治理中,政府和社区等组织才会将满足居民的服务需求作为自己的使命和责任,社区服务保障才具有了更为坚实的基础。也正是在这一意义上,"服务就是最好的治理"得到越来越多的认同。社区治理的核心内容也从传统的管控民众转变为为社区居民提供日益高品质、多样化的服务。

在古代,常见的服务需求包括养老、救灾、济贫等,主要集中在基本的物质需求层面。共同体内的服务保障也是自古就有,这是因为任何时代人们都有类似的服务需求,也会在当时的条件下采取力所能及的服务供给。在应对这些服务需求方面,最主要的是依靠家庭本身,同时也有家族互助、邻里互助、宗教慈善救助以及国家的救济。

在中国古代,《周礼》中就记载了有关灾民救助等内容。汉唐之际,有关救灾济贫等服务内容日益增多,针对灾害,朝廷采取了减免赋税、弱势群体补助等措施。到了宋代,对社会救济帮扶的措施进一步做了规范和扩展。除了救助灾民外,宋代还鼓励宗族之间相互帮扶、发展宗教慈善以及赡养老人。特别是在养老服务上,宋代采取了强制性的措施,在《宋刑统》中规定:"诸祖父母、父母在,而子孙别籍、异财者,徒三年。若祖父母、父母令别籍,及以子孙妄继人后者,徒二年,子孙不坐。"对子女不赡养父母的,最高的可以被判处三年牢狱。同时,也采取了"侍丁"制度,对于有需要赡养的老人的家庭,可以申请减免当年度的赋税和劳役。

虽然古人很早就将满足弱势群体基本生活的服务需求作为一种理想来追求,但是受限于经济发展水平和社会治理状况,往往很难实现。在正常的年份里,还会出现弃老、杀婴等现象,遇到了灾害和动乱,这些服务保障就更成为奢望。

拓展阅读

《礼记·礼运篇》对大同世界的描绘

"大道之行也,天下为公,选贤与能,讲信修睦。故人不独亲其亲,不独子其子,使老有所终,壮有所用,幼有所长,矜(同鳏)、寡、孤、独、废、疾者,皆有所养。男有分,女有归。货恶其弃於地也,不必藏於己;力恶其不出於身也,不必为己。是故,谋闭而不兴,盗窃乱贼而不作,故外户而不闭,是谓大同。"

二、社区服务的兴起

现代的社区服务是工业化、城市化和市场化的产物,最早出现在西方工业化国家。为了应对工业革命带来的贫困问题,19世纪在英国伦敦首先出现了以"济贫"为主要功能的社区服务组织,开展本地区的救济分配工作。这种社区服务的形式不仅影响到英国其他城市,也传播到了美国。不过,真正意义上的社区服务开始于第二次世界大战之后。二战之后,不仅涌现出了新的服务需求,而且经济发展所带来的社会财富的增加也为社区服务提供了可能。更重要的是,社区治理将社区服务作为其核心内容,持续地进行了推进。从宏观背景来看,社区服务发展的直接原因有以下几方面。

一是对传统住院式照顾服务提出更高要求。院舍照顾是指国家将孤寡老人、患疾老人、孤儿和各种精神病患者等按照在由政府出资兴办的、与自然社会社区隔离的福利院舍(如老人院、孤儿院、精神病院)中进行统一的、住院式照料模式。院舍照顾的优点是能够集中资源,给服务对象提供标准化、规范化的照料服务。然而由于与家庭和社区的接触变少,受照顾群体逐渐丧失了独立判断和决定的能力,从而无法适应社会。院舍机构还容易滋生官僚主义作风,有些工作人员缺乏主动性,他们更希望老人、儿童、精神病人遵守院舍的规章制度,而很少关心他们的个性化服务需要和不适应问题。相对于曾经的无人照料,院舍照顾当然是很大的进步。但是随着一些国家在二战后经济的恢复和物质生活水平的普遍提升,人们就不再满足于院舍照料。20世纪50年代初期,一些国家发起了"反院舍化"运动,倡议在社区而不是在院舍内为服务对象提供更加全面、更加周到、更加专业化、更加人性化的服务。这是因为社区环境涉及行动、物质、心理和环境等各个层面,涵盖正规照顾和非正规照顾,可以有效利用非正式资源,可以更好地满足需要照顾人士多方面的服务需求。

二是政府福利政策加大对社区服务的投入。欧美等发达国家在社会财富极大丰富之后,普遍执行了"高福利、高开支"的社会福利政策,逐步建立起一套从"摇篮"到"坟墓"的社会福利制度。在福利国家的制度框架内,对老人、孤儿、各种精神病患者等群体的照顾被看作政府的一项重要职责,各国均投入了大量的资源,为这些人提供免费医疗和经济安全保障。养老金和医疗保健等方面的开支一直稳居福利国家公共开支的首位。在政府大力投入的同时,一些国家也重视发挥社区及其他社会组织的作用,鼓励这些社会力量承接或参与社会福利和社会服务。无疑,政府利用税收资源对社会福利的大量投入,有效地推动了社区服务的发展。

三是社会福利改革推动社区照顾的发展。20世纪60年代末至70年代初,"福利国家"政策陷入困境,一方面政府机构膨胀,效率低下;另一方面经济出现滞胀,爆发严重的经济萧条。在此背景下,在一些国家出现了新保守主义的思潮,他们主张政府不要干预社会经济生活,让市场经济自己运行。在社会问题的解决上,新保守主义反对"福利国家",反对过度扩大社会福利,但不反对给予社会弱势群体以帮助。他们主张个人的责任和义务以及个人自主精神的恢复,主张削弱政府的社会福利之外,挖掘社会各界的资源。在新保守主义思潮的影响下,20世纪70年代后,一些福利国家开始推行福利改革,英国、法国、荷兰等国纷纷开始明确优先发展社区照顾的社会政策,通过立法推进社区照顾,促进了社区服务的普遍增强。①

除了各国国内经济发展和社会福利政策的影响之外,联合国提出和倡导的"社区发展运动"和各社区发展项目也对社区服务起到了推动作用。在实现社区发展目标的过程中,增加高质量社区服务的供给成为重要内容和途径。

拓展阅读

德国"邻里之家"的社区服务②

"邻里之家"是德国睦邻运动的直接产物,分布于德国各大城市,体现了德国社区基本特色。"邻里之家"是一个自我经营、自我管理、自负盈亏的独立机构,其最高机构是德国社会福利、文化工作协会联合会。"邻里之家"为居民举办活动的目的在于改善居民的生活条件,提高他们的生存能力,特别是帮助居民通过自己的努力去争取自己的利益。他们的活动也得到政府的一定资助与监督。参加的居民不分国籍、种族、宗教信仰、党派和政治倾向,都能在"邻里之家"内参加服务或得到服务。

在20世纪80年代,"邻里之家"的社区工作,就服务对象来看,包括为儿童、青少年服务和老年人提供的各种服务。为儿童服务的有托儿所、小学生学习辅导站等。为青少年服务的有青年俱乐部、学习拍录像、旅游、文娱活动、体育活动等。为老年人服务的有托老所、老年人俱乐部、学习拍录像、旅游、送护理上门、送饭上门等。就服

---

① 张康之、石国亮:《国外社区治理自治与合作》,北京:中国言实出版社,2012年,第160~162页。
② 蒋永康:《社区服务中心"邻里之家":联邦德国社会考察之二》,《社会》,1989年第7期。

务的种类来看,包括日常生活类和文化娱乐类。日常生活类有病员护理、家庭服务、临时带小孩、烹调、家庭安装或修理电器用品、上街购物、园艺、为残疾人及老人推车、陪伴家人交谈、朗读作品等。文化娱乐类有一年一度的"睦邻节",活动内容包括时装表演、儿童杂技、儿童戏剧、音乐会、供应特色咖啡、宣传吸烟危害的讲座等。"邻里之家"经常举办各种讲座,内容涉及儿童报告会、出国工作者回国谈体验、家庭伦理道德报告、戏剧及电影评论,等等。为便于社区居民了解其活动计划,"邻里之家"每半年出版一次《活动项目表》,分发给社区居民。

三、现代社区服务体系

经过近几十年的发展,发达国家的社区服务有了突飞猛进的提升,基本上形成了机构健全、组织完备、内容广泛、方便灵活的社区服务体系,呈现出多元化、职业化和专业化等特征。一些发展中国家的社区服务也从兴起到快速增长。总体来看,现代社区服务可以分为两大类:一类是面向特定群体的社区服务;另一类面向一般居民的社区服务。在这两大类社区服务中,又有针对不同具体对象的服务,共同构建成了现代社区服务体系,能够有效满足社区居民的各类服务需求。

面向特定群体的社区服务。特定群体主要包括老年人、残障人士、妇女、学龄前儿童、无家可归者、低收入家庭、单亲家庭、新移民、难民、失业人员等。针对这些群体的社区服务具有较强的针对性,通常也是社区服务的优先项目。这些不同类型的社区服务的发展状况概括如下。

(1) 社区老年人服务。随着老龄化社会的到来,老年人的服务需求日益增多。为保障社区老年人服务顺利推进,很多国家都颁布了相应的法律法规。在一些国家,社区老年人服务的方式丰富多样,社区老年人服务的新方法不断涌现,老年人的生活较为幸福安心。

(2) 社区青少年服务。青少年在成长中容易遇到问题,而且青少年关系着社会的未来。大多数国家都很重视青少年服务。社区青少年服务主要包括青少年成长和保护服务、青少年犯罪预防服务等。

(3) 社区残障人士服务。根据 2006 年 12 月 13 日联合国大会通过的《残疾人权利公约》的解释,残障人士包括肢体、精神、智力或感官有长期损伤的人。这种损伤困难阻碍他们在平等的基础上充分参与社会,使他们的生活处于不利地位。目前全球有约 15% 的人存有某种形式的残疾。为了提升对残障人士的服务水平,各国制定了较为完善的残障人士权益保障制度,提供了专业化的社区残障人士服务。

(4) 社区精神健康服务。心理健康问题日益成为严重的社会问题,社区精神健康服务应运而生。由于社区精神健康服务的专业性很强,通常都是在精神医师和心理学家的指导下,在社区开展。

(5) 居民最低收入保障。居民最低生活保障通常是一些国家提供的福利,它对于快速缓解贫困与失业压力、改善低收入者生活境遇等有着重要作用。在各国的社会救助制度中,政府与社区合作提供这一类服务。

(6) 居民医疗救助。大多数国家都对低收入群体、老年人、残障人士采取了特殊的医疗救助方式。医疗救助资金多由政府负担,社区诊所则是服务的具体提供者。

(7) 社区临时救助。对于暂时性贫困人口、无家可归者、受灾人群等,社区通常借助资源再分配、财政转移等方式,运用资金、实物、服务等,给他们临时性的帮助,保障其基本生活。

(8) 社区矫正服务。为了对罪犯进行改造,使其尽早融入社会,通常会利用社区资源,在社区环境中管理教育罪犯。这一服务建立在相关法律基础上,具有较强的专业性与社会参与性。

面向一般居民的社区服务是面向全体社区居民所提供的一般化的、多方面且覆盖面广的服务。这些服务直接影响着人们的日常生活,对于提高生活质量水平具有重要作用。常见的面向一般居民的社区服务主要有下列几类。

(1) 社区医疗卫生服务。面对城市化带来的医疗困境,构建以社区卫生服务为基础,社区卫生服务机构与医院和预防保健机构分工合理、协作密切的卫生服务体系,对于方便居民寻医问药具有重要意义。

(2) 社区教育服务。从儿童到成人的多个群体都有社区教育服务的需求。现代社区教育不仅有助于培养成员的能力和社区集体观念,而且有助于化解社区矛盾。各国采取了多样化的社区教育服务内容和模式。

(3) 社区治安服务。一些国家的城市发起"将治安权交给社区"的运动,使得社区治安服务的重要性日益增长。社区治安服务通过鼓励社区居民广泛参与,不仅有利于打击犯罪活动,而且有助于预防犯罪行为。

(4) 社区纠纷调解服务。由于正式诉讼费用过于高昂、过程烦冗,人们愿意用社区纠纷调节来替代诉讼。社区纠纷调解服务不仅有效降低了费用,也有助于社区的和谐。

(5) 社区物业服务。为了对房屋及配套设施、设备及相关场地进行维修、养护、管理,维护社区范围内秩序,社区物业服务必不可少。社区物业服务的质量直接影响着居民的生活质量和社区的发展。

(6) 社区生态环境保护服务。社区是人类作用于环境最深刻、最集中的区域,也是污染最严重的区域之一,各国政府越来越重视发挥社区在生态环境保护中的独特作用。

拓展阅读

日本社区服务的类别[①]

在日本,社区服务的对象主要是老年人、残障人士、妇女、儿童及单亲家庭、低收入家庭等。其服务方式大致分为六类。

第一类服务主要内容有:对老年人、残障人士、智力障碍儿童等日常生活自理有

---

① 张康之、石国亮:《国外社区治理自治与合作》,北京:中国言实出版社,2012年,第166~167页。

困难的人或其家庭派专职护理员;为老年人、残障人士提供方便其生活的用具,以增强其日常生活自理能力;开展托幼服务、开办幼稚园等;开展临时看护服务,对有卧床不起的老年人、残障人士或智力障碍儿童的家庭,在其家人因特殊情况一段时间内无法照料时,派人上门临时护理;提供就餐和上门看望服务。

第二类服务主要是通过在社区内建一些活动中心、俱乐部、职业介绍所、娱乐之家,开展一些文体、教育活动和轻微的手工劳动来充实服务对象的生活。

第三类服务是咨询、劝导服务,主要通过访谈所进行。

第四类服务分两种形式:在社区内建立庇护工场,早晚专车送本社区的残障人士到此做些手工劳动,每天象征性地给一点零用钱;为家庭不和的妇女、无父亲的母子家庭、因故不归的儿童提供临时住所。

第五类服务主要是为孕妇、儿童、老年人和残疾人进行保健和康复检查。

第六类服务主要是在年底、婚丧或小孩上学时,向单亲家庭、低收入家庭和部分老年人、残障人士家庭送一些小礼物,为这类对象购房、看病、自办小店等提供贷款。

第二节 社区服务的性质与供给方式

从理论上来看,社区服务具有一些不同于个人所使用的产品的特性。这些特性决定了社区服务在供给上存在着一些难题,需要采取多种有效的供给方式。

一、社区服务的性质

依据竞争性与排他性两个维度,形形色色的物品(包括所有的产品和服务)可以划分为四个类型:私人物品、俱乐部物品、混合物品(或公共池塘资源)和纯公共物品(见表6-1)。竞争性是指一个物品如果被甲使用了,乙则无法使用。一般来说,具有竞争性的物品更容易被分割,而具有非竞争性特性的物品更难以分割。前者如苹果、面包,后者如一条公路。排他性是指使用该物品需要付出一定代价或者是具有一定的条件。前者可以称之为经济物品,后者则是免费物品。

表6-1 基于竞争性与排他性对物品的分类

		排他性	
		有	无
竞争性	有	私人物品	混合物品(或公共池塘资源)
	无	俱乐部物品	纯公共物品

具有竞争性和排他性的是私人物品,如一个人吃的苹果、用的手机。具有竞争性和非排他性是混合物品(或公共池塘资源),例如大海里的鱼可以免费获得,但是如果别人抢先

捕捞了，后来者就无法获得。具有非竞争性和排他性的物品是俱乐部物品，只有特定的群体成员才可以获得该物品，群体之外的人被排除，例如一些会员制的物品。具有非竞争性和非排他性的物品是纯公共物品，例如国防就是每一个国民都可以获得的服务，一个人获得安全并没有减少其他人所获得的安全。纯公共物品并不是没有代价的，只是这种代价以税收的方式付出。

竞争性与排他性虽然与物品本身的特性有关，但主要是制度性的规则和条件。这些规则和条件也是基于某些物品的分割成本太高或者产权维护成本太高。当这些成本因为技术进步而下降时，或者说潜在收益突然增加时，竞争性与排他性的制度性规则通常也会发生改变。例如，三文鱼通常在春夏季节的温暖水流中发育生长，只能成为一种混合物品。但是当挪威等国解决了其人工养殖技术后，大量的三文鱼就变成了私人物品。

具体到社区服务来看，绝大部分属于俱乐部物品、混合物品及纯公共物品。一些只有社区居民才有资格获得的服务是俱乐部物品；一些免费的慈善公益性服务是混合物品；一些由政府提供的服务是纯公共物品。由于这些非私人物品不容易通过市场交易获得，从而令社区物品的供给成为难题。

二、社区服务面临的集体行动困境

社会科学理论对于俱乐部物品、混合物品及纯公共物品的供给进行了广泛的研究，提出了多个理论模型。在这些理论中，囚徒困境、公地悲剧模型和集体行动困境深入地分析了非私人物品在实践中可能存在的供给难题。表明了在公共事物治理过程中个人理性的结果却是集体选择的非理性，导致了公共事物的恶化和非可持续发展，最终丧失集体利益和个人的长远利益。这一结论对于社区服务的供给同样具有适用性。

囚徒困境是1950年由兰德公司一些职员提出的一种理论，用于阻碍人们相互合作的状况。经典的囚徒困境如下：警方逮捕甲、乙两名犯罪嫌疑人，但没有足够证据指控二人入罪。于是警方分开囚禁犯罪嫌疑人，分别和二人见面，并向双方提供以下相同的选择：若一人认罪并作证检控对方（相关术语称"背叛"对方），而对方保持沉默，此人将即时获释，沉默者将判监10年。若二人都保持沉默（相关术语称互相"合作"），则二人同样判监1年。若二人都互相检举（相关术语称互相"背叛"），则二人同样判监8年。囚徒困境假定每个参与者（即"囚徒"）都是利己的，即都寻求最大自身利益，而不关心另一参与者的利益。两名囚徒由于隔绝监禁，并不知道对方选择；而即使他们能交谈，还是未必能够尽信对方不会反口。就个人的理性选择而言，检举背叛对方所得刑期，总比沉默要来得低。试设想困境中两名理性囚徒会做出选择：若对方沉默时，背叛会让我获释，所以会选择背叛。若对方背叛、指控我，我也要指控对方才能得到较低的刑期，所以也是会选择背叛。二人面对的情况一样，所以二人的理性思考都会得出相同的结论——选择背叛。背叛是两种策略之中的支配性策略。因此，这场博弈中只有一种可能达到纳什均衡，就是双方参与者都背叛对方，结果二人同样服刑8年，判决均比合作为高，总体利益较合作为低，这就是"困境"所在。

"公地悲剧"理论模型是1968年由英国加勒特·哈丁教授（Garrett Hardin）在 *The tragedy of the commons* 一文中提出。公地作为一项资源或财产有许多拥有者，他们中的每一个都有使用权,但没有权利阻止其他人使用。作为理性人,每个牧羊者都希望自己的收益最大化。在公共草地上,每增加一只羊会有两种结果:一是获得增加一只羊的收入;二是加重草地的负担,并有可能使草地过度放牧。经过思考,牧羊者决定不顾草地的承受能力而增加羊群数量。于是他便会因羊只的增加而收益增多。看到有利可图,许多牧羊者也纷纷加入这一行列。由于羊群的进入不受限制,所以牧场被过度使用,草地状况迅速恶化,悲剧就这样发生了。过度砍伐的森林、过度捕捞的渔业资源及污染严重的河流和空气,都是"公地悲剧"的典型例子。之所以叫悲剧,是因为每个当事人都知道资源将由于过度使用而枯竭,但每个人对阻止事态的继续恶化都感到无能为力,而且都抱着"及时捞一把"的心态加剧事态的恶化。

集体行动的困境指的是一个群体虽然有着共同的利益,却无法达成追逐这个集体利益的一致行动,由曼瑟尔·奥尔森在《集体行动的逻辑》一书中提出。① 为什么集体行动很难发生?奥尔森所分析的阻碍因素大致可以分为四个方面,即集体物品的性质、个体的性质、激励动力、集团规模。具体而言:(1)集体物品的性质指明,即使集体中的个体不参与集体行动,也能得到公共物品,享有共同利益。(2)个体的性质表明,集体中的个人是理性的经济人,他们自私自利,集体行动取决于个人行动,个人行动取决于个人所能获得的相对好处,个人对集团利益有着共同的兴趣,但对承担获得利益要支付的成本没有兴趣,同时,还存在着第二种情况,集体中的不同个体有着兴趣差异,因此,当集团利益达到后,个体的收益是不对称的,兴趣越大方,收益越大,会出现少数"剥削"多数的倾向。(3)激励动力不足也导致集体行动很难发生,由于个体从他人那儿可免费得到集体物品,支付成本来提供集体物品的动力降低。在一致参加的场合下,拒参加相比起来可获得大部分收益,产生了对拒参加的激励,行动的动力则被削弱。(4)集团规模越大,个人越不可能贡献,集体规模扩大使得个人与个人间的相互依赖性减弱,个人能对集体产生的影响微不足道,集体规模大使得个人收益份额小,同时,组织成本也会随着集体规模的增大而增多,这进一步让集体行动难以发生。

上述三个方面的有关合作、集体行动的现象,普遍存在于社区服务的供给过程中。许多社区治理中的难题在原理上就是集体行动的困境。因此,需要深入了解改变集体行动困境的做法,解决社区服务供给的理论难题。

拓展阅读

社区治理中常见的集体行动困境

老旧小区加装电梯时普遍存在着业主意见难协调、资金筹措难等问题。在业主们的集体行动过程中,因人数较多、信息不对称、利益不一致等因素使成员的"敲竹杠""搭便车"等行为成为电梯加装的主要障碍。

---

① 曼瑟尔·奥尔森:《集体行动的逻辑》,陈郁、郭宇峰、李崇新译,生活·读书·新知三联书店、上海人民出版社,1995年。

> 通过垃圾源头分类实现城市生活垃圾减量化、资源化和无害化,对城市的可持续发展至关重要。然而当前我国垃圾分类工作面临着集体行动困境,即大量居民出于怕麻烦、费时间等原因,不按照规定进行源头分类投放。
>
> 在一些小区中普遍存在着业主与物业公司的矛盾。有些业主抱怨,物业公司说话不算数,只承诺不兑现;物业公司代表则提出,部分业主素质差,不遵守业主公约。许多业主不断抱怨物业公司收费没有依据和标准,价格高,乱收费;而物业公司则因为收费难的问题,声称到了"入不敷出"的艰难地步。

三、解决集体行动困境的主要方式

虽然说社区服务供给中普遍存在着由于合作与集体行动困境所带来的问题,不过在实践中和理论研究上都已经发现了多种解决集体行动困境的办法,通过采取这些办法,能够在很大程度上改善社区服务的供给状况。

一是通过产权明晰化。对于一些原来产权没有明确界定的场地、空间或其他资源的权利进行明确界定,做到权责利统一。例如,可以将社区的一些公共花园委托给一些家庭维护,在使用的同时保持环境卫生。对于一些社区服务项目可以采取市场化的采购方式进行,通过公益创投等方式,让原本权利不够明晰的一些服务转变为由市场提供的购买服务。

二是利用重复博弈制约。理论分析表明,在重复的"囚徒困境"中,博弈被反复地进行。因而每个参与者都有机会去"惩罚"另一个参与者前一回合的不合作行为。这时,合作可能会作为平衡的结果出现。欺骗的动机这时可能被惩罚的威胁所克服,从而可能导向一个较好的、合作的结果。反复的、接近无限的重复次数时,参与者将从互相背叛趋向于互相忠诚。对于社区服务而言,要解决常见的合作难题,也可以采取更多的互助性服务,参与者在每次服务中的行为都影响到下一次的参与机会。通过重复博弈的建构,让熟悉的社区居民之间能够建立起互助的规则。

三是采取多中心自主治理。埃莉诺·奥斯特罗姆教授认为,一群相互依存的人们可以把自己组织起来,进行自主性治理。人们通过自筹资金与自主合约可以达至问题的有效处理,以取得持久性共同利益的实现。要实现公共池塘资源占用者有效的、成功的自组织行动,埃莉诺·奥斯特罗姆教授认为需要解决三大问题,即"新制度的供给问题""可信承诺问题"和"相互监督问题"。"制度可以界定为工作规则的组合,它通常用来决定谁有资格在某个领域决策,应该允许或限制何种行动,应该使用何种综合规则、遵循何种程序,必须提供或不提供何种信息,以及如何根据个人的行动给予回报。"这种制度应当是众所周知的,即"每一个参与者都知道这些规则,知道其他人知道这些规则,知道其他人知道他知道这些规则"。而要保证这些制度和规则得到长期有效的遵守,就必须解决后两个问题,即"可信承诺问题"和"相互监督问题"。没有监督,不可能有可信承诺,没有可信承诺,就没有提出新规则的理由。①

拓展阅读

成功达至自主合约治理的八项原则②

在经验研究层面上,埃利诺·奥斯特罗姆在遍及世界各地的诸多案例分析的基础上发现,在摆脱自然状态进入自主合约的博弈中,占用权利与义务的均等分割是所有相关者的普遍共识,并具体归纳了包含共性的"实质要素或条件",理出了成功达至自主合约治理的八项原则:

一、清晰界定边界。公共池塘资源本身的边界必须予以明确规定,有权从公共池塘资源中提取一定资源单位的个人或家庭必须予以明确规定。

二、占用和供应规则与当地条件保持一致。规定占用的时间、地点、技术和(或)资源单位数量的占用规则,要与当地条件及所需劳动、物资和(或)资金的供应规则相一致。

三、集体选择的安排。绝大多数受操作规则影响的个人应该能够参与对操作规则的修改。

四、监督。积极检查公共池塘资源状况和占用行为的监督者,或是对占用负有责任的人,或是占用者本人。

五、分级制裁。违反操作规则的占用者很可能要受到其他占用者、有关官员或他们两者的分级的制裁(制裁的程度取决于违规的内容和严重性)。

六、冲突解决机制。占用者和他们的官员能够迅速通过低成本的地方公共论坛,来解决占用者和官员之间的冲突。

七、对组织的最低限度的认可。占用者设计自己制度的权利不受外部政府威权的挑战。

八、分权制企业。在一个多层次的分权制企业中,对占用、供应、监督、强制执行、冲突解决和治理活动加以组织。

这些原则既包含对制度供给问题的解决,也包含对可信承诺与相互监督问题的解决。作为自主组织与治理的基本"构件",会通过影响激励而使资源相关者志愿遵循系统中的具体规则、监督规则的执行,并把公共池塘资源的制度安排代代传承下去。当然,埃利诺·奥斯特罗姆强调,制度的生命力要求制度安排与整套原则必须基本一致。

---

① 埃利诺·奥斯特罗姆:《公共事务的治理之道——集体行动制度的演进》,余逊达、陈旭东译,上海:上海三联书店,2000年,第277页。

② 埃利诺·奥斯特罗姆:《公共事务的治理之道——集体行动制度的演进》,余逊达、陈旭东译,上海:上海三联书店,2000年,第144页。

四是发挥对元规范(meta-norm)认同的作用。元规范是指群体成员都认同的某个规范,一方面群体鼓励成员遵从和实践该规范;另一方面如果有人违反该规范,通常会受到其他成员的惩罚。元规范通常来自群体长期依赖习得的信仰和伦理,这些信仰和伦理是人们日常行为的依据,能够给认同者带来多方面的效用。道德行为或慈善公益行为都是元规范认同的结果。当社区成员认同了"做好事有好报"的规范后就会积极投身到社区服务中,成为捐献者或者是志愿者。对元规范的认同还可以促进成员对社区的忠诚。当社区遇到困难时,忠诚的成员很少有退出的,相反,他们会积极协助社区发展。

五是采取第三方强制执行。最常见的第三方执行就是通过政府来裁决或安排。在社区无法通过互助、自主治理等情况下,将资源的分配和使用权利交给政府,由政府强制性地执行。例如,在一些纠纷调解服务缺乏的社区,一些日常矛盾的解决都要借助法院这一第三方强制执行机构。一方面来看,政府的执行提高了集体行动的低效率;但是在另一方面,政府执行也不是没有成本,只不过所投入的是全体公民缴纳的税收。

综上所述,在社区服务普遍存在着集体行动的困境的条件下,人们已经探索出了多种可行的解决之道。和上述各种解决方案相适应,在社区服务的供给上,通常也存在市场购买、邻里互助、多元协商、志愿供给和政府提供等多种方式。这些方式的采取需要依据社区的特定情况,也需要考虑到社区服务供给者的状况。

第三节 增进社区服务供给的链接机制

社区服务的不同供给方式决定了供给主体必然是多元的。不同的供给主体各有特点,在社区服务的供给过程不仅需要各自分工,也应该建立链接和相互协作,共同形成社区服务的供给体系。

一、链接多种社区服务供给主体

通常而言,社区服务的供给主体包括政府、社会工作机构、其他社会组织、慈善公益组织、志愿服务者等。不同的供给主体在性质上有差异,特点较为明显。

政府在社区服务中的地位与时代背景和社会整体变迁相关。在不同的历史发展时期,政府对社区服务的作用范围、内容和形式是有区别的。政府部门既是社区自治的指导者,也是社区公共服务的安排者和社会管理的责任人。政府部门的基本职责是保障基本社会公共服务的均等化供给,促进社会和谐、公平和正义。在社区服务的供给中,政府的主导作用不仅表现在政府对社区发展的政策和规划上,也表现在政府的实际资助上,还表现在政府对非政府组织和志愿者的鼓励上。一般来说,政府作为体制内的社区服务供给者,并不等于政府直接生产社区服务。

社会工作机构作为专业学科支持下的专门职业,不仅能够提供社区照顾类的服务,更擅长专职介入社区工作。社会工作机构介入社区服务的专业优势较为明显,以人为本、助人自助的理念和一系列的专业方法使得社会工作者能够面向弱势群体和边缘人群有效开展工作。同时,社会工作机构作为平等市场主体,按照社区或政府所采购的项目要求来提供社区服务。

其他社会组织是指专业社会工作机构之外的社区居民自治与合作的组织。这些社会组织以服务公众为最终目标,采取更为灵活的运作方式。社会组织提供的服务往往是有偿的,只不过其收入主要用于收回成本,不具有营利分配性质。有一些社会组织是社区内的居民草根自组织,不一定注册登记,但是能够为居民提供许多互助性服务。

慈善公益组织包括基金会和其他公益组织。慈善公益组织通过募捐的方式筹集资金,从而能够为社区提供免费或低收费的服务项目。慈善公益组织通常针对一些弱势群体提供服务。除了部分服务由自己提供外,有些专业化服务通过采购方式提供。

志愿服务者为社区提供服务通常是建立在道德愿景基础之上,是公众参与社区治理的一种重要方式。社区中各志愿组织服务目标各异、组织形态有所差别,但具有参与人数众多、参与方式灵活、所提供的服务能够及时回应社区居民的细微需求等特点。由于志愿服务不为物质报酬,因此具有低成本的特点,也有助于志愿者的成长。

拓展阅读

民政部发布《社区社会工作服务指南》行业标准

2017年,民政部发布《社区社会工作服务指南》(MZ/T 071—2016)推荐性行业标准(民政部公告第397号),这是继《儿童社会工作服务指南》(MZ/T 058—2014)、《社会工作服务项目绩效评估指南》(MZ/T 059—2014)和《老年社会工作服务指南》(MZ/T 064—2016)后,民政部在社会工作服务领域发布的第四项推荐性行业标准。《社区社会工作服务指南》(以下简称《指南》)由民政部社会工作司、基层政权和社区建设司共同提出、研究制定。

《指南》针对实践中社区社会工作服务内涵不明、界限不清问题,对社区社会工作服务范围和内容进行了规范。提出社区社会工作服务是一种秉持助人自助的价值理念,运用社会工作专业方法,以社区为平台,以统筹社区照顾、扩大社区参与、促进社区融合与社区发展,以及参与社区矫正、社区戒毒、社区康复等为主要任务的专业活动。明确应根据城乡社区发展特点和社区居民需求,分类分层次推进社区社会工作服务。《指南》重点围绕老年群体、困难群体、特殊人群、流动人口和留守人员服务需求,归纳总结了7大项、34小项社区社会工作服务内容。

《指南》明确了社区社会工作服务的推进原则、流程方法、质量管理和服务保障要求。提出了需求为本、多方联动、专业引领、跨界合作的社区社会工作服务基本遵循。强调社区社会工作服务应按照需求评估、服务策划、服务执行和评估改进基本流程,综合运用个案、小组方法及社区分析评估、资源链接、动员参与和支持网络建设等方法,建立完善专业督导、风险控制、投诉处理等各项服务与管理制度。

二、协调社区服务主体的合理分工

虽然提供社区服务的各主体之间并没有明确的专业分工，但是依据各自的特点和优势，在实践中逐步形成了较为明显的服务分工。这种分工有时候只有层次上的差异。例如，同样是提供养老服务，政府部门与志愿者各自所提供的资源就完全不同。

政府部门职责性提供的社区服务项目主要包括治安、消防、供水、供电、通讯、绿化、照明、保洁、教育等，还包括间接给予资金、场所和人员保障等事项，主要由政府出资委托或承包给专业公司。对于社会组织开展的公益性、互助性和志愿性服务，基层政府通常会给予政府扶持和适当的财政补贴；对营利性组织在社区开展的商业性服务，政府部门也负有市场监管、质量和技术监督的责任。

社会工作机构的特殊职业技能决定了社会工作者会经常为离婚、问题双亲、儿童虐待、酗酒、艾滋病、吸毒等社区居民提供社区服务；同时，一些社区也会聘请社会工作机构协调、化解学生的心理疾病，为老年人和精神障碍者提供护理服务等。

其他社会组织虽然不一定具备社会工作专业技能，但它们作为居民自治组织，在社区居民中具有广泛的联系，几乎在所有的社区服务中都有介入，满足社区居民的日常生活需要，特别是在社区居民的文化娱乐活动中提供大量互助性服务。

慈善公益组织的领域也较为广阔，主要包括扶贫救济、教育援助、宗教慈善、卫生健康、社区福利、历史文化艺术遗产保护、环境保护和改善、动物保护、促进人权与和解、为无家可归者提供住处、科学研究及普及等。

志愿服务者的活动范围和领域通常覆盖了社区范围内的居民需求，包括社会福利、慈善、文化、体育、宗教和环保等，还有一些志愿者组织发起针对老年人或者发展中国家社区、低收入社区的专项服务。

三、建立服务供给主体的互惠合作

社区服务是一项复杂的社会系统工程，牵动着政府各个部门、社会各个环节的利益关系，形成一个有效协作的服务体系与合作机制至关重要。目前，政府引导支持、社区和社会组织主办、企业通过市场提供多元化服务，已经成为国际上社区发展较为成熟的组织模式。

在一些社区服务上，已经形成了多元化的服务体系。这种多元化体现在服务主体、服务内容和资金来源等多个方面。在组织形式上，政府机构与非政府组织相互结合；专业的社工服务与志愿服务、互助服务相结合；在资金方面，采取政府资助、民间捐助、社会集资与适当收费相结合；在服务项目上，将福利性与服务性相结合。社区服务的多元化使得社区服务可以最大限度地动员一切可以利用的资源，极大地提高了社区服务的能力和水平。

同一类服务可以在不同层面提供，这就决定了为社区提供服务的不同主体之间需要进行协作。例如，在政府层面，安全服务是指预防犯罪和维持社会治安；但是在社会组织所提供的安全服务上，则可能是安全互助或者安全知识普及。例如，对于家庭来说，可以安装护栏等私人安全物品；如果政府和社会组织所提供的安全服务质量很高，能够满足社区居民的需要,则家庭就无须再安装护栏,改变楼宇外观。对于社区工作者而言,必须着手构建双边及多边的协作关系,使得社区的资源得到充分的挖掘和利用,将自上而下的社区服务供给与自下而上的社区服务供给结合起来,在提升社区服务数量和质量的基础上实现社区善治。

课后提升

一、必懂知识点

1. "服务就是最好的治理"的理论诠释。
2. 社区服务面临的多种集体行动困境。
3. 解决集体行动困境的主要方式。

二、应用练习

选择一个便于调查和参与的社区,完成下列任务:
1. 通过查阅资料或访谈,了解并记录该社区现有的主要服务类型。
2. 通过访谈,了解并记录社区现有服务的提供者及其供给方式。
3. 对社区居民进行访谈,了解他们对社区服务的需求和当前的满足水平。

三、提问、解答与建议

如果你对本章内容有任何评论、疑问和建议,请扫描下方二维码后留言,我们将及时回复。

第二篇　资源开发篇

第七章 社区人力资源的开发与激励

人力、财力、物力和居民自组织是社区治理的基础性要素。其中社区的人力资源又是决定性的能动要素。为此,在社区治理之初就需要思考和回答:社区需要什么样的人才?如何开发社区的人力资源?如何激励发挥社区人力资源的作用?随着这些问题的解答,社区治理才能具有必要的人力基础。

第一节 社区人力资源的需求

社区人力资源主要包括具有创新精神和才能的社区领导者、具有专业技能的社区工作者和大量热心的社区志愿者。确定社区所需人力资源的数量和特征,是进行有效开发的前提。

一、具有企业家精神的社区领导者

社区领导者是指在社区发展和治理中能够发挥主导性作用的社区自治组织成员。在中国的体制下,社区书记、社区主任以及"两委委员"通常都会影响到社区的重大决策和发展方向。特别是社区主任,作为社区居民投票选举的结果,对于社区发展和治理有着重要的影响。虽然社区领导者手中只有零零碎碎的"小微权力",但绝不可轻视社区领导者的作用。事实上,社区领导者的工作是由一系列创新行动构成,关系到千家万户的生活福祉。从宏观上来说,社区领导者的行为在一定程度上影响着一个国家现代化的实现状况。

对于社区领导者的角色,有不少理论研究进行了总结。例如,美国学者鲁宾等人基于国际经验为社区组织者界定了四个角色。(1)教育角色,即社区组织者必须坚信社区增进人类能力的目标,动员和鼓励居民参与到社区发展中。(2)催化角色,即社区组织者找出社区重要的共同问题,动员彼此不认识的人们一起去行动。(3)促进角色,即社区组织者需要维系社区工作的可持续性,促进社区组织成员的积极性和热情。(4)桥梁角色,即联系居民的能力,沟通组织、组织成员以及社区之间的能力,创造有效的组织结构以解决问题的能力。[①]

对于社区领导者的数量需求,相关法规有着明确的规定。对于社区领导者的能力素质需求,一些文件也有提及。例如,《中办发[2010]27号文件》中就曾要求:"在符合相关

---

① 张康之、石国亮:《国外社区治理自治与合作》,北京:中国言实出版社,2012年,第149~150页。

法律法规规定的前提下，各地要对居民委员会成员候选人的资格条件做出规定，引导居民把办事公道、廉洁奉公、遵纪守法、热心为居民服务的人提名为候选人。""鼓励党政机关、企事业单位在职或退休党员干部、社会知名人士以及社区专职工作人员参与社区居民委员会选举，经过民主选举担任社区居民委员会成员。"不过，从促进社区创新和发展的视角来看，社区领导者的能力需要主要体现在以下三个方面。

一是社区领导人要有很高的灵性资本积累，也就是说社区领导人能够认识到社区发展的重大意义，并且能够将社区发展作为自己的使命来对待。这样的意义和使命决定了社区领导人应具有创新性解决社区发展问题的动力。在社区治理重大转型时期，大量的问题没有现成答案，而是需要社区领导人的主动的制度创新、组织创新和技术创新。如果没有很高的灵性资本，也就缺乏必要的创新动机。二是社区领导人需要有一定的工作经验积累。无论这种工作经验来自对企业的管理运营，还是来自政府部门、社会组织，都能够为社区治理提供必要的基础。三是社区领导人需要一定的专业知识。除了基本的法律政策知识、管理运营知识外，社区领导人还需要掌握基础性的社会工作知识。这是因为社会治理的本质是提供更高水平的服务，社会工作能够提供专业化的服务。

拓展阅读

天堂镇村干部"小微权力"清单[①]

一、集体管理事项
（一）重大决策
1. 重大事项"五议五公开"工作法
（二）采购和工程建设
2. 物品采购
3. 工程项目建设
（三）财务管理
4. 会计报账业务
（四）阳光村务
5. 党务公开
6. 村务公开
7. 财务公开
（五）集体资产
8. 集体资产资源处置
9. 财产物资管理
10. 土地征收及款项发放
二、便民服务事项
（六）入党和组织关系接转
11. 发展党员
12. 党员组织关系转接
（七）宅基地办理
13. 农村宅基地申请审批
（八）惠农政策
14. 农村低保办理
15. 农村五保办理
16. 农村居民养老保险办理
17. 农村大病救助办理
18. 农村合作医疗报销
19. 临时救助办理
（九）其他服务
20. 户籍办理
21. 矛盾纠纷调解
22. 用水用电办理
23. 印章使用
24. 计划生育办证
25. 残疾人证办理
三、人事任用事项
26. 群团组织

---

① http://www.gstianzhu.gov.cn/xxgk/xzfgbmxxgk/ttz/gkml_1788/gkwj_1791/201806/t20180606_45411.html.

二、社区工作者

社区工作者是指在社区党组织、社区居委会和社区服务站专职从事社区管理和服务，并与街道（乡镇）签订服务协议的工作人员。社区工作者是社区治理的重要组成力量，也是直接面向居民提供服务的人员。他们的能力素质和言行举止直接反映了社区自治组织的态度，影响着社区服务的质量和效果。在发达国家，专职的社区工作者通常也是专业的社会工作者。在中国，也一直积极推动社区工作者掌握应用社会工作专业理念、知识与方法参与社区管理与服务。例如，《民发〔2013〕178号文件》中提出："大规模培养和使用社区社会工作专业人才队伍。坚持提升存量与扩充增量、专业培训与知识普及相结合，建立健全社区社会工作专业人才培养制度。"

作为专业的社会工作者，不仅需要接受过专业教育，具有社会工作执业证照，还要从属于专业组织或协会，以社会工作为职业，受到社会工作道德伦理和职业守则的约束。从这个标准上来看，目前中国社区中的专业社会工作者的比例还不高，而且全国专业社会工作者的存量也远远达不到社区工作者的需求数量。因此，当前主要是鼓励社区工作者考取社工师资格证，逐步提升社区工作者的专业化水平。

从社区工作者的年龄、学历水平和专业背景来看，当前社区工作者已经改变了传统的"居委会大妈"的形象，而是日益年轻化、高学历化和专业化。有的调查表明，在一些城市2/3的一线社会工作者年龄都在35岁以下，80%以上都是大学以上学历，有的甚至是硕士或博士，其中有很多是社会学或社会工作专业毕业生。[①] 不过，这并不表明对当前社区工作者已经没有了需求。事实上，就社区治理和发展的任务而言，在社区工作者的能力素质上还有一些重要的需求。这些需求主要包括：一是社区情怀，即社区工作者要将社区治理不仅当作一份工作，还应当作自己的事业；不仅要对社区居民有感情，还要对社区发展有情怀。二是专业认同，即对社会工作专业知识的掌握和专业伦理的认可。只有确立了较高的专业认同，才能够在日常工作中应用专业知识，获得专业成就感。三是应用技能，即能够实际应用的知识，而不仅是知道一些书本知识。许多具有创新性的工作技术、流程和方法都是社区工作者在实践中发现和提出的，能够将知识转变为技能是对社区工作者能力素质的一种需求。

三、社区志愿者

社区志愿者是指不为获取物质报酬的情况下，为改进社区而奉献个人时间、技能和精力，提供服务的人。在现代社会中，虽然人们频繁地从一个社区迁移到另一个社区，但对居住地都怀有强烈的邻里互助意识和环保意识，并且积极地参与到社区的各项活动中去，这些人通常都是志愿者。在一些发达国家，志愿者总数占到国民的30%，有的高达60%，社区志愿者已经成为促进社区发展的一种重要力量。志愿服务活动已经成为这些国家加强公民道德教育和维护社会稳定的有效形式。

---

① 闫加伟：《社区治理方法论》，上海：上海三联书店，2019年，第287页。

近年来，有关部门越来越重视社区志愿者队伍的建设。例如，《国发〔2006〕14号文件》提出："积极组织开展社区志愿服务活动。培育社区志愿服务意识，弘扬社区志愿服务精神，推行志愿者注册制度。积极动员共产党员、共青团员、公务员、专业技术人员、教师、青少年学生以及身体健康的离退休人员等加入志愿服务队伍，优化志愿人员结构，壮大志愿人员力量。"《民发〔2013〕178号文件》也提出："志愿者队伍是社区社会工作专业人才开展服务的重要补充力量。""社区社会工作专业人才要以志愿服务项目为载体，充分调动社会力量广泛参与社区事务，丰富社区服务资源，凝聚社区建设合力，最大限度实现社区共驻共建共享。"

由于不同社区所开展的志愿服务活动内容有所不同，因此在志愿者需求上也有所差异。但是，就当前中国社区对志愿者需求的总体情况来看，主要有以下几方面特点。一是在志愿者数量上，是多多益善。二是在志愿者的年龄构成上，更需要年轻人参与到社区服务中来。因为在大多数社区内日常参与活动的主要是老年人和儿童，缺少中青年的参与。三是在志愿者的能力素质上，需要有各种各样专业技能的志愿者，他们的专业技能将在社区服务中发挥重要作用。四是在志愿者的观念上，需要具有较为强烈的志愿精神，能够将参与志愿服务作为自己的理想追求。

第二节　社区人力资源的开发方式

人力资源开发是指通过有效的人才岗位设计，在尽可能广大的范围中发现和招聘适合的人才。对于社区而言，需要采取积极有效的开发方式，发现和聘用能够促进社区创新发展的社区领导者、社区工作者和志愿者。

一、社区领导者的开发方式

确定需求是开发社区领导者这一特殊人力资源的前提。在明确所需要的社区领导者应具有的灵性资本、工作经验、专业知识后，就需要采取一定的方式和方法来发现和选择。在传统的政府管理理论中，似乎领导者只有被上级任命这一条途径，而且领导者可以选择的对象也非常有限。然而，作为一个自治组织，社区在其领导者选择上所重视的是社区治理目标能否实现，而非个人的身份归属。因此，社区领导者的选择范围可以更加宽广，社区领导者的选择方式也可以更为多样。具体而言，常见的社区领导者的开发方式有以下几个类型。

一是在创建新社区中涌现出的社区领导者。虽然大多数的社区都存在很长时间了，但在快速城市化的进程中也不断地出现一些新的小区或者是社区，这些新的小区或者社区在形成过程中，会涌现出一些热心小区或社区事务、有经验有能力的居民。他们无论是在建立小区或社区的规章制度还是在组建小区业委会的过程中都能够积极参与，可以成为社区领导者的合适人选。此外，随着社会的发展，会有一些观念和生活方式相同的人寻找建立新的社区，或者是为了互助养老，或者是为了发展某种产业，这样新建立的小区或者社区将在产权制度上实现创新,也必然会在社区的管理上形成新的模式,在社区领导者的选择上采取新的方式。

二是在公开竞选中脱颖而出的社区领导者。现在最多采取的方式是通过公开竞选来让优秀的社区领导者脱颖而出。随着各地实践经验的积累,这一方式在程序上也将日益完善。不过,对社区治理目标理解的差异会影响公开竞选的标准。当把社区自治、社区发展和服务创新作为社区竞选的标准时,就会对竞选者的动机、经验和能力有新的要求。这与以完成政府任务为导向的竞选标准是不同的。

三是从社区工作者中成长起来的社区领导者。社区工作者中不仅有一些具有专业技能的人,也有很多具有社区情怀的人。他们通过社区工作的实践锻炼,具备了社区治理和创新发展的能力素质,也具有了促进社区发展的责任感和使命感。通过鼓励和引导这些社区工作者按照法定程序成为社区领导者,将能够在促进社区治理中发挥有效作用。

拓展阅读

德鲁克谈如何选拔非营利组织领导者①

假如我在一个选拔委员会负责挑选某一非营利组织的领导者,有一列男女候选人可供选择,什么是我所关注的呢?

首先,我会看看这些人做过什么事情,有何专长。我所知道的绝大多数选拔委员会都会过分关注候选人的弱点,我所听到的绝大多数问题不是他擅长什么,而是认为此人并不十分善于和学生打交道,或是不具备什么素质。我们首先要寻求的是专长——个人只能发挥专长——以及用其专长所做过的事情。

其次,我会评估组织的状况,并思索一下,什么是组织面临的重大而直接的挑战?可能是筹集经费,可能是重建组织信心和士气,也可能是重新定义组织使命,还可能是引进新技术。如果今天我要寻找的是一所大型医院的院长,我会关注能够把医院的职能从医疗服务的提供者转向管理医疗服务的提供者这样一种人,这是因为越来越多的医疗服务将在医院外进行。我会尽量把专长和组织的实际需求结合起来。

然后我会看看他是否具有所谓的品质或正直诚实的素质。领导者,特别是强有力的领导者,是要给大家树立榜样的。领导者是组织成员,特别是年轻人模仿的对象。许多年前,在我可能还不到20岁的时候,我师从一个非常聪明的老人,当时他快80岁了,是一家大型国际性组织的领导,非常知人善任。我曾向他请教:"什么是你所看重的领导素质?"他回答我:"我总在问我自己,我是否愿意让我自己的儿子在那个人(领导者)手下工作?如果他成功了,那么年轻人都会效仿他。我希望自己的儿子去效仿他吗?"我认为这就是最根本的问题。

我见过,而且我们都见过即使在平庸者的领导下,许多企业和政府也能够生存很

---

① 德鲁克:《非营利组织的管理》,吴振阳译,北京:机械工业出版社,2007年,第14～15页。

长一段时间,但在非营利组织,领导能力的平庸则会立即暴露出来。一个显著的差别是非营利组织的成功与否不只有一条评价标准,而是有一系列的标准。对企业,可以把是否盈利当作评价领导能力的一条充足标准。短期而言,企业盈利状况也许说明不了什么,但长期而言,盈利状况则是一家企业领导能力的最终评判标准。对政府而言,领导能力的最终标准是能否获得连任。但对非营利组织的管理者而言,就没有这样一条主导性的标准。你必须学会平衡和统筹兼顾,综合考虑评价业绩的一系列标准。

……

在非营利组织,你不能满足于做得仅仅像个领导者就行了,还必须做得非常出色。因为你的组织是献身于一种崇高的理想,你期望作为领导的人,应胸怀组织职能所赋予的伟大理念,应严肃认真地承担起神圣的使命——但他们本身不能严肃刻板。任何以伟人自许的领导者将会毁了自己,也会毁了整个组织。

二、社区工作者的开发方式

社区工作者的开发一方面要依据社区治理的需求特点,另一方面则要重视社区工作者的职业发展。从社区治理的需求特点来看,要求社区工作者具有社区情怀、专业认同和应用技能;从社区工作者的职业发展来看,则要从薪资水平与专业成就两方面结合起来设计人力资源开发方式。具体来说,要让社区工作者既能够获得与其劳动付出相一致的薪酬水平,也要将社会工作专业作为社区工作者职业发展的通道,为其专业资质的持续提升提供平台。虽然与一些企业相比,社区工作者的薪酬水平可能并不算高,但是要能让社区工作者有一条持续提升的职业发展道路。社会工作的专业水平以及职业资质不仅能够为社区工作者带来稳定增长的薪酬,而且还可以带来很强的专业荣誉感和职业成就感。在此基础上,社区工作者的开发方式主要有以下几种。

一是用新的标准面向社会公开招聘。面向社会招聘社区工作者的优势是可选择的对象较多,可以招聘到大量年轻的高学历的人员。但是要让这些应聘者能够适合社区治理的需要,还应该在现有的招聘条件中增加对社区情怀、专业认同方面的要求,同时在招聘时重视对应用技能的测试。要将具有社区情怀和专业认同作为关键条件,而不是将年龄和学历作为重要条件。招聘到热爱社区工作的人员要比仅有高学历的人员对于社区更有价值。

二是通过培训引导从志愿者中间转化。广大志愿者既是社区发展的重要支持力量,也是社区工作者的来源之一。志愿者的最大优势是他们具有很强烈的志愿精神,也具有一定的服务能力。通过有计划的培训和引导,从志愿者中发现和招聘一些有志于社区治理和创新的人作为专职社区工作者。事实上,《民发〔2013〕178号文件》就提出:"对有从事社会工作职业意愿且符合条件的优秀志愿者,在其通过社会工作者职业水平考试并经登记后,优先录用到社区社会工作专业岗位。"

三是从居民自组织的发起人中提升。社区自组织通常都是居民中间发育形成的草根型组织,他们的发起人通常在居民中有威信,有一定组织能力和公益心。这些自组织的发起者不仅可以带来一些自组织和活动的发展,也能够成为社区专职工作者的来源。通过倾向性的招聘条件,可以将一些自组织的发起人提升到社区工作者的角色地位上来。

拓展阅读

一文读懂《北京市社区工作者管理办法》[①]

为进一步加强社区工作者队伍建设,日前(2018年12月),北京市委办公厅、市政府办公厅印发了《北京市社区工作者管理办法》(以下简称《管理办法》),明确社区工作者要进一步坚持规范管理方向、强化服务居民职责的基本要求。

......

自2008年《北京市社区工作者管理办法(试行)》印发实施以来,北京市社区工作者队伍建设坚持职业化、专业化发展方向,队伍规模不断壮大、年龄和知识结构逐步优化、业务能力水平不断提升。目前,北京市共有社区工作者3.69万人,平均年龄39.7岁,92.4%具有大专以上学历,31.5%取得国家社会工作者职业水平证书,为首都城市服务管理和社会治理创新提供了坚强保障。新印发的《管理办法》是对2008年试行办法的修订。

......

北京市十年先后五次大规模提高社工待遇,特别是今年明确社区工作者工资总体待遇由不低于本市职工平均工资的70%提高到100%,平均每人增长近3000元。随着广大人民群众对社区服务的需求不断增长,随着社区工作者待遇不断提高,也迫切需要对2008年试行办法及时进行修订、完善制度、规范管理、强化职责,进一步提高社工队伍素质和管理水平。

主要内容:

1. 明确社区工作者范围界定。《管理办法》所称社区工作者,是指通过选任或聘任,在北京市社区党组织、社区居委会和社区服务站专职从事社区党建、社区管理和服务的工作人员。将退休后选任到社区工作的人员纳入社区工作者范畴,明确鼓励退休人员经选任后在社区党组织或社区居委会相关岗位工作,并增加明确退休选任人员待遇和管理的相关条款。

2. 明确社区工作者选聘条件。明确社区工作者通过选任和公开招聘两种方式配备。除社区党组织、社区居委会中的专职工作者之外,社区服务站中的社区工作者面向社会公开招聘,招聘对象应符合具备相关的基本条件。基本条件包括:(1)遵守国家法律法规,政治意识、大局意识、核心意识、看齐意识强;(2)热爱社区工作,具有一定的组织协调能力和相关业务知识;(3)品行端正,身体健康,年龄一般在40周岁以

---

① http://www.swcn.org.cn/html/2018/sgzc_1214/175.html。

下;(4)具有国家承认的大专以上学历,其中应届毕业生应为大学本科以上学历;(5)为本市居民,且应就近居住,方便服务社区。

3. 完善社区工作者管理机制。明确社区工作者人数实施总量调控和额度管理,确定与工作需要、社区规模相适应的职数配备标准。健全社区工作者考录和退出机制,加强入口管理,将招聘权限统一到市、区两级层面;同时,明确人员退出的六种情形,避免社区工作者只进不出。完善考核评议制度,实行以"注重实绩、居民满意"为核心的、简便易行的考核评价,明确将评价结果作为社区工作者绩效奖励、评优惩劣、续聘解聘等的重要依据。完善档案、退休管理制度,进一步健全档案管理制度,结合实际工作情况,选任的社区工作者,可根据工作需要,在办理退休手续后工作至任期结束。

4. 加强社区工作者工作保障。明确各区、街道(乡镇)可根据社区工作者的不同岗位,按照权利与义务相统一原则,制定社区工作者岗位职责的详细规定。同时明确社区工作者工资待遇和管理经费由区财政负担。

三、社区志愿者的开发方式

依据社区在志愿者需求上的特点,可以采取多样化的志愿者开发方式。这些志愿者开发方式的共同之处在于,一方面重视志愿者所具有的志愿精神;另一方面则重视发挥志愿者所具有的专业技能。只有这两者得到有效结合的志愿者才能够为社区提供有效的服务。由于志愿者不需要付出物质回报,因此在招募时更应该拓宽渠道、设计好招募方案,采取积极有效的招募方法。

概括而言,在社区志愿者的开发上,一是要面向广大居民,深入了解社区居民的个人理念和专业技能,激发和引导他们树立建设共同家园的愿景,为他们参加志愿服务提供便利条件。二是面向学生群体培养社区志愿者的生力军。学生群体思想活跃、精力充沛、热心公益,他们可以利用假期来参与到社区服务中,一方面锻炼自己的能力,另一方面也有助于通过社区了解社会的发展。三是面向驻社区机构招募志愿者。驻社区的企业、学校、医院等机构与社区有着多样化的联系,其成员具有特定的专业技能。通过积极沟通合作,设计有利于双方需要的志愿服务项目,招募大量驻社区机构成员成为社区志愿者。

 拓展阅读

纽约皇后区第3社区委员会的专业委员会一览①

美国纽约的社区委员会(Community Board)由社区居民选举产生,代表社区居民利益行使社区治理职能。社区委员会由不超过50人的社区委员会委员组成。委员

---

① 吴志华、翟桂萍等:《大都市社区治理研究——以上海为例》,上海:复旦大学出版社,2008年,第127页。

每届任期两年,50名委员交错换届,即每届换25人。社区的市议会议员是社区委员会的非正式委员,他们参与社区委员会的各种活动,但不享有投票权。

此外社区委员会建立了一些履行各种职能的专业委员会(Committees)。专业委员会委员的组成有两种:一种是由社区委员会主任兼任,并可同时兼任2~4个专业委员会的委员;另一种是居民委员,居民可以向社区委员会主任提出担任某一专业委员会的要求,经社区委员会主任征询该专业委员会主任意见后予以任命。各社区委员会的专业委员会名称和数量不完全一样。如纽约皇后区第3社区委员会有19个专业委员会。

名称	职责
机场委员会	检测机场周围的噪声、空气和水的污染情况
商务发展委员会	在社区委员会、商务社区与市政府机构之间提供中介服务
资金和支出预算委员会	为社区委员会拟定资金和支出预算的项目清单
教育委员会	评估教育需求和监督教育质量
行政委员会	安排每月的会议及议程等
Flushing海湾委员会	监督Flushing海湾的环境卫生
健康与社会服务委员会	评估健康需求和监督健康服务状况
住房委员会	评估住房需求和监督相关服务项目的情况
地界标委员会	监督地界标保护的情况
土地使用委员会	监督区域划分和变化的情况
Newest纽约人委员会	搜集和分析人口及人口变化的统计信息
公园和娱乐委员会	评估公园需求和监督公园服务状况
人事和预算委员会	编制社区委员会的内部预算和监察办公室人员
公共安全委员会	评估和监督警察、消防部门的服务状况
卫生和环境委员会	评估和监督卫生设施服务、空气污染及噪声、下水道维护等情况
技术指导委员会	维护互联网和评估信息
反恐怖委员会	制定相关政策和防范突发事件
交通和运输委员会	评估和监督道路、公交车路线、地铁的服务质量
青少年委员会	评估青少年和监督青少年项目

第三节　社区人力资源利用效率的提升

在社区人力资源招募之后，就进入社区人力资本积累时期。人力资本积累的方式主要包括对个体的激励、专业分工和培训、促进团队协作等。通过这些措施，可以让社区人力资本的利用效率得到持续提升。

一、建立有效的激励机制

现代激励理论是从工商企业的营利性机构管理实践中发展起来的。自从20世纪二三十年代以来，国外许多管理学家、心理学家和社会学家结合现代管理的实践，提出了许多激励理论。早期的激励理论主要研究人们需要什么，根据什么才能激发调动起工作积极性的问题，被称之为内容型激励理论。主要有马斯洛的需求层次理论、赫茨伯格的双因素理论和麦克利兰的成就需要理论等。马斯洛需要层次论就提出人类的需要是有生理需要、安全需要、社会需要、尊重需要和自我实现需要多个等级层次的。赫兹伯格的双因素理论是指，让员工非常不满意的原因是"保健因素"；能够使员工感到非常满意的是"激励因素"。麦克利兰则认为，在人的生存需要基本得到满足的前提下，成就需要、权利需要和合群需要是人的最主要的三种需要。

之后，兴起了过程型激励理论，研究从人的动机产生到最终采取行动的心理过程。例如，弗鲁姆的希望理论认为，一种激励因素的作用大小取决于激励因素所能实现的可能性大小和激励因素对其本人效价的大小。亚当斯的公平理论则认为，一个人对他所得到的报酬是否满意，不是只看其绝对值，而是进行社会比较和历史比较，看其相对值是否公平。第三个方面的激励理论被称之为行为改造型激励理论，主要研究改造和转化人们的行为，使其达到目标的一种理论。例如，亚当斯的挫折理论分析了"挫折"情绪产生的原因。斯金纳的强化理论认为，如果行为是好的结果，这就能对动机起正强化作用，即能使人的行为得到加强和重复。

相比管理学、心理学、社会学和具有实用性的激励理论而言，经济学对于激励理论的研究更倾向于提出一般化的理论模型。代表性的激励理论通常是从委托—代理理论出发，分析在不同信息条件下行为人的选择。这一研究通常假设委托人和代理人双方同时采用最优的行为以最大化各自的效用函数。给定委托人设定的契约，代理人选择产量以最大化自己的效用。委托人虽然不知道代理人的私人信息，但对于该信息的概率分布是双方的共识。从这些假说出发，研究者寻找能够同时满足激励相容约束和参与约束的资源配置方式。[1]

依据上述激励理论，目前政府和社区组织不仅重视社区工作者的多层次需要和激励，

---

[1] 让-雅克·拉丰、大卫·马赫蒂摩：《激励理论》（第一卷），陈志俊等译，北京：中国人民大学出版社，2002年，第18页。

而且也考虑到了激励所包含的期望、公平等因素,采取了多样化的激励措施。多种政策文件提出了福利待遇、政治待遇、表彰荣誉、社会地位等激励措施。考虑到不同人力资源的特点,在社区激励机制上应该有针对性地进行设计,促进社区人力资本的持续提升。

一是在社区领导者的激励上,重视事业成就和政治待遇。社区领导者的突出特点是具有较为强烈的社区使命感和创新能力。对于他们而言,最重要的激励不是薪酬,而是能够在社区层面上做出事业,实现社区发展,得到居民的认可。因此,对于社区领导者的激励,一方面要让他们有开展事业创新的空间;另一方面要为他们提供进入公务人员的通道。特别是当一些具有丰富社区治理经验的领导者走到政府部门的相关工作岗位上时,能够将他们的经验应用到更多社区中,促进社区治理的整体提升。

二是在社区工作者的激励上,重视专业成长和薪酬待遇。目前大部分地区社区工作者的工资由基本工资、职务年限补贴、奖金和其他待遇四部分组成。这种薪酬构成的提升空间有限,对于社区工作者的激励也有限。因此,需要在激励机制中提高社区工作者专业能力的占比,通过激励社区工作者不断提升自己的社会工作专业资质及职业等级,从而带动他们的薪酬待遇可以持续快速地增长。

三是在志愿者激励上应重视社会荣誉和能力培训。对于大多数志愿者而言,参与志愿服务是为了获得更多的社会荣誉和服务经验,以及将来的互助。因此,除了现有的对志愿者采取的"时间银行"激励机制外,还应重视对志愿者的技能培训。一方面提供稳定的通识培训,让志愿者能够重视志愿服务的概念意义、服务方式、服务机构、服务理念和服务心态等;另一方面要开展针对性的技能培训,让志愿者能够掌握精神病服务、环保服务、医院探访等专业的服务领域技能。

拓展阅读

董红书记与南京翠竹园社区的治理创新

二、推进专业分工和培训

在合理的激励机制引导下,社区人力资本的持续提升就进入了专业化发展阶段。通过采取专业化分工,使得每一位社区工作人员都能够积极而稳定地提升思想认识水平和工作技能。概括而言,主要应采取下列的分工和培训。

一是科学区分社区领导者、社区工作者和志愿者之间的专业分工。社区领导者主要面对社区治理的难题,进行制度层面的创新,以创新来实现社区治理的改善。社区工作者则分工进行具体技术和方法层面的创新,在日常的服务中发现有待改进的地方并提出改进方案。志愿者主要是分工提供具体的服务,通常来说是努力地执行服务内容,创新不是主要目的。基于上述的分工,一个社区才能够在治理过程中有效地实现制度创新、技术创新和服务提供。

二是在社区中的专业委员会和服务内容的基础上进行专业化分工。社区居（村）委会通常需要针对不同的问题，设立专业委员会。同时，社区工作者和志愿者也要分工负责不同的服务项目。为此，应结合个人的特长和职业发展，为每一位社区工作人员确立专业发展方向，鼓励其在做专业工作的同时不断提升专业技能。

三是通过针对性的培训提升专业化能力。无论是社区工作者、志愿者还是社区领导者都要持续性地开展培训。要提高培训的效果，需要拉长培训时间，将一个培训项目拉长到数年进行，同时将培训与日常工作紧密结合起来，不断丰富培训形式，如促进研学创新、鼓励团队学习竞赛等。

三、持续提升团队协作水平

社区人力资本的提升不只是单个员工的事情，而是需要提升团队整体的水平。专业化分工的目的是实现协作，获得"1+1＞2"的效果。这就意味着，社区的人力资源开发和激励是一个系统工程，追求的是总体成效。为此，需要重视以下几点。

一是要树立社区就是一个团队的观念。社会治理不是依靠哪一个人来完成，而是一个团队持续不懈地推进。作为一个团队，不仅需要有相同的社区发展愿景，还要有相近的伦理价值以及相互补充的专业技能。当每一位社区成员都具有团队理念后，社区的效能才能够得到最大限度的发挥。

二是不断促进社区内部成员的交流协作。社区的领导者与社区工作者、志愿者不仅在工作任务上有差异，在各自的价值追求上也有所不同。在此情况下，促进社区内部成员的交流协作是建立团队的重要基础。只有在人格平等、相互尊重的基础上，以共同的事业和认可的规则为牵引，才能够持续提升社区内部成员的团队意识。

三是积极容纳社区外部组织和人员的加入。社区团队是动态的，而不是排外的。对于任何希望加入社区治理，并对社区治理有所贡献的社会组织、驻社区机构、个人，都应该积极欢迎他们融入社区的团队中来，成为社区治理团队的合作伙伴。只有这样，社区团队的力量才会越来越大。

课后提升

一、必懂知识点

1. 社区领导人的能力需要。
2. 社区人力资源的主要开发方式。
3. 社区人力资源的激励机制。

二、应用练习

选择一个便于调查和参与的社区，完成下列任务：

1. 通过查阅资料或访谈,了解并记录该社区现有的各类人力资源状况。
2. 通过访谈,了解并记录该社区人力资源开发现状。
3. 针对该社区治理对人力资源的需求状况,设计一份人力资源开发方案。

三、提问、解答与建议

如果你对本章内容有任何评论、疑问和建议,请扫描下方二维码后留言,我们将及时回复。

第八章　社区资金的开发与利用

对于任何一个组织的运营而言,资金都如同"血液"一般不可或缺。社区作为一个自治组织同样如此。那么,社区究竟需要哪些资金?如何开发社区的资金?如何提高社区资金的利用效率?通过解答这些问题,将为社区要素的集聚和服务开展提供必要的基础。

第一节　社区的主要资金需求

社区从各要素的积累到服务的提供都离不开资金的支持。通常来看,社区的资金需求主要用于三个方面,即人员薪酬、空间营造和服务提供。

一、社区工作人员的薪酬

社区作为一个自治组织,需要一定数量的专职工作人员。虽然大部分的志愿者是免费提供服务的,但是总需要有一部分依靠薪酬谋生的专职人员。专职人员的薪酬是一项持续的资金需求,也是社区得以良好运转的重要基础。

目前在中国,城市社区的全职工作者都需要支付薪酬。各地根据当地收入水平的状况,给社区工作者不同的工资待遇。通常来说,社区工作者的薪酬包括了工资、绩效、生活补贴、五险一金、社工证补贴。在不同城市,薪酬的内容也有所差别。在一些城市出台了社区工作者的工薪标准,比如三岗十八级等,明确了薪酬的变化规则。

在农村社区,村民委员不发工资,但根据我国《村民委员会组织法》规定,可经村民会议决定给予适当补贴。补贴方式可以采用固定补贴的办法,也可以采用误工补贴的办法。固定补贴,就是规定一年补多少钱。误工补贴根据村委会成员办理村委会的事务实际占用的工作时间,给予适当补贴。村委会组织法规定,村民委员会成员不脱离生产,可以给予适当补贴。如何才能做到适当补贴,应当同本村的经济状况和村委会成员所承担的任务结合起来考虑。

二、社区公共空间营造的资金需求

社区公共空间是社区居民进行社会交往、开展各类活动的主要场所。大部分社区在形成之初并没有规划和建设足够的公共空间,甚至连办公场所也很缺乏。大部分是在建设过程中逐步获得并投资进行设计、改造、装修和安装设施的。社区公共空间的营造通常都需要投入一定数量的资金。而且这些社区公共空间在营造完成后,如果没有合理的收入流,其维护和运行还需要持续的资金投入。社区公共空间营造所需资金的规模取决于公共空间资源的产权状况、数量、功能等因素。通常而言,在城市中由于房地产价格较高,社区公共空间的营造费用也较高;在农村社区公共空间的营造费用较低。

例如,湖南省常德市三年来,市、县(区)两级累计投入近 10 亿,在全市 305 个城市社区中全面建成统一规划设计、统一建设标准、统一形象 LOGO 的"一站一园一场七室"(即社区工作站、幼儿园、室外文体活动场所、警务室、议事室、卫生计生健康服务室、文体活动室、档案室、网格员工作室、民情恳谈室),平均公共服务面积 610 平方米。但是一些社区在公共空间建设上的资金需求依然无法满足。以常德市武陵区沙河社区为例,该社区是区划调整后由农村居委会转为城市居委会的新建社区,为响应常德市委、市政府建设完美社区的号召,重新选址新建了一栋集"一站式综合服务窗口、综治维稳中心、网格员工作室、警务室、议事室、民情恳谈室、图书阅览室"等功能室于一体的 1005 平方米办公大楼,并于 2016 年 6 月正式投入使用,征地、基建及社区建设资金达 400 万元。为了完善为民服务功能、打造无毒社区,2017 年,沙河社区在省戒毒管理局和市委政法委的大力支持和指导下,利用新建的办公用房建立了全省社区戒毒(康复)工作示范站、全省网格化管理服务示范点。创建了全省无邪教示范社区、全省无上访社区、全市综治中心示范站及社区居家养老、日间照料中心、社区书屋和关爱留守儿童之家,累计投入资金 80 余万元。社区虽然多方自筹资金并用市、区两级完美社区建设配套资金解决了 260 万元债务,但仍有 220 万元的资金缺口无力解决。[①]

三、提供社区服务的资金需求

除了在人力和空间方面的资金需求外,作为社区治理核心的各类服务的提供也需要持续稳定的资金支持。从服务的性质来看,主要可以分为承接政府公共事务的资金需求、居民互助服务的资金需求、公益慈善的资金需求。如果从具体的资金使用方向上来划分,主要用途包括党组织服务、居民自治、自组织培育和孵化、居民能力素质提升、社区和院落生态环境整治与打造、文化教育培训服务、智能化服务、志愿者服务、垃圾分类等。如果从服务内容来看,主要资金需求包括亲子活动类、便民生活类、智能服务类、助老服务类、文化教育类、环保自然教育类、职业教育类、儿童/青少年教育类、科普教育类、手工培训类、交友娱乐类、健康养生类、心理成长类、健身竞技类等。由于不同社区居民的需求重点有所差异,除了常见的政府公共事务服务之外,每个社区在其他类型的服务数量和规模上不尽相同,所需要的资金也就有所差异。

---

① http://www.hnrd.gov.cn/Info.aspx? ModelId=1&Id=19288。

拓展阅读

成都市创新城乡社区发展治理经费保障激励机制①

2018年中共成都市委办公厅成都市人民政府办公厅引发了《关于创新城乡社区发展治理经费保障激励机制的意见》,确立了社区专项保障资金和社区专项激励资金"双轨并行"的社区经费保障激励机制,全力助推高品质和谐宜居生活社区建设。分级整合市县两级"城市社区公共服务和社会管理专项资金"(以下简称公服资金)、"村级公共服务和社会管理专项资金"(以下简称村公资金),建立"城乡社区发展治理专项保障资金"(以下简称社区保障资金)和"城乡社区发展治理专项激励资金"(以下简称社区激励资金)双轨并行的社区发展治理经费保障激励机制。社区保障资金和社区激励资金专项用于社区公共服务和发展治理项目。

一、社区保障资金

1. 明确保障标准。区(市)县是当地社区发展治理工作资金保障的责任主体,应将社区发展治理工作所需经费列入同级财政预算足额保障。区(市)县每年为每个社区安排的社区保障资金不低于以下标准:城市社区基数10万元,根据辖区常住人口数按1500元/百人的标准增加;涉农社区(含建制村)基数25万元,根据辖区常住人口数按4000元/百人的标准增加。城镇化率达到100%的涉农社区,应参照城市社区标准执行。各区(市)县可根据自身财力适当提高标准。每年4月30日前应将社区保障资金划拨到位。

2. 规范财政投入。市县两级财政根据工作实际和经费需求,不断调整完善投入方式,持续加大投入力度。改革市对区(市)县社区发展治理工作的补助方式,建立以区(市)县常住人口数为主要指标,综合考虑经济社会发展状况和城市化水平等因素给予财力补助的办法。具体办法由市委社治委会同市财政局制定。

3. 创新社区保障资金管理使用方式。市统一制定社区保障资金使用规范和禁止项目清单。区(市)县要指导社区完善村(居)民议事决策制度、项目发包评审制度、项目评议验收制度、全过程公开制度,确保社区保障资金民主管理、民主使用、公开透明。社区要坚持居民需求导向,按照"居财居管、村财村管"原则管理使用社区保障资金,提高资金使用绩效。属于特定受益人群享受的基础设施类项目,按照权责一致原则动员各方捐助或由居民自筹部分资金,具体办法由区(市)县制定。

二、社区激励资金

1. 设立成都市城乡社区发展治理专项激励资金。建立社区激励资金使用机制,科学遴选党建引领、服务居民、社区营造、居民自治、网格化管理等社区发展治理工作成效突出的社区和街道(乡镇),给予优先支持,具体办法由市委社治委会同市财政局制定。社区获得的市级社区激励资金,参照社区保障资金管理使用办法和程序使用。

---

① http://www.yidianzixun.com/article/0J8OTYmQ。

2. 区(市)县建立社区发展治理工作激励机制。区(市)县按照不低于当年实际拨付社区保障资金总额的10%,设立县级社区激励资金,并制定具体管理办法。鼓励各区(市)县探索建立社区发展治理基金,对基金运行健康、作用发挥显著的区(市)县,在市级社区激励资金中给予补助。区(市)县应定期对社区未编列项目、未决策使用、体量较大的沉淀社区保障资金(含已拨付的原公服资金、村公资金)进行清理,通过纳入本级社区激励资金、社区发展治理基金等方式统筹管理,用于社区发展治理项目,具体办法由区(市)县制定。

第二节　社区资金开发的思路

从社区资金开发的渠道来看,社区全职工作者的工资和维持社区日常工作的开支是由政府拨款的。不过,由于政府拨款与社区的实际支出存在差距,因此社区治理所需要的资金只能通过基金会和私人的捐款、收取的服务费等方面来补充。

一、依法争取政府拨款

社区的资金开发首先要重视政府支持,政府的资金资源支持非常必要而且重要,但是政府支持不应该成为社区唯一的资金来源。政府对社区的资金提供,一方面采取常规性拨款方式,由社区组织按照政府的法规和与政府签订的合同,向社区居民提供服务。另一方面,政府还提供各种专项资助,安排一些特定的项目。

美国、加拿大两国政府一年对社区服务的投入占60%,社区筹集30%,教堂占10%。可见,政府资助占很大的份额,是社区经费的主要来源。以美国为例,在1974年颁布"住房和社区发展法案"后,联邦政府设立了"社区发展整笔拨款"专项投资,支持城市范围内的社区发展,主要目标包括改善低收入和弱势群体生活、贫民区或旧社区改造、满足社区居民其他需求三个方面,支持的社区发展涵盖了社区住宅改造、公共设施建设、社区公共服务提供、社区就业促进、弱势群体保护和发展以及社区规划和管理等多个方面。自1974年设立以来,美国联邦政府在"社区发展整笔拨款"项目下投入的社区发展资金已经达到1200亿美元,其中2007年"社区发展整笔拨款"项目的联邦预算为37亿美元,2008年为40亿美元。美国各州、市政府也安排了专项资金配置使用"社区发展整笔拨款"项目下的联邦投资。加拿大和澳大利亚等国的联邦、省、市各级政府也有专门投资支持社区发展的。社区公共服务设施的建设也主要由政府和企业投入,交由社区管理使用。

在日本,社区建设的经费主要是通过税收。例如,冈山市市民社区中心的经费来源上,政府每年提供全部预算资金的90%,另外10%由管理这个中心的财团法人从收费项目中弥补。在日本,居民除了缴纳所得税外,还要缴纳与居住区相关的一个税种——住民税,这一部分税收直接用于社区。①

在中国,目前城乡社区的资金主要来源也是政府。基本上社区人员的薪酬待遇是由政府提供资金,一些日常服务的资金来源也是政府。除了民政部门的主要资金支持之外,社区还可以向各政府部门积极争取。这些争取通常都是基于某些专项服务之上的。近年来,政府支持社区治理与发展的资金更多的是以政府购买项目的方式进行。为此,社区需要依法积极争取,在资金的使用程序、方向和流程上做到合法合规。为了获取更多资金支持,社区需要不断丰富和创新所提供的各项社区服务项目,积极发挥社会机构的专业性服务工作。

拓展阅读

深圳市社区党群服务中心政府购买项目服务标准(节选)②

一、总体要求

(一)社区党群服务中心是在社区党委的领导下,整合各方面力量开展社区服务的综合性服务平台。

(二)社区党群服务中心应统一名称、标识,设置办事大厅、社区党委和社区居委会办公室、会议室,以及功能活动区域。对社区党群服务中心内适宜采取购买服务方式提供的服务事项,须交由符合资质的社会机构来承担(以下简称"服务机构")。

(三)服务机构应当是具有独立法人资格、在民政部门登记成立的社会组织,其运营资格必须通过参加政府招投标而获得。服务机构须按规定在通过第三方对其需求评估、服务项目策划与实施、服务绩效评估等评估验收合格后,方具备继续运营资格。

(四)街道党工委、社区党委应指导服务机构履行职责,协调与社区内其他组织的关系。服务机构可争取和动员机关、企事业单位、业主自治组织及物业管理服务机构为社区服务提供场地、设施、资金、人力等支持资源,探索形成多元化的服务供给模式。

(五)各区民政局和新区社会建设局负责本服务标准的监督管理,指导各街道、社区加强对该项目的营运管理。

二、人力资源配置

(一)服务机构应当是以专业社会工作者(已获助理社工师及以上职称,并已在深圳市社会工作者协会注册的社会工作者)为骨干的运营团队,并配置有全职工作人员5名及以上(须有一名是中共党员),其中注册社工有3~4名,政府购买服务经费标准为每年50万元及以下。

对服务人群数量3万人以上、面积2平方公里以上的大型社区,经所在区业务指

---

① 张康之、石国亮:《国外社区治理自治与合作》,北京:中国言实出版社,2012年,第145页。
② http://www.szshequ.org/home/detail_sqjszcjdzn_63a6015526874b7195f19e0c40621426.html。

导部门审定,服务机构应再配置全职工作人员2~4名(其中社工1~3名)。超配的社工按每人每年9.3万元、辅助人员按每人每年7.6万元的综合营运成本予以增加。服务机构项目主要负责人应由专业社会工作者担任。

(二)服务机构应有发展壮大社区志愿者(义工)队伍的能力,形成"社工引领义工、义工协助社工"的社区服务模式,建成本社区的志愿者(义工)队伍管理体系。

(三)服务机构应切实加强管理,在项目督导、顾问等资源配置方面予以持续支持和充分保障。

三、主要服务内容

服务机构每年至少应完成8大项服务工作(含8项),具体采取"5+1+2"的模式,即开展基础公共服务5大项、特色公共服务项目1项及外部合作类项目2项,共8项服务工作。

(一)基础公共服务是指社区居民需求度较高的、需求较普遍的社会服务。服务机构每年应至少提供5大项基础公共服务,服务细项原则上开展不少于25项。

(二)特色公共服务项目是指专业程度较高的社会服务项目。服务机构每年度应至少为所在社区开展1项特色公共服务项目。

(三)外部合作类项目是指以服务机构为平台引入其他社会资源开展的符合社区居民需求的服务项目,包括引入或开展社区民生微实事服务类项目,由政府其他部门购买的服务项目,以及与公益性社会组织、企业等合作开展的服务项目。

新增的服务项目和经费,应单独建档、单独列支经费。服务机构每年应引入或开展不少于两项外部合作类项目,并以专项报告予以说明,记录存档,必要时由区相关部门或街道与服务机构签订补充合同予以确认。

(四)各级主管部门对上述服务工作应积极支持,建立配套的服务项目引入机制与报备制度,并纳入绩效评估范围。

二、积极探索服务收费

服务收费是社区组织获得资金的重要来源之一。在一些国家,活动收费和商业经营的收入超过了所有其他来源的收入,构成了社区组织总收入的最大部分。在美国、意大利、日本三国的社区组织部门收入中,收费所占的比例都在一半以上。在美国,近年来的一个新趋势是社区组织部门日益变得商业化起来,非营利机构通过提供特定的服务,收取一定费用来弥补开支、降低成本。例如,非营利医院纷纷兴办面向社会的健康俱乐部;非营利博物馆纷纷开办礼品店;非营利的各种社团纷纷与公司签订产品认可或促销协议,以换取对方的捐款等。

在中国,一些社区早就开始了服务收费的探索。通常是依据不同服务内容进行分类,根据服务供求情况采取不同收费标准。例如,一些社区对心理咨询、体育比赛、棋牌类等采取了社区全额补贴的做法;对老人居家护理和托老服务、下岗职工护理培训等采取了差额补贴的做法;对家政服务、出诊、社工培训、图书租赁等采取了持平收费的方式;对于托儿服务、钟点工服务、餐饮服务、家电修理、钥匙开锁、艺术教育等则根据不同类型市场定价标准,制定相应的公共服务收费标准,实现微利运营。

拓展阅读

日本的"社区财团"①

在日本社会中,虽然资助学术研究活动的传统型支援财团占大多数,不过近年来,也派生了一类扎根当地的新型支援型财团,叫作"社区财团"。社区财团获得企业和个人捐献的资金,并资助那些投身地区课题的人或组织。爱知社区财团、京都地区创造基金、地区创造基金等,日本设立了约15个社区财团。因为对象地区是特定的,容易建立起相互熟识的人际关系。日本各地正开展着各种市民乐于参加的捐助活动,比如每喝一杯啤酒就可以完成一笔捐助的"干杯慈善"、祇园祭消灭垃圾大作战等。美国的全美财团评议会中对于社区财团的作用提到了三点:① 资金资助;② 资金筹集(通过捐助等);③ 培养地区代表。支援型财团超越资金中介的存在,已经成为解决地区问题时必不可少的"协调员",是积极展开社区营造活动的人们坚定的伙伴。

三、开展社区基金会为平台的慈善募捐

包括来自个人、基金会和企业的民间捐赠也是社区组织独特的资金来源,但通常只是一种补充性的资金。在发达国家,民间捐赠比例最高的是美国,也仅占到19%。在日常捐赠中,机构捐赠所占比重较大;企业捐赠一般来自内部机制完善、营业状况良好的企业。为了鼓励企业捐赠,各个国家都普遍采取了捐款抵免税收的激励做法。基金会捐赠单笔数量比较大,但由于有实力的愿意捐赠社区的基金会并不多,因此在捐赠总量上并不大。个人捐赠的单笔数目较小,但是总量比较大,特别是在重大灾害事件中,个人捐赠的数量通常会超过机构捐赠比例。

所谓社区基金会,就是社区居民出于解决本社区公共问题的目的而设立的基金会组织。社区基金会不仅是本地的资助者,还是本地问题的回应者、社区议题的倡导者、慈善资源的管理者、跨界合作的推动者。社区基金会最早于1914年诞生在美国的克利夫兰。面对当时的社会问题,克利夫兰信托公司总裁佛雷德里克·戈本就想要创建一个以社区为导向的基金会。在这个基金会中,慈善家们可以建立永久性资金,以满足当前和未来出现的各类社区需求。社区基金会的出现为社会治理和社会服务供给提供了一条全新的道路,使得社区中的积极分子和中坚力量也能够担负起社区发展的重责,补充了公共部门行政能力的不足,也使社区民众有能力解决自己的需求和矛盾。所以,克利夫兰社区基金会被认为是社区基金会的先驱,戈本也从而获得了"社区基金会之父"的美名。

---

① 飨庭伸等:《社区营造工作指南:创建街区未来的63个工作方式》,金静、吴君译,上海:上海科技出版社,2018年,第194页。

此后，许多美国社区也建立了类似的投资机构。特别是在20世纪70年代之后，美国政府法规和社会福利政策的改革进一步催化了社区基金会的快速增长。例如，1969年的美国税法改革就为社区基金会制定了比其他私人基金会更宽松的优惠政策，也放松了对社区基金会的管制程度，作为鼓励社区基金会的重要制度基础。同时，一些大型基金会也将社区基金会作为合作伙伴，为它们提供资金、资源，以及法律和政策咨询等多方面的支持，也发挥了推动社区基金会的发展的积极作用。经过100年的发展，社区基金会已经成为美国十分重要的发展型投资机构。据有关研究统计，截至2010年，美国共有734家社区基金会，总支出达到42亿美元。2012年，社区基金会的资助额、总资产，以及募款额分别占到全美基金会的10%、9%和14%，都远远超过1%的数量比。在1999—2012年期间，社区基金会占全美基金会资金总额的比例更是几乎增长了50%。这都揭示了社区基金会发展的蓬勃生机。另外，社区基金会更已从其源发地美国扩散到全球许多国家，并成为全球范围内社区发展与政社合作关系建设的重要载体。在21世纪初，全球社区基金会的总数仅仅略高于900，但最新数据显示，在2017年已经达到约1860个。近年来，社区基金会在城市社区治理领域的应用日益广泛，在整合社区资源、提供社区治理和发展资金方面发挥了重要作用。①

目前国内社区基金会主要有三种类型：企业发起型社区基金会，如深圳的桃源居公益事业发展基金会；政府发起型社区基金会，如上海洋泾社区公益基金会；民间发起型社区基金会，如深圳南山区蛇口社区基金会。社区基金会出现后，在一些城市得到快速发展，例如2013—2019年上海共成立了82家，全国有158家。

拓展阅读

野花一片·自由生长——蛇口社区基金会的实践与思考（节选）

第三节　社区资金利用效率的提升

社区的资金开发来之不易，为此应确保这些资金能够满足各类需求，获得更高的效益。做好资金预算与支出、建立综合监管体系、规范社区资金使用程序是常见的提高资金利用效率的做法。

一、制定资金预算与支出规划

社区在制定长期规划的过程中制定详细的预算。预算包括了社区组织实现目标所需

---

① https://www.sohu.com/a/285729283_778336。

要投入的资源。各国在实践中形成了一套完善的社区组织综合预算体系。

一是建立严密的预算循环体系。社区组织在综合预算制定时有严格的程序,主要包括:预算的准备、预算的审阅、修订和最终采纳;预算的执行和结果评价。一些重大的预算项目还需要举行听证会,以征得广泛的居民支持。

二是实现预算内容的全面性。预算包括营业预算(提供一个财政年度收入和支出的计划)和财务预算(现金预算和资本预算),即财政年度机构组织的所有可能的收入与支出项目。现金预算主要关注下年度现金流入和流出;资本预算则考虑在未来几年内可以向机构组织提供服务的各类资源的支出安排。综合预算是通过综合考虑服务数量、价格、成本、现金流量和资本支出等要素,综合吸收和概括下一年所有与预算相关的要素而制定的,成为机构组织在下一年将要采取的所有行动的计划方案。

三是增进预算制定的精细性。制定预算时,要求"详细列出与执行每项经营活动相关的各项支出对象,包括年薪、工资、租金、办公用品、差旅费、设备费用和其他投入资源"。

四是加强预算执行的严肃性。预算执行既是一个财务过程,也是一个实际经营过程。整个预算执行过程是一个责任与控制的过程。在执行过程中,将会对各项支出进一步分派,以避免提前用完拨款,被迫补充拨款;保持现金流出与现金流入相一致。

以英国的社区预算为例,其会计报表包括资产负债表、财务活动情况表、现金流量表以及报表附注等。资产负债表反映社区组织在会计期间终了时点的资产和负债情况。财务活动情况表主要表明社区组织当年度的收入和支出资源项目,这些项目一般按照社区组织的各类基金分别列示,并按照组织的活动对组织收入和支出资源进行分类。社区组织的现金流量表主要按照财务报告标准规定编制,主要表明社区组织在本会计期间收到现金和使用现金的情况。报表附注主要对社区组织采用的会计政策予以说明,包括会计事项确认、计量和披露等遵循的原则、基础和惯例等。

二、建立资金综合监管体系

对社区组织的监督管理主要体现在对非营利组性的审查及对其财务活动的监督上,主要目的是防止以欺诈行为骗取免税资格或公众捐赠。

在防止骗取免税资格上,主要由税务机关进行监督管理。申请具有免税资格的社区组织,需要接受税务机关的严格审查,免税审批部门每年还会对社区组织的财务状况进行抽查,如经查实有营利行为,其免税资格就会被取消。免税社区组织需要每年向税务机关报送该组织的年度报告,提供财务状况和经营活动。

捐赠者掌握资金赠与权利,也有权对社区组织进行监督,如果需要,他们可以要求查看捐赠资金使用情况以及受赠组织的财务情况,从而监督受赠组织是否按照捐赠者要求使用捐款。此外,也有一些社会机构,专门对社区组织特别是具有免税资格的组织进行评估,并免费向社会公众公布评估结果,帮助公众了解社区的诚信度和工作绩效。

在此基础上,社区组织会形成集组织自律、行业自律、组织竞争、社会监督、政府监督、司法监督等多方管理资源于一体的综合管理体系。这一体系以充分的社会竞争为基础,以完善的社区组织内部治理结构和良好的组织自律为依托,以有限但有效的政府监管为主体,以强有力的行业互律和社会监督为辅助,以健全的司法体系为保障,形成监督社区资金使用的合力。[①]

虽然目前中国城乡社区在资金监督管理上还主要是政府监督为主,其他形式的监督体系尚未形成,不过随着社区治理的日益完善,针对社区资金的监督管理也将更为高效。

三、规范社区资金使用程序

在实践中,我国一些地区在社区资金的使用上也形成较为规范的流程。通过这些流程的施行,可以有效促进社区资金用于社区治理和服务提供上。具有代表性的社区资金的使用遵循以下重点环节操作规范。

一是宣传动员和征集项目。包括:(1)召开村(居)民(代表)会议。由村(居)民议事会、村(居)民委员会向村(居)民(代表)会议报告上一年度资金决算和民主评议结果,对资金结余情况进行专题说明。(2)广泛宣传。明确告知辖区居民本年度社区保障资金标准、使用范围、使用程序,决策、监督、评议、审计办法。(3)征集项目。主要方式有:社区党组织就本社区公共议题提出拟实施项目;社区广泛开展居民需求调查,采取一户一票、网络投票、问卷调查等方式实名制收集居民意见,征集梳理项目;以居民个人提议、多人联合提议、院落(村民小组、楼栋、单元)联名提议等方式提出项目;社区自组织结合居民需求提出公益性项目。

二是采取民主议决。包括:(1)评审。社区党组织牵头组织具有广泛代表性的评审委员会,严格按照使用范围对收集的项目进行梳理、汇总、甄别,形成提交村(居)民议事会议决的项目清单。(2)议决。村(居)民议事会按规定程序和民主议事规则召开会议,对项目进行议决,并清楚、完整记录项目议决过程。项目议决结果应及时、规范公示,自公示之日起15天内,五分之一以上居民联名对议决结果提出异议的,应重新召开议事会议定,或由村(居)民(代表)会议对异议内容进行表决。当年议决资金不得超出当年本社区可使用资金额度。(3)备案。项目公示结束后,社区应及时向镇(街道)备案,镇(街道)对程序合法性、有无禁止项目等进行审查,于10天内反馈审查结果,逾期未反馈,视为无意见。城市社区实施基础设施建设项目时,应按照有关规定进行项目听证后报社区备案。

三是实施监督。包括:(1)项目按照由村(居)民议事会议决的实施方式由社区党组织领导社区自治组织实施。社区要通过议事会议决的方式确定项目实施方式和发包规则,鼓励采取服务外包。社区自愿借助政府公共资源交易平台发包项目的,政府应提供便利并减免相关费用。(2)镇(街道)组建专门工作组对项目实施全过程进行监督;社区党组织和自治组织牵头,以议事会成员为主,吸收其他居民代表、相关专家等组建项目监督小组,对项目实施全过程进行监督。社区每季度至少召开一次居民议事会,通报项目实施情况。

四是评议整改。项目实施完成后,由社区党组织牵头组建以议事会成员为主,镇(街道)代表、居民代表共同参加的项目评议组,对项目开展民主评议。评议结果为不合格的,

---

① 张康之、石国亮:《国外社区治理自治与合作》,北京:中国言实出版社,2012年,第147~149页。

应限期整改,整改后重新评议。项目评议结果作为项目结项报销的重要依据。

拓展阅读

公共绿化带变形记:如何利用社区基金做好公共空间改造?(节选)

课后提升

一、必懂知识点

1. 社区资金开发的思路。
2. 社区基金会的功能与类型。
3. 社区组织综合预算体系的主要要求。

二、应用练习

选择一个便于调查和参与的社区,完成下列任务:

1. 通过查阅资料或访谈,了解并记录该社区现有的资金需要状况。
2. 通过访谈,了解并记录该社区资金开发现状。
3. 针对该社区治理对资金需要状况,设计一份资金开发方案。

三、提问、解答与建议

如果你对本章内容有任何评论、疑问和建议,请扫描下方二维码后留言,我们将及时回复。

第九章　社区公共空间的开发与运营

公共空间和设施、物资也是社区治理不可或缺的要素之一，是承载各类服务的重要资源。社区治理到底需要哪些公共空间和设施物资？如何开发这些公共空间和设施物资？怎样提升社区公共空间和设施物资的利用效率？回答这些问题，需要借鉴各国的成功经验，也需要结合各地的具体情况。

第一节　社区治理的公共空间及设施需求

社区治理不仅需要有物理形态的空间，这些空间还应具有特定的功能。在信息化的时代，智能化设施也成为社区治理的新兴需求。

一、社区活动空间的需求

合适的社区活动空间不仅包括足够的面积、便利的交通，还要尽可能与居民区邻近，便于居（村）民前来办事及参加活动。通常来说，社区活动空间包括办公用房和服务用房。社区办公用房是社区居民议事、开展社区活动、办理居民事务的重要场所，只有具备良好的社区办公和活动场所，才能使社区各项工作有序开展。通常办公用房以社区服务中心为主，具有社会保障、社会救助、卫生计生、社会治安、法律服务、文化、教育、体育和便民利民等多种功能。在服务大厅一般设置了党员服务、综治调解、计划生育、社会（劳动）保障、综合服务等多个服务窗口，群众办事一目了然，服务大厅还设有休息区、阅览区等。在这些社区活动空间，电脑、打印机、液晶电视、音响、多媒体电教设备一应俱全，社区办公真正实现数字化、快捷化。社区的服务用房主要包括矛盾调解、居民议事中心、文化活动中心、阅览室、健身室、舞蹈室以及社区养老和老年服务中心等公益性服务场所。

一些省市对社区活动空间的面积进行了规定，例如有的要求社区办公场所要达到300或500平方米以上。然而，由于开发商不能及时足额按标准提供办公和服务设施用房、社区缺乏资金购买、办公用房产权归属不清等原因，一些社区的活动空间需求很难完全满足。特别是对于一些因人口快速增长而分开成立的新社区，社区活动空间的需求就更为突出。

二、对公共环境及设施的需求

社区治理不仅需要集中的公共空间,还需要各类分散的用于居民日常活动的环境及设施。这些环境和设施包括居民体育活动场地和运动设施、居民文化艺术活动的场地和设施、社区绿化带及公园等环境设施、社区消防通道,等等。这些公共环境和设施有的是社区建设之初就规划形成的,但也有许多需要后期补充完善。特别是对于一些老旧小区而言,公共环境及设施的需求还是非常普遍的。

公共环境及设施的短缺很容易引发一些矛盾。例如,近年来一些居民喜欢跳广场舞,但是没有合适的环境和场地,通常他们会选择在居民楼附近的空地进行,这很容易引发周围居民的噪音投诉和纷争。再如,一些拆迁小区中有居民将门前的绿地挖开种上时令蔬菜,虽然根据《物权法》规定,建筑区划内的绿地、道路以及物业管理用房属于业主共有,但是这样私自占用绿地的行为显然是违反规定的,在实际执行时很容易发生冲突。

三、社区智能化建设的需求

2001年,国家建设部住宅产业办公室提出了智能化社区的概念。"住宅小区智能化是利用4C(即计算机、通信与网络、自控和IC卡),通过有效的传输网络,将多元的信息服务与管理、物业管理与安防、住宅智能化集成,为住宅小区的服务与管理提供高技术的智能化手段,以期实现快捷高效的超值服务与管理,提供安全舒适的家居环境。"公认的智能化社区包含小区安全防范、物业管理自动化、互联网三大主题。建设部对小区智能化普及型提出了如下要求:住宅小区设立计算机自动化管理中心;水、电、气、热等自动计量、收费;住宅小区封闭,实行安全防范自动化监控管理;住宅的火警、有害气体泄漏等实行自动报警;住宅设置紧急呼叫系统;对住宅小区的关键设备、设施实施远程监控。

智能化社区的提出和建设增加了新的社区设施需求。具体而言,社区需要逐步建立起智能化的各项硬件和软件设施。在一些新建的商业社区中,这些硬件和软件有较好的条件,但是在许多老旧小区,这些硬件和软件较为缺乏。如何满足智能化设施的新需求,已经成为社区治理面对的一个重要问题。

拓展阅读

四川省南充市顺庆区人民政府北城街道办事处关于解决社区办公场所的请示

第二节　社区活动空间的开发思路

一、政府提供的公共活动空间

政府作为社区治理的重要主体，也作为社区资金的关键供给者，就必然成为社区活动空间和设施的主要提供者。特别是在一些房价高昂的城市社区，社区缺乏购买办公用房和服务用房的资金，就不得不向街道及各级政府求助。而在当前社区承担了许多政府公共服务职能的情况下，政府在一定程度上也有责任和意愿为社区解决公共活动空间的问题。特别是县（区）人民政府，通常成为社区公用用房建设的责任主体。

不过，由于政府自身并没有足够多且位置合理的住房提供给社区使用，因此在实践中政府通常也是因地制宜，采取要、建、并、购等多种措施，努力解决社区办公用房问题。"要"是指按规划设计要求向新建小区建设部门征用社区办公用房，但经过几年的实践，一些建设部门存在拖延移交、面积缩水、地点变更不适用社区使用等问题。"建"是指新建和改造社区办公用房，通常需要有合适的土地或房屋条件。"并"是指和驻街单位申请，对单位闲置用房改造利用，共同建设，服务职工群众。"购"是指在合理价格内，在合适地点为没有办公场所的社区购买社区用房。经过各地政府的多方努力，在大多数城市社区，已经获得了必要的社区办公用房和服务用房，为开展社区治理和服务提供了基础性条件。在农村，由于土地价格低廉，通常村公共活动空间采取由政府出资建设或改造的方式。

拓展阅读

关于市政协十四届一次会议第241号提案的答复

二、对闲置公共空间的开发利用

在社区中，特别是寸土寸金的城市社区中，通常存在着一些未能有效利用的"碎片化"闲置地块。对于这些地块，社区组织可以通过采取改造再利用的方式将其转变为各种各样的公共空间。这些可以开发利用的空间包括荒废绿地、闲置地块、地下室、废弃锅炉房等。

这些碎片化的闲置空间的开发利用通常需要由专业化的机构来承担。通过引入具有设计和开发经验的机构，可以将闲置地块改建为社区篮球场、羽毛球场；将住宅底商设计成为创意走廊；将地下室变身居民健身中心。通过这样的开发利用，不仅增加了社区可用的服务空间，也改善了社区原有的环境，提升了社区的整体功能。

在广大的农村社区,可用于开发利用的空间更多。在这些空间中,首先需要开发利用的是村民居住和生活的房屋等空间。通常来说,对于村民房屋的开发利用,是由政府或农村社区发起推动的。对于村民住房的开发利用有多种多样的模式。有的是从整体上将村民房屋改造成为文化景点;有的是将村民房屋改造成为民宿饭店;有的将村民房屋的功能加以升级。通过对农村房屋的开发利用,不仅改变了社区的面貌,也有利于增进村民的收入,改变村民的生产模式。

 **拓展阅读**

韩国的新社区运动①

"新社区运动"也叫作"新村运动",是以"村"为单位开展的社区发展运动,"勤奋、自助、合作"是新社区运动的口号。新社区运动的背景:当时韩国的农村的基本生活条件很差,农民很是贫困,城乡差距很大,为改善城乡差别,韩国政府决定分阶段改善城乡的差别。

韩国新村运动从发展过程而言大致可以分为五个阶段:

第一个阶段:1971—1973年,为打牢基础阶段。这段时间的工作是以政府引领为主导。主要工作是改善生活基础设施,扩修道路,改善房屋,修建清洁洗涤设施,同时,改善乡村的农田和种子等生产资料。在政策的执行过程中,政府会以前期给到资源的利用效率为评判标准,将村庄分级,对于完成得好的村庄,政府会加大支持力度,以更大程度上激发农民的积极性。

第二个阶段:1974—1976年,为拓展阶段。这段时间的特征是扩大项目的实施范围,同时增强政府官员对新村运动的理解与共识。该阶段,新村运动的推行直接由韩国中央内务部管理,并成立了新村运动"中央协议会",以协调中央各部门的关系,组织干部去往农村对新村运动的具体实施进行指导。而且,成立了新村运动研修院,为新村运动的进一步推行培养人才。

第三个阶段:1977—1980年,为充实提高阶段。这一阶段的特征是力求缩小城乡差距。此时的新村运动已经慢慢地由政府主导推行转向为民众自发推行,因此更加注重活动的内涵。在这一阶段中,新村运动主要以鼓励发展畜牧业、农产品加工业和特产农业为主,希望借助于此,进一步地缩小城乡差距。

第四个阶段:1981—1989年,属于跨越发展的阶段。这阶段的主要特征就是建立发展全国新村运动的私营部门组织,从而实现从政府主导转向民间主导。此时韩国明确区分了政府和私营部门的职责:政府的主要职能是制定总体的规划以调整农业结构,同时提供资源方面的支持;民间主导负责新村运动的宣传工作、培训与信息工

---

① 陈业宏、朱培源:《从韩国"新村运动"解锁乡村振兴新思路》人民论坛网,http://www.rmlt.com.cn/2020/0116/566903.shtml?from=groupmessage。

作。此时,大力鼓励农民发展多元化经营,使得农村居民的生活水平逐渐接近城市水平。

第五个阶段:1990年至今,为自我发展阶段。该阶段时新村运动彻底由民间主导,此时政府主要负责配套服务。随着新村运动的实行,韩国乡村也呈现出繁荣的景象,这让新村运动带有文明建设和经济开发的双重特征。政府倡导全体公民自觉抵制各种不良社会现象,并致力于国民伦理道德建设、共同体意识教育和民主与法制教育。

韩国的新社区运动取得了精神启蒙、经济发展、社会进步等全方位的成就。首先是人们的精神面貌有了很大的改变。其次是使民主的风气在村民的心理扎下了根。最后是物质层面的进步,更是历历在目。推及整个发展中国家,为农村现代化的推进建立了成功的典范模式。

三、开展城市微更新背景下的社区营造

社区营造起源于20世纪60年代西方的邻避运动和日本的造町运动,并逐渐影响到中国台湾和东南亚地区,它强调自下而上的参与性,不仅关注社区物质空间层面,同时关注社区居民归属感的培养,实现社区的共建、共治和共享。营造强调在对社区的规划建设时,与历史、文化、自然景观的协调一致。

在中国,随着城市扩张速度的放慢,"城市微更新"成为新的发展方向。城市微更新一方面强调了设计介入的"轻",以不影响居民日常生活、不破坏原有城市肌理和风貌为更新前提;另一方面,城市微更新以社区营造为基础,关注不同利益相关方在具体情境下的不同需求,尤其是老城区域,建成密度高,人口密集,具有较大的多元性,对公共空间的利益需求较为复杂。

在城市微更新的背景下,社区营造以公众参与为基础,以社区公共空间和公共设施为改造对象,进行局部渐进式更新,其目的是激发城市活力、增加社区凝聚力、优化邻里关系、促进社区共治。这些平凡甚至琐碎的公共空间存在于社区、商业和家庭的缝隙之处,流淌在街巷的角落、小卖部的窗前、餐厅的门口、公交车站的屋檐下,因随处可见而司空见惯。但这些公共空间却有潜力成为城市和社区活力的激发点。社区营造需要将政府部门、居民、企业、社会组织和专业团队放在一个沟通交流的平台上共同促进项目的实施。借此,多个利益方能够表达意愿和诉求,也能调动居民的参与积极性,使其全程主动参与方案的前期分析、具体制定、后期维护管理等多个环节。

概括而言,社区营造有多种思路和方式。一是与社区环境整合的公共空间微更新。包括:(1)引入新的或者挖掘潜在的触媒元素作为催化剂,通过辐射和影响推广到更广泛的区域,逐步带动整个片区;(2)对城市边角空间、碎片空间以及附属空间进行整合设计和再利用。二是基于社区原真性的公共空间微更新。包括:(1)通过查阅历史资料和记录居民口述史,挖掘特定场地的历史和传统文化,以展览和书籍编撰、宣传,保护场地的原真性;(2)对特定社区文化进行定位,利用设计更新微小公共空间的契机举办一系列社群

活动,并建立一定的运转机制,保留和塑造场地社区文化和邻里关系原真性。三是基于多元参与的公共空间微更新。包括:(1)在营造过程中建立多方协作的开放沟通平台,培养多元主体的合作;(2)建立所属街区和社区的责任规划师制度。通过聘任城市规划师、建筑师、风景园林师等多专业主体作为责任规划师,需要建立良性运转的责任规划师制度监督和维护微更新项目的可持续发展。

拓展阅读

日本北海道小樽运河的社区营造①

小樽市位于北海道西部,人口158 463人。100年前,小樽作为北海道的海上大门(煤炭输出港)发展起来,极尽繁荣,不少银行和企业纷纷来此发展,被人们称为"北方的华尔街"。宽40米、长1324米的小樽运河就是在小樽鼎盛时期的纪念碑。

由于运河两端后来都被堵死,泥沙很容易沉淀,一到夏天,淤泥臭气熏天。因此,将无用的运河填埋起来,建设成宽阔的干道,整体规划再开发,无疑是时代发展的必然趋势。由于所需预算不多,自然就选择将公有水面填埋起来的方案。

1973年12月,24位小樽市民组成了"小樽运河保存协会"筹备会,开始了长达10年、引起全日本舆论关注的小樽运河保存运动。到了1975年,协会会员增加到1200人,同时还争取到上万名赞成者的联合署名。同一年,札幌市的"小樽运河思考会"、东京的"热爱小樽运河协会"也相继成立。1983年,"小樽运河百人委员会"成立,并得到全市18万人口中过半数的9.8万人的联合署名,此时的运河保护运动达到了高潮,并在1984年促使"填埋运河"一事暂时被冻结。

小樽运河保存运动采取了"都市庆典"这样的社区营造方式。1978—1994年间举办的17届小樽港都庆典,就是一个促使人们共同认识运河魅力、重要性的环境学习活动。它通过在广场和历史建筑物中举办相声或演讲等活动,总共吸引了300万以上的人参加。在历史建筑物中举行演讲会和相声等活动,超越了日本向来所采用的冻结式(博物馆式)保存方法,具体实践了"历史性建筑物再生、再利用"的"新保存手法"。除小樽港都庆典之外,另一项重要活动就是举办"小樽运河研究讲座",讲座内容从小樽运河的历史开始,一直到小樽的社区营造,全面性地提出各种建言或各地的实例等加以讨论。此外,还有"小樽运河清扫计划"以及义卖活动等。所有这一切,使小樽运河保存运动远远超出了单纯的运河保存的层面,上升到重新认识小樽这个城市,以便进行社区营造运动的深度,加深了人们对小樽的认识与感情。

小樽运河保存运动的另一个特色是,由市民提出了运河与交通计划得以两全的解决方案。1980年变更的计划与1966年的填河计划相比,剩余的运河宽度增加了

---

① 张暄:《日本社区》,北京:中国社会出版社,2007年,第70~73页。

1倍,运河周围为较低的石板散步道,全长 220 米的散步道在 3 个地方立有雕像,还设置了 4 个小型书廊,恰好成为观光客最适当的拍照地点。

在市民运动的推动下,为了推动小樽整体性的景观整建,1983 年制定了《小樽市历史性建筑物及景观地区保全条例》。靠着后续的街屋整建工作,小樽一跃成为大受欢迎的观光胜地。

第三节　社区空间利用效率的提升

一、完善社区公共空间的功能

拥有了公共空间是社区开展服务的基础,要发挥各类空间的作用,还需要不断提升社区公共空间的功能。毕竟,空间只是服务的载体,真正发挥作用的是服务。而且随着现代居民和村民生活水平的提升,对于社区的服务需求日益增长,要求社区的公共空间不断随着居民需求而完善功能。例如社区养老服务中心的开办,可以在诊疗、取药、打针的基础上,增添日间照料、中医、康复理疗等功能。

具体而言,社区公共空间功能的完善主要包括以下几方面。一是从办理政府的公共服务,到提供多种多样的社会服务。社区在做好原有的公共服务功能的基础上,延伸出教育、文体活动、健康养老、餐饮等多种功能。二是依据所提供的服务,改进社区公共空间的设计。不同的功能要求具有特定的空间布局、设施和物资,随着新功能的增加,社区公共活动空间需要及时进行设计和调整。三是在社区公共空间里引进专业的服务机构。社区新功能的调整不仅表现在硬件条件上,也需要有必要的软件条件。引入专业的服务机构是提供功能的常见方式。在社区工作人员不足的情况下,要充分发挥志愿者的作用,开展各项日常工作。

二、灵活调整公共空间管理制度

一些社区虽然开设有图书阅览室、文体活动室,但往往只是在举办活动时才开放,日常由于管理人员不足、管理制度不完善,导致许多社区公共空间处于"闭门"状态。为此,通过改变管理机制,灵活调整社区公共空间的利用方式,也可以有效发挥起功能。例如,舞蹈室白天可以供退休人员在此开展各种文艺活动,晚上则可以用于许多年轻人下班后练瑜伽的需求。社区的自助书屋可以变为 24 小时开放,居民可随时在此读书、上网、小聚,社区公共资源得到了"白+黑"的充分利用。再如,一些社区开办的居家养老服务站未能得到充分利用,建立起来后却只有很少的老人使用,为此一方面需要广泛宣传,另一方面要调查和改进服务内容。

在利用公共空间上,社区还可以积极探索与驻地单位共享开放空间。包括一些驻地机构的活动室、图书馆、健身房等,可以通过协议共建的方式,让这些场所也向居民开放。

特别是社区可以与附近的中小学以及大学建立合作,一方面利用学校的设施为社区居民提供服务;另一方面也可以充分发挥社区空间协助青少年成长的功能。

三、持续开展社区营造

时至今日,社区空间营造已经发展成为多种专业、多个机构、多种人员参与的系统工程。以日本为例,在社区营造中涉及社区规划师、社区设计师、社区营造中心、艺术协调人、社会创业家、建筑设计事务所、景观设计事务所、土木设计事务所、产品设计师等多种多样的机构和专家。① 这就意味着,社区营造会随着城市发展越来越深入,越来越精细化。社区营造是一个持续开展的活动,通过持续的营造来提升社区空间的利用效率。

要做到可持续的社区公共空间营造,首先需要有一个强大的资源支持体系。政府、社区基金会以及周边企业、志愿者都可以成为支持体系的成员。其次,要形成多种专业机构。社区营造涉及规划、设计、建筑、艺术、资金等多方面的专业领域,需要有专业机构的参与。再次,要有持续改进社区空间和功能的意愿。通过持续的项目,让社区营造的效果能够得到不断积累和提升。

课后提升

一、必懂知识点

1. 社区智能化建设的新需求。
2. 社区碎片化地块的改造再利用方式。
3. 城市微更新背景下社区营造的方式。

二、应用练习

选择一个便于调查和参与的社区,完成下列任务:
1. 通过查阅资料或访谈,了解并记录该社区现有的公共空间和设施物资需要状况。
2. 通过访谈,了解并记录该社区公共空间和设施物资开发现状。
3. 针对该社区治理对公共空间需要状况,设计一份公共空间开发方案。

三、提问、解答与建议

如果你对本章内容有任何评论、疑问和建议,请扫描下方二维码后留言,我们将及时回复。

---

① 饶庭伸等:《社区营造工作指南:创建街区未来的63个工作方式》,上海:上海科技出版社,2018年。

第十章　社区自组织的培育与激活

社区自组织，又称为草根组织、自生型组织、社区社会组织，是社区治理的重要因素之一。通常在理论研究中称之为"社区自组织"，在政策文件中称之为"社区社会组织"。自组织的内涵较社区社会组织更为宽泛。究竟社区自组织在社区治理中具有怎样的独特作用？如何培育和激活社区自组织？要解答这些问题，需要结合社区治理的实际，从要素开发的视角来加以深入分析。

第一节　自组织在社区治理中的重要作用

社区自组织不仅与人力资源、资金、公共空间共同在社区治理中发挥作用，而且它作为居民参与治理的重要平台，作为社区服务的关键提供者，对于社区自治具有不可替代的作用。

一、自组织来源于居民的多样化需求

社区自组织主要由社区居民组成，在社区内开展各种公益与互益的松散的、通常未进行登记的群众性组织，主要包括社区居民文体娱乐团队和社区居民志愿组织。社区居民文体娱乐团队是由群众自发成立的，以健身、娱乐、休闲、公益服务为主要活动内容。社区居民志愿组织，则是在社区范围内居民基于志愿精神而组成，以社区区域为主要活动场所，为社区居民提供各种公益性、非营利性服务的团体。这些自组织通常达到社会团体的注册标准，因此只需要在街道办事处进行备案即可。

社区自组织的出现有着广泛的社会基础，一方面是社区居民的精神文化需求的日益增多；另一方面则是社区居民参与社区治理和服务意愿的增强。改革开放以来，随着人们生活水平的提高，居民的精神文化需求开始增多且呈现出多样化的特点，特别是一些退休之后的居民有充裕的时间和相对良好的身体，他们希望能够参与一些精神文化活动。在此背景下，在城市社区中大量的社区群众性团体蓬勃兴起。这些群众性自组织虽然规模比较小、结构较松散、运作不正规，却深受参与者的喜爱，不断得到发展壮大。同时，一些有能力的热心居民发现社区中的一些事务需要解决，开始自发建立群众性自组织，为社区居民提供某些方面的志愿或互助服务。随着社区自组织数量的增加和规模的壮大，一些地方政府开始将其纳入管理范围之内。例如，上海在2002年试点对社区群众团体进行登记备案的管理办法，规定社区成立10人以上群众活动团队需备案。实行了居委会管理、

街道备案,由居委会根据辖区居民的实际需要,制订社区群众团队相应的发展计划和活动计划,管理团队的日常活动。截至 2014 年年底,上海市共有各类群众活动团队 2 万多个。其活动内容包括合唱、舞蹈、戏曲、乐队、时装表演、书画、摄影、手工制作、健身、锣鼓腰鼓、舞龙舞狮、读书等。①

在广大农村社区,虽然一些村民也有文化精神需求,也出现了个别的群众性团体活动,但其组织性更弱,尚没有达到社区自组织的规模和结构。因此,目前所关注的社区自组织主要是指城市,特别是大中城市中的社区自组织。在一定程度上城市化水平越高、经济发展水平越高的社区,自组织也更为兴盛。

在 2017 年印发的《民政部关于培育发展社区社会组织的意见》中指出:"社区社会组织是由社区居民发起成立,在城乡社区开展为民服务、公益慈善、邻里互助、文体娱乐和农村生产技术服务等活动的社会组织。"提出力争到 2020 年,实现城市社区平均拥有不少于 10 个社区社会组织,农村社区平均拥有不少于 5 个社区社会组织。

2020 年,民政部关于印发《培育发展社区社会组织专项行动方案(2021—2023 年)》的通知中要求,到 2023 年,社区社会组织在结构布局上得到进一步优化,服务各类特殊群体能力进一步增强。落实分类登记管理要求,符合条件的社区社会组织要依法登记。实施社区社会组织培育发展计划、能力提升计划和作用发挥计划。

拓展阅读

NPO 组织:日本社区活动的主体力量②

NPO 是以市民为主体、参加社区建设的正式组织,其成员是作为一种职业参与活动,并将得到地方自治体和财团在信息和资金上的援助。日本 NPO 组织发展的一个重要契机是 1995 年的阪神大地震。日本第二次世界大战后最为严重的阪神、淡路大地震发生之后,曾经参加过神户建设的城市规划专家、建筑师和大学研究人员在一周之后组成了"阪神大震灾复兴支援网络"、发行刊物、设立复兴基金、召集市民与政府的协议会。参加神户救灾的志愿者总人数超过 100 万人,这一年成为"志愿者活动元年"。但是志愿者活动是一种临时性和个人性的行动,为了使之成为日常性组织,建立 NPO 组织就变得十分必要。1996 年,由企业和研究人员组成的日本 NPO 中心成立,提供全国各地的非营利组织的活动信息以及企业和政府提供援助的信息,推动了 NPO 活动的发展。其中,与社区建设有关的 NPO 活动主要包括美化环境、改善居住条件、保护地方文化、提供社会福利、建立居民交流网络等。1998 年 NPO 法案(《特定非营利活动促进法》)获得通过,该法使从事增进福利事业、振兴文化艺术体育事业、保护环境、提供灾害救助等 12 个领域活动的团体获得了法人资格,这些为不特定的多数人提供福利的民间团体,成为日本的社区活动的主体力量。

---

① 邱梦华:《城市社区治理》(第二版),北京:清华大学出版社,2019 年,第 179~180 页。
② 张暄:《日本社区》,北京:中国社会出版社,2007 年,第 235 页。

二、自组织是居民参与的重要平台

居民广泛参与是社区治理的重要条件之一，居民参与不仅有利于推进社区良性发展，而且有利于深化政治体制改革，推动社会整体变迁。但在总体上来看，无论是政治性参与还是非政治性参与，无论是组织化参与还是非组织化参与，居民的参与率都较低。在参与主体上，居民参与主体存在着分布不均衡的现象。一般来说，已经退休的老人、有参与要求的中小学生和有最低生活保障的家庭成为积极参加活动的三类群体。在参与的内容层次上，则较多地参与简单、具体的粗放型活动，对于社区决策、自治管理、社区居（村）委会领导人的选举等，参与人数和频率明显减少。在居民参与方式上比较单一，以被动执行为主。[1]

概括而言，居民参与社区治理主要有三种途径。第一种途径是个体化的参与方式，即居民直接参与社区治理；另外两种是组织化的参与方式，即通过参加社区自治组织、社会组织及其活动，来参与到社区公共事务中。如果缺乏足够的社区自组织，居民个体参与社区治理不仅缺乏合理的渠道，也缺乏应有的力量。谢尔·阿斯汀（Sherr Arnstein）按照参与自主性程度的变化，提出"公民参与阶梯理论"，将参与由低到高分为递进发展的三个阶段八种形式：操控、引导、告知、咨询、劝解、合作、授权、公众控制。[2] 居民通过自组织参与到社区治理中，才更容易上升到更高等级的自主性程度。研究表明，居委会的善治程度与居民参与志愿服务的程度成正相关。

不过，当前居民通过社区自组织参与社区治理还存在着一些困难。其一是社区自组织本身规模较小，运行不够正规，难以对社区治理施加更大影响力。其二是社区自组织不容易获得居民的信任。其三是社区组织大多数的活动范围局限在文体娱乐、环境维护等方面，对于涉及社区发展、权益维护等重大公共性问题，则难以有充分的发言权，居民参与的积极性也就不高。

三、自组织是社区服务的提供者

大部分社区自组织最初成立的时候或许是为了互助共益，不过一旦开始运行后，就在客观上成为社区居民的某一领域服务的提供者。这些服务最初会局限于自组织的成员，然后逐步扩展到社区其他居民的服务提供上。当自组织提供的服务被社区需要时，就有可能被纳入社区或街道的服务购买项目，这将推动社区自组织的更高水平的发展。

以上海市徐汇区天平街道建国西路287号的互帮互助联谊会为例。该社区很小，只有72户居民，他们普遍年龄较大，且独居老人家庭和纯老家庭比较多。住在该小区的原上海市教委主任张伟江有一次发现小区的电梯坏了，有个老人被困在里面，很多居民守在电梯外手足无措。他马上拨打了一个救险电话，帮助老人脱困。之后，他感觉到有必要做一个互帮互助联谊会去帮助社区的老年人。经过努力，有越来越多的老人加入了联谊会。

---

[1] 邱梦华：《城市社区治理》（第二版），北京：清华大学出版社，2019年版，第205页。
[2] 李雪萍：《社区参与在路上》，北京：中国社会科学出版社，2015年，第198页。

联谊会也制定了章程,需要缴纳会费。联谊会编写了《居家养老的百事通》,印出来后发给每户居民和每个老人。这个自组织建立后不仅为社区老人提供了大量服务,而且也为社区提供了各类服务。当社区居委会要开展垃圾分类的宣传或文明楼道的活动时,通过互帮互助联谊会一招呼,大家都纷纷配合行动。① 随着这样的有组织力、有动员能力、呼应度高的社区自组织的增多,社区居民所能获得服务的数量和品质也将得到提升。

第二节 社区自组织的培育

在社区自组织数量上,农村社区普遍少于城市社区。在城市的不同社区中,社区自组织的数量差别也较大。通常来看,那些社区自组织较多的社区,都离不开社区党支部、居委会以及社会组织的积极培育。

一、关注居民的内在需求

社区自组织的出现是对社区某些服务短缺的回应,而非是为了建立而建立。对于社区所缺乏的服务,日常生活的居民是最早感受到且有意愿寻求改变的。他们通常会表达出对所缺乏需求的诉求,并进而进行小规模的交流。但真正采取行动,则需要形成必要规模的自组织。社区居民的服务需求并非是单一的,而是多方面和不断发展的。当一些较为紧迫、较容易提供的服务需求得到满足后,一些不太紧迫或难于提供的深层次需求就会凸显出来。从这个意义上来说,社区自组织会在不同时期出现,是需要持续进行关注和培育的。

当社区居委会、社区党支部以及社会组织试图去培育社区自组织时,首先要做的是对社区居民需求的了解。对社区居民需求的关注和了解主要通过人口特征分析、问卷调查、访谈交流等方式进行。例如,对于一个农转非安置社区而言,通过对居民的年龄、职业的分析和调查可以了解到社区的娱乐设施很少,居民的业余生活单调,文娱和社会交往服务需求普遍存在。如果是一个退休人员较多的社区,则居民平时没有什么事情可做,空闲时间较多,养老服务和文化服务就是发展社区自组织的主要方向。

当前在许多城市中普遍存在的一个难题是无物业小区。从其本质上看,是这些小区既缺乏正式的组织业主委员会,也缺乏居民自管会这样的自组织。由此不仅导致了小区内各项服务缺乏,也引发了许多治理难题。为此,需要培育社区自组织,逐步建立其社区自管会、业主委员会。通常的做法是通过调查小区居民的最迫切的共同需求,先组建楼栋单元小组,共同管理楼栋事务,比如垃圾清理、设施设备管理、楼栋公共安全等日常事务。其次,构建楼院协管会或居民小组,扩大和提升日常事务的管理服务能力。再次,整合小区资源,联动居民小组及物业管理,通过公共参与、公开竞选、公正选举的形式选举业委会成员,成立小区业委会。

---

① 闫加伟:《社区治理方法论》,上海:上海三联书店,2019年,第151~153页。

拓展阅读

物业不作为，小区自管会成新趋势吗？[①]

西安唯一的业主自管小区，一年结余物业费 83 万元。消息传出来，各地居民羡慕又嫉妒。这几年来，业主能够自管的小区越来越多，年度财务结算盈余的消息一个个传来，我们这些每年交着高昂物业费、连物业财务收支都一头雾水的业主们，算是明白了自己的钱是怎么被赚走的。

西安这个业主自管小区并不是一个规模很大的小区，三栋楼，有 304 家住户，6 家商户，全年共缴物业费 90.53 万元，合算到每户约 3000 元，在当地，这是比较普通的收费标准。90 万的物业费，却结余了 83 万，给人的印象是业主都不用缴物业费了。还真是这样，停车费、广告费和门禁卡等多项收入就达到了 50 万。这些额外的收入就足够支付小区的安保、卫生、日常维护、垃圾处理和公共区域的电费了。

物业的日常经营可以多节省？河南新乡的一个业主自管小区的账目更直白，这个小区的物业费每平方米每个月只有 0.2 元，已经坚持了 10 年。并且，它并没有像绝大多数物业那样靠停车费补贴物业的不足，它的车位费也只有 35 元/月。这个小区似乎也没有过多的额外收入，小区有 10 栋居民楼、426 户居民、260 个车位，全年收费不到 25 万。这 25 万的收入雇用了 3 名保安、6 名保洁员、1 名水电工和 1 名园艺工。人员精干，业委会都是兼职，也做到了管理有序，服务一点也不比周边小区差。山西太原一小区业主自治 5 年，物业费仅为每月每平方米 0.45 元，也做到了道路干净、垃圾桶整洁、车辆停放有序。

何为业主自管？表面上，似乎就是业主们组织业委会，并驱逐专业的物业服务企业出小区，由业主们全面接管小区并自行实施物业服务的行为。但大多数情况下并不是业主驱逐物业，而是物业无奈撤离。比如前述的新乡的小区，原来也没成立业委会，业主和物业矛盾积累已久，大多数业主都不缴纳物业费，物业收不到钱，通过法院讨要又"法不责众"，于是不得不撤出。物业离开后业主们反而团结起来了，业委会顺利成立，大家一起制定了相当低廉的物业费标准。人心齐，百分百缴纳，虽价格低，却能覆盖日常的经营管理。

二、发现和培养社区自组织领袖

在一个陌生人社区中，要形成自组织并不是一件容易的事，建立自组织最重要的一步是利用共同点的关系使得一群人越聚越密。通常需要一些发起人，或者所谓的"能人"，让他们形成组织，由他们的关系网进行动员，成为社区自组织的领袖。社区自组织领袖通常有社会地位、社区威望，他（她）能够有效地影响社区内其他成员的态度和行为，承担起带

[①] https://www.wxnmh.com/thread-7756277.html.

头人的作用。社区的楼栋长、退休的社区干部、有威望的老党员、有特殊手艺的能人,等等,他们都是培育社区自组织中的重要的领袖人选。社区自组织领袖先是在自己人脉网中开始动员,动员过程就是一个大能人带动一群小能人,小能人又动员自己的人脉网。一个团体就在这样滚雪球的过程中慢慢扩张、逐渐成形。

对于社区居委会和党支部而言,无论是自己培育社区自组织,还是通过社会组织培育社区自组织,首要的是发现社区能人或社区自组织领袖。发现社区自组织领袖的方式主要有参与观察、调查问询、交流沟通。通过观察现有自组织的活动,调查了解谁是发起人和积极参与者,沟通了解这些发起人和积极参与者的职业、能力、意愿等情况,鼓励他们带领自组织在社区治理中发挥作用。也可以通过召开会议的方式,将社区内的自组织领袖、积极分子以及其他能人聚集在一起,共同讨论自组织的发展方向、活动内容、培育所需资源等。

由于大部分的社区自组织领袖并不具有专业的社区治理经验,也缺乏经营管理组织的能力。在此情况下,社区居委会需要在发现了自组织领袖后,进一步着力培养和引导这些社区能人。通常会将自组织领袖送到专门的社会组织孵化机构中进行培训学习,让他们掌握社会组织的各项专业能力,获得必要的组织发展资源。

拓展阅读

社工介入自组织培育的实务开展——以"左邻右里"合唱班培育为例

三、引导自组织进行规范化建设

社区自组织从出现到发展,通常经过多个阶段。包括:(1)社会网的联结,即社区居民之间、家庭之间建立起交流合作的社会网络;(2)小团体产生,即一些具有共同目标或诉求的居民形成了更为紧密的连接,内部连接多于外部;(3)团体认同产生,即小团体基于某种身份、理想或利益形成团体认同;(4)团体目标产生,即提出团体具体要实现的目标,这是集体行动的前提;(5)团体规则产生,即团体内部提出了成文或不成文的规则,大部分成员愿意遵守该规则;(6)集体监督的机制,即为了确保规则能够执行,建立相应的集体监督机制。通常来说,社区自组织经过上述几个阶段后,就逐步增强了组织性,具有更强大的功能。

为了促进社区自组织能够更好地为社区居民提供服务、参与到社区治理中,需要持续引导社区自组织的规范化建设。通常而言,自组织的建设主要内容包括增加自组织的成员数量,不断扩大组织规模,增进组织功能;建立自组织章程,明确组织的目标愿景和管理规则;积极开展自组织活动,持续提供社区服务。

第三节　社区自组织的运行与升级

社区自组织作为一种自发的、非正式的组织所具有的功能有限。对于一部分具有稳定功能的社区自组织,在备案为社区社会组织可以引导升级为社会组织或社会企业,从而使其在社区治理中发挥更加重要的功能。

一、社区自组织功能定位的转变

社区自组织在建立后通常就面临着未来发展的选择。有些自组织随着最初的目标或互助服务不再需要而衰落消失;有的自组织则坚持在原有服务领域活动,停留在非正式的状况下;有些自组织则确立了新的功能定位,逐步升级成为社会组织或社会企业。从一个自发的组织,发展成为一个有能力的社会组织,再发展成为社区治理重要参与者的活跃组织。

确立新的功能定位是社区自组织升级的重要前提。因为大多数社区自组织最初成立时都是面对简单的、直接的和容易的问题而发起的,所提供的服务和具有的功能也是较低层次的。但是随着社会的发展和自组织本身认识的转变,原有的服务和功能不再需要,而新的服务和功能则无人承担。在此情况下,社区自组织就有可能实现其功能定位的转变。前文所述的建国西路287号的互帮互助联谊会就是如此,在联谊会具有良好的服务老人、服务居民的功能后,该组织的领袖张伟江提出,要建一个活动型的党支部,让党员带头,做服务老人的先锋,把社区里面"隐身"的党员动员起来。这个支部还和临近的楼宇物业与企业党组织共建联建。这样的转变,就让该自组织的功能从服务老人转变为社区联动。

二、社区自组织升级为社会组织

社会组织有三种形式:社会团体、民办非企业单位和基金会。对于社区自组织而言,最有可能升级为民办非企业单位或者社会服务机构。作为一个社会组织,不仅要求建立稳定的规则与规章制度、成员地位、角色义务,还要具有合法运行所需的其他条件。包括确定组织的类型和合适的主管单位;确立规范的组织名称;必要的组织成员和资金;组织章程和领导团队,等等。

对于社区自组织而言,完成登记注册程序只是升级成为社会服务机构的第一步。真正比较考验地是成为社会服务机构之后资源的获得和服务的开展。具体而言,社会服务机构需要获得社区或政府采购项目,才能够保障必要的专职人员和志愿者,才能够提供高质量的服务。这与作为群众性互助互益的松散的社区自组织有着根本的不同。如果无法获得持续的社会服务项目,社会服务机构的生存和发展都受到挑战。如果缺乏足够的专职人员和专业技能,则不容易获得服务项目。因此,只有存在着稳定的服务需求和项目保障情况下,社区自组织才具有充分的条件升级转变为社会组织。

三、社区自组织升级为社会企业

社会企业概念最早来自1994年经济合作与发展组织（OECD）为了解决工人就业问题提出的新思路。之后，OECD又进一步将社会企业扩展为"任何为公共利益而进行的私人活动"。英国社会企业联盟（SEUK）更将社会企业简单描述为："运用商业手段，实现社会目的。"这个定义得到广泛传播，成为大多数社会企业界定的基础。例如，有的学者认为，社会企业是以追求社会效益最大化为根本目标，依靠提供产品或服务等商业手段解决社会问题，并取得可测量的社会成果的企业、合作社或社会组织。有的研究认为，社会企业是商业企业和非营利组织的混合体，它在实现营利的前提下，通过经营收益的再投资实现创造社会价值并解决社会问题的目标。一些研究将社会企业看作是纯商业组织、纯慈善组织之外的第三种类型。不同于纯商业组织"追求自利"，纯慈善组织的"公益诉求"，社会企业的动机是"混合动机"。

在关注和回应社会问题方面，社会企业在促进就业、弱势群体的社会照料、扶贫治理、医疗卫生服务、教育服务等公共服务领域的社会价值得到学界的一致认可。在实践中，社会企业是采用商业运营模式和创新筹资方式，主要由下岗妇女、残障人士、低技术工人、失业人士等社会弱势群体组成工作或服务团队，售卖商品或提供有偿服务，利润不分红或有限分红的公益社会组织。对于一些社区自组织而言，可以选择升级成为社会企业。这样做的好处是能够通过商业化的经营实现组织的发展，发挥自组织原先所具有的社区资源；所面对的挑战则是要求社区自组织具有公益性的项目和一定的商业经营能力。虽然目前具备社会企业的社区自组织还很少，但在未来或许能够成为一种选择。

课后提升

一、必懂知识点

1. 社区自组织是居民参与治理的重要平台。
2. 社区自组织成长的多个阶段。
3. 社会企业的内涵与功能。

二、应用练习

选择一个便于调查和参与的社区，完成下列任务：

1. 通过查阅资料或访谈，了解并记录该社区现有社区自组织发展状况。
2. 针对该社区治理对自组织需要状况，设计一份自组织开发方案。

三、提问、解答与建议

如果你对本章内容有任何评论、疑问和建议，请扫描下方二维码后留言，我们将及时回复。

第四篇　服务升级篇

第十一章　社区教育与文化服务的创新升级

居（村）民的思想观念和知识技能是社区治理的重要基础，在一定程度上影响着社区治理的发展状态。教育和文化服务几乎是每一个社区都应该重视和着力推进的。为此，需要深入探讨：社区教育与文化服务具有哪些内在需求和功能？社区教育与文化服务应该如何进行组织层面和制度层面的创新？对此，本文将应用前文的相关理论，结合中国社区教育与文化服务的实际，进行深入分析。

第一节　社区教育与文化服务的需求与意义

几乎每一位居（村）民都有着特定的社区教育和文化服务的需求。满足这些不同类型的教育和文化服务需求，不仅有助于提升人力资本，丰富精神生活，而且具有十分重要的消除社会不平等的功能。

一、社区教育和文化服务的多层次需求

社区教育和文化服务的内容非常复杂多样，这是因为社区居（村）民的层次差异和发展差异引致的。社区教育担负着终身教育和大众教育的使命，要求在办学上采取多样性的教学模式。受教育对象的学历层次、年龄结构、就业状况、身体状况等都使得社区教育需求呈现出多样化。同时，社区教育是一种接纳力和反应快速很强的教育形式，能够与社会发展的需求随时发生相应变化。也就是说，特色社区教育能在"第一时间"内对社会需求进行分辨，社区教育需要成为社区教育目标、内容、教学方法等要素不断调整的决定因素。

文化服务具有超越狭义教育所具有的教化功能。社区教育通常与文化活动结合起来，通过多种形式的文化活动和服务，开展有关国家政策、社区发展、娱乐文化等方面的展示传播，满足居民的精神文化需求。同样，在社区的教育活动中，也会融入许多文化服务的内容，发挥道德教化和精神娱乐的作用。

美国对社区教育的定义是宽泛的，即利用多种资金来源（公共、私人、联邦、州和地方政府的资金）；利用公立学校、公共图书馆等公共设施；通过社区内各部门、机构、企业的合作；根据社会发展的需要，设置教育培训课程（职业培训教育、补偿教育、特殊教育、终身教育、归化入籍教育、改造教育），传授满足自身发展和自身完善的普及性、实用性的知识。其教育对象囊括所有年龄、阶层、种族、教育程度的人。在日本，社区教育既包括针对年轻

夫妇进行的家庭教育和育儿教育;还包括为充实社区内青少年的业余生活而进行的青少年教育;更有为社区范围内所有成年人提供的适合其工作和生活所需的成人教育;为社区内所有家庭主妇提供家政学习与参与社会活动的妇女教育;以及为满足老年人精神需求所提供的各种社交活动与继续学习机会的老人教育等。①

概括而言,社区中主要的教育需求包括:青少年补充性教育和文化服务;就业导向的技能提升教育;注重精神生活的老年教育和文化服务。在教育形式和方法上可以采取多种样式:(1)讲座、讲演、座谈、展示等;(2)函授及利用视听教育;(3)学校开放;(4)利用社会教育设施等。

二、社区教育是终身学习的有效场所

社区教育成为终身教育的有效载体,成为人们终生学习的最有效率的场所之一。深入来看,"构建服务全民终身学习的教育体系"由"全民终身学习"和"教育体系"两个部分组成,全民终身学习是服务的目标,教育体系是满足这一目标的条件。这两者之间存在着密切的联系,后者需要适应前者的新进展而变化。理论研究表明,终身学习的主体是学习者,强调个人为了满足一生中不同阶段的各种学习需求所进行的持续性学习。终身学习不仅向书本学习,还可以向一切有经验的人和事学习,向社会和大自然学习。学习可能发生在学校中,也可能发生在家庭和工作场所中,如读书会、社区活动、家庭生活等。② 而教育体系则着眼于建立各种教育机构,提供各种教育场所和机会,建立和架构一个使学习者能够实现终身学习的体系,使人们各种学习需求得以保障。因此,包括中国在内的国际社会大都把服务全民终身学习的工作重点放在教育机构建设、教育机会保障和教育体系的完善上。自20世纪80年代末开始,"终身学习"术语逐步取代"终身教育",成为制定国家政策或法令的专用术语。③

《中国教育现代化2035》指出要"扩大社区教育资源供给,加快发展城乡社区老年教育,推动各类学习型组织建设"。这不仅提出社区教育的内容和要求,也为服务全民终身学习的教育体系的构建提供了可能的方向。因为社区是新的居民生活空间和交往共同体,除了学校外,居民的绝大多数学习是在社区内完成的。国内外的大量社区教育研究也表明了这一点,将社区教育看作终身学习的依托。④ 对国际社区教育的研究展现了其在服务全民终身学习上的重要作用。北欧各国将社区教育看作终身教育体系中的第三级教育,将之视为民众提升成人工作、生活、学习的生活方式与福利事业的基本权利与关键途径。

我国社区教育是从20世纪80年代中期兴起,已经形成了多种模式,具有多个部门和渠道建立的社会教育平台。例如,民政部从社区建设切入社区教育;宣传部从构建学习型城市切入社区教育;文明办从建设文明城市、新时代文明实践点切入社区教育;劳动部从

---

① 张暄:《日本社区》,北京:中国社会出版社,2007年,第104、108~109页。
② 厉以贤:《终身学习视野中的社区教育》,《中国远程教育》,2007年第5期。
③ 何思颖、何光全:《终身教育百年:从终身教育到终身学习》,《现代远程教育研究》,2019年第1期。
④ 朱志坚:《终身学习理念下的社区教育工作策略》,《成才之路》,2017年第6期。

劳动技能培训切入社区教育、人事部、组织部从干部培训切入社区教育;司法部从法制教育切入社区教育;妇联从家庭教育、学习型家庭切入社区教育,等等。在社区教育得到全面兴起的同时,社区内的各种教育资源和相应机构的整合、协调和互动问题逐步成为最大瓶颈。因此,激活社区多种资源,构建基于社区的全民终身学习的教育体系成为亟待解决的现实问题。

三、社区教育具有平等的再生产功能

社区教育为当地各种年龄段的局面提供受教育机会,既满足了各类在职人员更新知识、提高水平的需要,也能满足失业人员学习新技能以寻找新的就业机会的需求。例如,美国社区学院承担着多元职能,其核心是为社区内成员教育进行"再补偿",帮助在职人员、失业人员、家庭妇女、退休老人、少数族裔、学业未能完成者等进一步学习。日本社区教育立足"国民受教育的权利"和"教育的机会均等",要求为国民提供最基本的生活、学习、生存需求。[①]

由于社区教育的创办者通常都是基于具有特定的使命感和社会责任,而非单纯是为了营利。这种使命感和社会责任会提供不同于以培养精英为主的学校教育,通常倾向于实现某种理想或解决某些社会问题,在收费上通常较低甚至免费,能够为中低收入群体所负担得起,具有明显的公益性。由此,社区教育具有平等的再生产的独特功能。即一些低收入群体能够通过社会教育获得教育机会,从而实现就业,获得更高收入水平和事业的成功,他们又会将财富投入到社会教育之中。一个典型的事例是美国富商安德鲁·卡内基,他在全美国捐助了1689所公共图书馆,他这样做的原因是因为在他儿时曾经有一位富豪允许卡内基和其他儿童使用他的私人图书馆,卡内基成功后他用捐助公共图书馆的方式来偿还儿时对那位富豪的亏欠。

进一步来看,社区教育不仅能够使低收入群体获得知识技能和更多教育机会,让他们进一步提高收入水平,实现人生"翻转",弱化阶层固化的"壁垒";而且社区教育还能够让低收入群体在提升主观社会地位和个体幸福感方面获益良多。因此,当主流的学校教育及家庭背景在不断拉大收入差距的同时,社区教育却扮演了一个"对冲性"角色。从而使得总体上收入差距趋于收敛并位于可控范围内,而非出现两极分化的绝对鸿沟。在一定意义上来看,英、法、美收入差距的长期持续下降后保持平稳的态势背后可能是其持续发展的社区教育的"对冲"作用。也就是说,这些国家在存在着学校教育的不平等再生产机制的同时,还存在着社区教育的平等的再生产的机制。

[①] 国卉男、赵华、李珺:《比较视野下社区教育的均衡化发展》,《中国远程教育》,2019年第3期。

 拓展阅读

社区大学的优势①

第一个优势是从社区大学转到州里的公立大学有非常多的优惠政策。以加州为例,每年很多加州社区大学的学生,都能够转入加州大学系统和加州州立大学系统的学校。例如加州大学伯克利分校(以下简称伯克利),加州政府规定伯克利每年必须要从社区大学招收600~700位转学生,对于很多成绩不是特别理想,或者标化考试准备得不太充分的同学来说,选择社区大学是进入加州大学这类比较顶级的大学的一个捷径。2017年伯克利的新生录取率为15%,棕榈去年从社区大学转到伯克利的学生的录取率为20%,去年加州大学洛杉矶分校(以下简称洛杉矶分校)的新生录取率是16%,棕榈从社区大学转到洛杉矶分校的学生录取率是26%。由此可见转学的录取率要比新生申请的录取率高得多,而且流程也简单很多。

社区大学的第二个优势是性价比很高。几乎所有的社区大学都是公立学校,有政府的基金支持,所以学费低廉,国际生每年的学费在7000美金到10 000美金,而加州系统大学每年的学费大概在40 000美金左右。所以很多成绩非常好的美国本地学生也会先去社区大学读两年,然后再转到加州大学系统里面的学校,因为最后拿到的文凭是一样的。

社区大学的第三个优势是资源优势。很多人觉得社区大学是两年制的大学,学校的师资会不太好,其实不是的。社区大学的教职工基本上都是硕士或者博士,大部分教师都是全职教师,社区大学周边大学的教授也会在社区大学做兼职教师,教一些专业课程,所以社区大学的师资是非常不错的。对于准备不太充分的国际学生来说,社区大学是一个非常好的选择,因为社区大学的门槛比较低。比如加州的社区大学对于托福的要求一般是60分左右,有的学校要求更低,托福达到45分就可以申请了。有些学生的托福成绩没有达到45,或者没有托福成绩,也可以从语言学校读起,在达到了一定的分数之后,就可以自动进入社区大学。

第二节 社区教育与文化服务升级的路径选择

社区教育与文化服务的组织创新是指通过增加各种类型的新的教育机构,利用不同的运行机制,从而满足社区多样化的教育和文化需求的过程。从运行机制来划分,主要有三类社区教育和文化服务的创新性的组织形式:市场化组织、互助性自组织和公益性组织。

---

① 李忆华、王莉芬:《美国社区学院"活力"探析》,《内蒙古师范大学学报》(教育科学版),2014年第3期。

一、市场化的社区教育和文化服务组织

市场化的社区教育和文化服务组织的最主要特征是通过收费来提供相应的服务,虽然通常来说社区的教育和文化服务组织的收费较为低廉,但在本质上仍然是一种契约和交易。收费的社区教育和文化组织的优势在于能够可持续发展,也有利于提升服务质量。最有代表性的市场化教育组织是社区学院,此外,一些收费的社区老年大学、文化艺术培训也属于这一类的组织创新。

美国的社区学院最为典型。由于这些教育机构一部分为公立,多半为地方社区所举办,故一般称为社区学院。社区学院从20世纪初开始萌芽,到了20世纪40年代至80年代获得快速发展,21世纪进入再调整阶段。长期以来,社区学院是美国低收入家庭、未能为四年制大学做好准备的学生以及在职人员等继续接受高等教育的一条重要途径。社区学院能够将大学转学课程教育、职业教育和发展教育的三大教育职能融合在一起。社区大学按照学生的不同需求提供三大类课程:语言培训课程、学士转学课程、职业技术教育等。社区学院的优点是:入学条件简单,不限年龄;学习时间灵活,有全日制、半日制、周末、夜间课程的多种选择;修业年限较短;收费低廉;针对本地区需要开设课程,便于就业。一些社区学院提倡"以学生为中心"的教育理念,例如佩拉尔塔社区学院的举措包括便捷的校园位置、宽松的入学条件、全面而细致的校园服务、及时到位的财政资助、有针对性的课程设置等。截至2017年,美国共有1108所社区学院,在校生共1220万人,约占美国大学生数的一半。

从供给侧来看,每个社区学院建立发展背后都离不开各类信仰和慈善组织的支持。在推动社区学院的发展中,社区基金会发挥着重要作用。以代顿基金会为例,该基金会是一家成立于1921年的社区基金会,发起人为牧师和社会工作者加兰(D. Frank Garland),他得到了著名的有革新思想的企业家帕特森(John H. Patterson)的支持。该基金会的宗旨是"援助最需要的人",在社区学院发展与教育改革中发挥了重要作用。辛克莱(Sinclair)社区学院在1961遇到困难,后来在代顿基金会的协助下不仅成为代顿地区著名的社区学院,而且它的一套既培养专科实用人才,又与正规大学衔接的制度也成了美国社区学院的典范。[①] 从需求侧而言,每年上千万的在校生在一定程度上展现了普遍较高的灵性资本的驱动力。在这些毕业生中既有曾经就读过加州西方学院两年的美国总统奥巴马,也有苹果公司的两位创始人乔布斯和斯蒂夫·沃兹尼亚克,他们一起就读于旧金山附近的一所社区大学——迪安萨学院。

社区学院在改变低收入群体的社会地位,促进社会流动方面的成就有目共睹。在《世界不平等报告 2018》中就指出,在洛杉矶的格兰岱尔社区学院(Glendale Community College in Los Angeles),32%的学生来自最低20%收入的家庭,而只有14%的学生来自

---

① 资中筠:《财富的责任与资本主义演变:美国百年公益发展的启示》,上海:上海三联书店,2015年,第186～87页。

于最高收入20%的家庭。① 而且,低收入家庭的学生有很高的入学率的同时也有很高的成功率。正因为如此,社区学院被美国总统奥巴马誉为"美国教育体系中的无名英雄",认为其为美国经济繁荣和中产阶层的扩大起到了中流砥柱的作用。作为美国进行高等职业教育、培养应用型人才的重要机构,社区学院在帮助学生就业、提高薪酬及改善生活水平方面发挥重要作用。

对于中国而言,社区学院在培养人力资源,解决就业问题,完善社区服务等方面具有重要的现实意义。一些城市已经开始探索社区学院的建立,形成了不同的模式。例如,2001年,北京市海淀区中关村社区学院挂牌,该学院面向200多万居民,整合全区资源,依托海淀区内56所高校和213个科研机构,组成中心校、学区和街道培训中心三级办学网络。其中中心校由海淀职工大学等6所学校合并而成。5个学区,有北京大学应用文理学院、海淀走读大学成教学院和新东方学校等。街道培训中心包括海淀区卫生学校等4所成人学校,海淀街道、永丰乡、聂各庄乡等7个街乡社区教育培训中心及各街乡(镇)市民文明学校。该办学网络,将在社区内开展继续教育、居民的休闲教育和转岗下岗培训教育等,使每位居民都有终身参与学习的机会。再如,2018年湖南师范大学岳麓区西湖街道龙王港社区学院成立。这是长沙首家真正意义上的社区学院。学院采取"区校共建"模式,将依托湖南师范大学优质的教育资源与办学经验,开展职业技能培训、素质修养等课程,让有需求的市民在家门口就能"上学"。

不过,从总体上来看,在广大城乡社区中,包括社区学院在内的市场化教育和文化服务组织还相当少。而且现有的社区学院在办学主体、办学资源、学历对接等方面还存在着困难。迫切需要积极的组织层面的创新,推动社区学院在更多地区创立。

二、互助性社区教育和文化服务组织

互助性的社区教育和文化服务组织主要是居民自组织。居民自组织具有学习功能、治理功能,特别是一些学习型自组织能够成为服务全民终身学习的教育体系的有机组成部分。这些学习型自组织是由居住在一起,有着共同空间和利益的社区居民所构成,所以可以较好地形成信任机制、互惠机制、监督机制和扩散机制,为自组织的良性发展奠定了基础。

在社区中具有大量潜在的教育资源,包括空间资源、人力资源、资金、技术等。这些教育资源完全可以用于构建面向全民终身学习的教育体系。学习型自组织是将这些资源从居民家庭中激发出来,通过组织化的手段,转变为青少年教育、特殊群体教育、再就业教育等社区教育项目,从而形成社区教育有效供给,满足终身学习的需求。

互助的学习型自组织也可以有效开发居民终身学习需求。"学习能量"的激发有助于发挥学习者的主观能动性并服务于其终身成长需求。传统社会里,终身学习的潜在需求很难被激发出来,人们或者付不起过高的费用,或者是缺乏学习的动力。但是从社区中生长起来的学习型组织所提供的社区教育天然就具有开放共享、灵活低费、互教互学、群聚

---

① World Inequality Report 2018[R]. https://wir2018.wid.world. p.271.

效应、网络学习、公益参与等特质。一方面可以提供费用低廉的学习机会,另一方面所采取的学习方式灵活多样,学习参与性强,从而能够满足社区居民多样化的终身学习的需求,吸引更多居民参与到终身学习中。基于对互助的学习型自组织等机构的调查和分析,我们总结出了激活服务全民终身学习的社区教育资源的内在机制(见图11-1)。

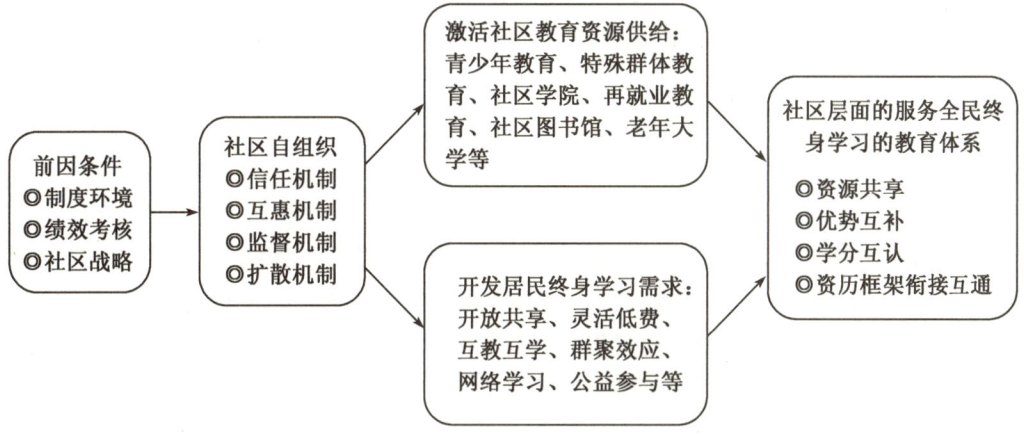

图11-1 服务全民终身学习的社区教育资源激活机制

三、公益性社区教育和文化组织

在社区中,还有大量由政府、社区或公益组织提供的免费教育及文化服务。这一类的公益性组织通过提供各类免费的项目、课程或活动,来促进社区居(村)民科学技术和文化生活的提升。

基于社区教育在服务终身学习上的重要作用,各国采取了多种支持社区教育的做法。在美国,社区教育获得居民、州及联邦的立法和资金支持,社区学院和社区图书馆是社区教育的重要载体。日本、美国和新加坡等发达国家已经创造了"学社融合"、PTA、COMPASS等经验与理论,有效解决了社区教育资源缺乏的问题。[1] 一些国家通过个体参与草根社区组织、社区集体行动等方式,有效促进了社区教育发展。在中国,各级政府的采购项目中包含了许多以教育和文化服务为主要内容的项目,最终落地在社区中。这些来自政府的支持,成为许多公益性社区教育服务组织的基础。

社区自身也经常成为公益性教育和文化服务的支持者,通过项目沟通,为居民提供免费的课程或活动。一些基金会等慈善和公益组织也会提供面向社区教育和文化服务的项目,以此推动社区发展。此外,公益性社区教育服务也广泛利用附近的图书馆、博物馆、公民馆等公共空间举办课程或活动。这些多样化的资源整合后,共同为公益性社区教育和文化服务组织的出现和发展提供了可能。

---

[1] 庞庆举:《社会治理视野中的社区教育力及其提升研究》,《教育发展研究》,2016年第7期。

第三节　社区教育和文化服务升级的制度保障

在多样化社区教育和文化服务组织成长的同时,社区教育的深入开展还需要有一系列的制度保障。对于中国的社区教育而言,制度创新的任务还相当重,需要在社区教育立法、基础性条件保障和促进教育与社会互动上进行探索。

一、完善社区教育的立法

社区教育的创新,需要一系列相关法律的支持。以日本为例,其与社区教育相关的法律就有《日本国宪法》《教育基本法》《社会教育法》《图书馆法》《博物馆法》等。在日本的《社会教育法》第3条中对国家及地方公共团体的义务做出规定:"国家及地方公共团体必须依据本法及其他法令的规定,通过设置和运营奖励社会教育所必需的设施,举办集会、制作与颁发资料以及其他方法,努力创造环境,以便全体国民能够利用一切机会和一切场所,自主地根据实际生活需要提高文化教养水平。"

在《中华人民共和国宪法》中,第四十六条规定:中华人民共和国公民有受教育的权利和义务。国家培养青年、少年、儿童在品德、智力、体质等方面全面发展。第四十七条规定:中华人民共和国公民有进行科学研究、文学艺术创作和其他文化活动的自由。国家对于从事教育、科学、技术、文学、艺术和其他文化事业的公民的有益于人民的创造性工作,给以鼓励和帮助。在《中华人民共和国教育法》中,第五十一条规定:学校及其他教育机构应当同基层群众性自治组织、企业事业组织、社会团体相互配合,加强对未成年人的校外教育工作。第五十二条规定:国家鼓励社会团体、社会文化机构及其他社会组织和个人开展有益于受教育者身心健康的社会文化教育活动。

2016年,教育部、民政部、科技部等9部委联合下发了《关于进一步推进社区教育发展的意见》,提出要整合包括学校、社区、社会在内的所有教育资源。要求开放共享学校资源,鼓励各级各类学校充分利用场地设施、课程资源、师资、教学实训设备等积极筹办和参与社区教育。充分利用社区文化、科学普及、体育健身等各类资源,发掘教育内涵,组织开展社区教育活动,实现一个场所、多种功能,促进基层公共服务资源效益最大化。充分利用社会资源,提高图书馆、科技馆、文化馆、博物馆和体育场馆等各类公共设施面向社区居民的开放水平;鼓励相关行业企业参与社区教育;引导一批培训质量高、社会效益好的社会培训机构参与社区教育;探索开放、可持续发展的资源共享模式,不断扩大社区学习资源供给。此后,成都市、西安市先后制定了社区教育促进条例,为开展社区教育提供了法律保障。

不过,我国社区教育依然面临着无国家立法的明确定位等困境,多元主体利益矛盾造成政策执行与实践发展要求存在着相当大差距。在实践中社区教育存在着经费来源渠道较为单一、经费不足的问题,资源不足导致社区教育服务质量方面的资源配置、运行效率等诸多问题。为此,更为系统和权威的社区教育立法工作仍有待加强。

西安市社区教育促进条例(节选)

二、加强社区教育设施保障

社区教育设施是开展社区教育必不可少的物质基础，是实现社区教育的途径和手段。就目前来看，在社区中还普遍缺乏社区教育和文化服务所需的图书馆、博物馆以及青少年教育设施、妇女教育设施、终身教育中心以及社会福利设施、职业训练设施、文化娱乐体育设施等。为此，需要持续加强对社区教育和文化服务所需设施条件的建设。

从当前社区的具体情况来看，单靠其自身进行教育设施的建设是无法实现的。为此，需要进行相关制度上的创新，除了由政府提供建设的教育设施外，还应该积极鼓励社会团体、慈善和公益组织、社会组织以及居民参与到社区教育设施的建设中来。政府可以在审批程序以及税收等方面提供便捷化的服务和优惠政策。例如，允许和鼓励社会组织和居民在社区中开办小型便捷的图书馆、博物馆和艺术馆等，与大型的国立图书馆、博物馆形成互补。为社区居民提供便捷高效的教育和文化服务。

三、促进社区教育与学历教育的衔接

社区层面的教育体系不应该是一个封闭的小系统，而是应该积极融入全社会层面的教育体系中。基于学习型自组织的社区教育在服务全民终身学习中虽然具有重要作用，但在整个教育体系中只具有补充性的作用。因此，需要积极促进社区教育与学校教育、远程教育等的有效衔接。具体来说，就是在当前的教育体制和社区治理基础上，促进社区教育与学校教育、家庭教育、远程教育、继续教育等形成资源共享、优势互补、学分互认、资历框架衔接互通的制度条件和有效方法。让社区教育能够与家庭教育、学校教育实现有效衔接；能够充分利用远程教育的资源和技术；能够与继续教育形成合作共赢，从而为社区教育融入服务全民终身学习的教育体系提供更为广阔的空间。

不过，从现实情况来看，目前的社区教育和培训体系还存在着教育内部连贯性不强、教育与行业间交融性不畅、国内教育与国际教育开放性不够等问题。为此，建议以"国家资历框架"为核心，在整个国家范围内将不同层次和类型资历(如学历、学位、文凭证书、资格证书等)系统管理，致力于确立统一的国家教育标准体制，实现不同类别教育及培训体系内部学分的综合转换、学习成果的上下互通、不同资格的平等互认，加强相互间的联系和融合，为社区学习者搭建灵活弹性的终身学习阶梯，为完善社区教育和学历教育打通交流互认的桥梁，为实现国家教育治理体系和治理能力的现代化打下坚实的基础。

拓展阅读

构建"国家资历框架"势在必行[①]

鲁彬之　孙天洋

近年来,我国职业教育和培训体系不断完善,有了长足发展。但随着教育大众化、终身化、标准化、国际化进程的加快,职业教育和培训体系还存在着教育内部连贯性不强、教育与行业间交融性不畅、国内教育与国际教育开放性不够等问题,完善职业教育和培训体系,构建"国家资历框架"已势在必行、刻不容缓。

"国家资历框架"(National Qualifications Framework)在有的国家也叫"国家资格框架",是指用以整理和编排、规范和认可整个国家范围内存在的不同层次和类型资历(如学历、学位、文凭证书、资格证书等)的结构或体系。国际上推行"国家资历框架"的国家和地区,"国家资历框架"在保证教育体系整体质量、打通就业绿色通道、实现国际教育资历互认、推进终身学习社会建设的过程中,都发挥了不可替代的作用。

构建"国家资历框架"是实现各级各类教育及培训体系内部协调贯通的需要。我国教育由基础教育、职业教育、成人教育、高等教育、继续教育和培训等部分组成,"国家资历框架"致力于确立统一的国家教育标准体制,实现不同类别教育及培训体系内部学分的综合转换、学习成果的上下互通、不同资格的平等互认,加强相互间的联系和融合,为学习者搭建灵活弹性的终身学习阶梯,为完善职业教育和培训体系打通交流互认的桥梁,为实现国家教育治理体系和治理能力的现代化打下坚实的基础。

构建"国家资历框架"是确保职业教育和培训体系与劳动力市场无缝衔接的需要。2016年,我国有职业院校1.23万所,在校生达2600万人,作为以培养应用型人才为目标的职业院校,应以相关行业企业及用人单位在实践中反复研究、验证过的能力为标准,与产业发展和国家战略相契合,强化教学内容、教学方法的岗位指向性与实践针对性,使职业教育和培训体系与劳动力市场有效衔接,使人才培养供给侧和劳动力市场需求侧结构要素全面融合。"国家资历框架"为学习者提供以市场需求为导向的学习路线图,为职业教育和培训机构提供以市场实践为基础的质量标准,为用人单位提供以市场使用价值为根本的人力资源配置。

构建"国家资历框架"是职业教育和培训工作更好服务"一带一路"倡议的需要。目前,全球范围内已有100多个国家已实施、正在实施或准备实施"国家资历框架",积极推动我国"国家资历框架"构建,是提高我国与"一带一路"沿线国家"国家资历框架"可比性的必由之路,是我们维护国家学位文凭地位和声誉的有力武器,是改变我国在资历互认国际交流与合作话语体系内难以掌握规则制定权现象的有效途径,是我国迈向人力资源强国的重要一步。

[①] 鲁彬之、孙天洋:《构建"国家资历框架"势在必行》,《中国教育报》,2018年3月13日。

> 作为一项自上而下的创新性体制机制改革,构建"国家资历框架"并非个体行为,需要国家教育主管部门牵头,协调人社部门和各行业,积极鼓励大型企业、学校及职业技能鉴定机构共同参与,确保框架内标准统一,完善学分积累、互认、转换制度,真正实现学习者在同类教育间从较低资格上升为较高资格的纵向连接,同时满足学习者实现其在普通教育、职业教育和培训间的横向衔接,为包括技术技能人才在内的各类人才成长,构建灵活、弹性、贯通的"进阶"结构和"上升"渠道。

课后提升

一、必懂知识点

1. 社区教育与文化服务的需求与主要功能。
2. 通过社区教育实现终身学习的机制。
3. 社区教育与学历教育衔接的方式。

二、应用练习

选择一个便于调查和参与的社区,完成下列任务:

1. 通过查阅资料或访谈,了解并记录该社区教育和文化服务的现状。
2. 通过访谈,了解并记录制约该社区教育和文化服务发展的主要因素。
3. 针对该社区治理对教育和文化服务需要的状况,设计一份教育和文化服务改进方案。

三、提问、解答与建议

如果你对本章内容有任何评论、疑问和建议,请扫描下方二维码后留言,我们将及时回复。

第十二章　社区养老服务的创新升级

随着家庭结构的变化，社区逐步在养老服务中扮演重要角色。要推进中国社区养老服务的升级，就需要深入探讨：社区养老服务具有哪些内在需求？社区养老服务升级有何重大意义？社区养老服务升级的路径和制度保障是什么？对此，本文将应用前文的相关理论，结合中国养老服务的实际，进行深入分析。

第一节　社区养老服务升级的需求与意义

社区养老服务的升级一方面是由于老龄化社会的到来，另一方面则是由于社区居（村）民对于养老服务质量、模式的更高要求。认识到社区养老服务所具有的重要意义，是促进社区各相关主体持续创新的内在动力。

一、老龄化带来的社区养老需求

人口平均寿命的延长和老龄化现象已经成为世界许多国家面临的新挑战。通常把"老龄化"定义为"总人口中的7%的人年龄在65岁或以上"。按照这一标准，国家统计局2019年发布新中国成立70周年经济社会发展成就系列报告之二十表明，2000年我国65岁及以上人口比重达到7.0%，0～14岁人口比重为22.9%，老年型年龄结构初步形成，中国开始步入老龄化社会。2018年，我国65岁及以上人口比重达到11.9%，0～14岁人口占比降至16.9%，人口老龄化程度持续加深。我国人口年龄结构从成年型进入老年型仅用了18年左右的时间。与此同时，城乡人口老龄化倒置现象日趋严重。世界银行预测，到2030年中国农村老年人口抚养比将攀升至34%。人口老龄化的加速将加大社会保障和公共服务压力，减弱人口红利，持续影响社会活力、创新动力和经济潜在增长率，养老需求与养老服务也随之成为社区关注的问题。

在传统社会中，养老主要由家庭中的子女来承担，家族或所在共同体只是提供救助性服务。然而，随着现代家庭结构的变迁，核心家庭代替了多代同堂的大家庭，而且许多家庭是独生子女。一旦子女长大成人后，通常都会离开父母独立生活。其中有不少人是在远离父母的城市居住，很难有时间和条件赡养年老的父母。在此情况下，社区成为越来越多老年人安度晚年的重要依托平台。一方面社区与老年人最为靠近和便捷的"组织"，另一方面提供养老服务也成为社区治理的重要任务之一。因此，社区养老服务成为居家养老的重要支撑，也能够弥补机构养老的缺口，有效避免或延缓老年人入住养老机构。与机构养老服务相比,社区养老服务能更好地满足老年人的心理需求,增进老年人对社区的归属感和认同感。

基于社区养老的重要性,1992年,联合国通过的《老龄问题宣言》指出:"以社区为单位,让老人尽可能在家里居住。"20世纪90年代以后,学者们开始把目光转向社区养老。2013年9月13日,在《国务院关于加快发展养老服务业的若干意见(国发〔2013〕35号)》中指出"到2020年,全面建成以居家为基础、社区为依托、机构为支撑的,覆盖城乡、规模适度、功能完善的养老服务体系",强调了社区养老服务在养老服务体系中的地位和作用。

二、社区养老的探索与挑战

具体而言,居家和社区养老服务有别于机构养老服务模式,是一种具有公共服务性质的社会化养老服务模式。该模式以社区为依托,以日间照料、呼叫服务、助餐服务、健康指导、文化娱乐、心理慰藉等基本服务为主要内容,以上门服务和日间照料为主要形式,把居家养老与社会养老有机结合起来,体现了国家、社会和家庭对养老责任的共同承担。

适应的社会福利服务制度的转型。2004年,北京、上海、广州、南京、杭州等大城市开始"居家和社区养老服务"探索。2016年7月,民政部、财政部印发《关于中央财政支持开展居家和社区养老服务改革试点工作的通知》(民函〔2016〕200号),选择部分地区和城市进行居家和社区养老服务改革试点。中央财政多次安排资金支持开展居家和社区养老服务改革试点,在七大领域可以获得支持。试点城市普遍在社区养老服务中心或站点开展日间照料服务,由社区服务人员为老年人提供助餐服务、健康指导、文化娱乐、日间照料、呼叫服务、心理慰藉等服务。在服务方式上,各地有一些自己的经验做法,如北京推出96156生活服务热线,运用声讯、信息技术整合全市企业为老人提供100多项服务;大连实行家庭护理员一对一、一对多的上门服务;广州实行"五定"服务模式(定人员、定对象、定时间、定地点、定项目)。许多试点城市建设社区服务网络,如南京市整合社区服务资源,将社区服务的内容、形式、收费标准、服务机构以及服务监督等信息公开。

在政府加大了社区养老政策支持力度,创新了供给模式,社会各方面也加大了投入之后。目前"9073"或"9064"(即养老服务的总供给中,90%为居家养老服务,7%或6%为社区养老服务,3%或4%为机构养老服务)的供给格局基本上是各地养老服务业政策框架的标配。然而,就全国社区养老服务发展来看,还存在着许多亟待解决的现实问题,体现在以下几个方面。一是养老服务供需匹配程度低。社区养老服务有需求、有供给,但供需失衡、利用率低;服务项目单一缺乏心理疏导等个性化的精神养老需求。二是受益人群覆盖面较窄。截至2017年年底,全国社区服务中心(站)覆盖率25.5%,其中城市社区服务中心(站)覆盖率78.6%,农村社区服务中心(站)覆盖率只有15.3%。大部分地区主要通过政府直接或间接为"三无老人"和失能半失能老人购买服务,未纳入政策覆盖的普通老年人则依靠自己或家庭养老。三是养老服务经费、专业人才和设施较缺乏。政府部门经费紧张和基层社区的经济困难,成为大多数欠发达地区和贫困地区开展居家社区养老服务工作的瓶颈。① 四是缺乏行之有效的养老服务质量考核指标，服务效率比较低。② 有的研究使用 2016 年第四次全国老年人生活状况抽样调查数据分析表明，城乡老年人对居家养老服务的需求程度很高，同时社区层面的服务供给也不少，但老年人对社区养老服务的利用率很低。③

三、社区养老服务升级的深远意义

显然，当前我国的社区养老并未达到预期的状况，与社区治理的目标还存在一定差距，需要实现养老服务的升级。概括而言，社区养老服务的升级主要体现在三个方面。一是能够提供优质的养老服务，从而提升老年人的生活品质；二是能够提升多样化的养老服务，满足更多老年人多样化、个性化的需求；三是积极养老，挖掘老年人的宝贵资源，发挥他们的独特优势，从消极养老转变为积极生活。

社区养老服务升级的重要意义不仅在于社区治理本身，而且对于整个社会经济发展也具有极其重要且深远的影响。特别是在积极养老的理念之下，社区养老不再只是消耗性事业，而是具有一定的保值性甚至是生产性的功能。认识到社区养老服务升级的这些价值，对于形塑灵性资本，推动社区养老创新具有基础性的作用。具体来说，社区养老服务升级的深层价值主要包括以下几方面。

一是积极的预防。即从对老年人的消极医药治疗转向积极的提前预防保健。因此健康保护和老年疾病的预防不应到老年才重视，而是要从中年就开始预防。如果将中年的保健服务纳入社区养老服务的内容之中，就可以为进入中年的社区居民提供免费定期身体检查、保健训练、健康教育、健康咨询等各种服务。当社区养老服务的预防功能发挥作用时，就可以有效降低养老中的医疗支出。

二是高龄再就职。一方面由于老人日益增强的独立感和自养观念，另一方面是因为一些高龄者为了获得补充养老资金，高龄者再就业在一些国家越来越普遍。适应高龄者就职的新趋势，一些国家延迟了退休年龄，为高龄者开辟专门的劳动力市场，成立高龄者职业培训班。高龄者再就职的增多，不仅有助于改善其本人的生活质量，满足养老需求，也有助于增加劳动力和国家经济发展。

三是高龄教育与社会参与。通过终身教育促进高龄者对社会做出贡献的意识，为高龄者提供参与社会发展的机会，让他们的丰富经验和特长在社会上得到广泛肯定，缩短高龄者与年轻人之间的生活、心理距离。特别是将高龄教育和社会参与联结起来，能够使高龄者的养老生活更加充实，更有价值。在这个意义上来看，社区养老服务升级是一种新的理念指导下的创新活动。

---

① 成海军：《我国居家和社区养老服务发展分析与未来展望》，《新视野》，2019 年第 4 期。
② 张博：《"互联网＋"视域下智慧社区养老服务模式》，《当代经济管理》，2019 年第 6 期。
③ 王震：《居家社区养老服务供给的政策分析及治理模式重构》，《探索》，2018 年第 6 期。

拓展阅读

日本养老回归社区[①]

进入20世纪80年代后，随着经济和社会结构的变化及社会福利的发展，日本以往的《老人福利法》已经很难涵盖社区出现的新变化。为此，日本经过对《老人福利法》的多次修改和补充，增加了以下内容：第一，强调开拓高龄者对福利社会创造的参与机制，发挥老人丰富的经验和知识的特长，创造更多就业机会，使他们退休以后仍然有许多机会和渠道为社会工作。第二，以往重视设施收养的养老方式，往往给老人带来被社会抛弃的孤独感，不利于社会的干预和参与。今后要探索和逐渐确立一种适合于老人居家养老的方式和体制，强化对居家养老提供家庭服务人员的专业的培训和组织建设，并在财政上实行优惠政策。第三，强调社会福利的地方化和一元化，加强地方政府对老人福利的责任和职权。将一部分过去由都、道、府、县掌管的权限下放给市、町、村(区、街道)。

1982年颁布的《老人保健法》对此做了进一步的确认，它一改国家和政府对老人福利有责无旁贷的责任的提法，改用国家要为此采取积极的政策和必要的措施，表明日本的老人医疗保健服务将逐渐由国家的包揽型向地方分权型转化的主旨。强调家庭和社区是老人保健实施的社会基础，一改以往着重强调福利设施收养，忽视家庭和社区的作用的做法，表明今后日本的老人福利保健由设施福利向居家福利的转化。

第二节 社区养老服务升级的路径选择

当社区负责人具有较高的灵性资本时，不仅能够发现社区养老服务升级的重大意义，而且也有强大动力开发社会资本，通过整合养老服务组织，构建互惠合作关系，形成良好运行的社区养老服务模式。

一、整合多种类型养老服务组织

"十二五"以来中央政府提出发展社会养老服务，意图建立一个满足所有老年人基本养老服务需求的"适度普惠"型的制度框架。这一框架下，传统以政府为单一主体的供给模式转变为"政府主导、多方参与"的新时期社会养老服务模式。截至2019年年底，全国共有各类养老机构和设施20.4万个，养老床位合计775.0万张，每千名老年人拥有养老床位30.5张。全国共有注册登记的养老机构3.4万个，床位438.8万张；社区养老照料机构和设施6.4万个(其中社区养老照料机构8207个)，社区互助型养老设施10.1万个，

[①] 张暄：《日本社区》，北京：中国社会出版社，2007年，第181~182页。

共有床位 336.2 万张。①

不过,面对长期"强政府,弱社会"的结构,社会养老服务多元供给还面临诸多挑战:一方面是非政府主体参与养老服务供给普遍面临困境:草根型社会组织数量少、社会组织"被组织"问题、社会组织专业化优势不明显、市场参与度低、市场发挥作用的途径不明确、市场营利难等。另一方面则表现为主体间还未形成良性的互动合作:多主体间的合作还处在被政府动员状态、多元主体间经常呈现出各自为战状态、难以发挥各主体互补优势。研究认为原因在于:"政府主导"者角色促生出政府本位理念,福利治理的社会本位还未实现;非政府主体更多扮演着"配合者"或简单的"参与者"角色,还未成长为平等的、独立的主体;公共性建设滞后,多元主体间难以形成真正的合作。② 深入来看,供给主体的单一来源造就了社区养老服务资源的结构性依赖,社区未能建立起养老资源有效对接和有机整合的机制;社区组织能力的不足造成福利供给依赖性与服务效能短期性的叠加。③

从社会资本视角出发,社区实现养老服务升级的第一步就是重视整合多种养老服务组织。具体来说,主要包括以下几类:(1) 政府机构在社区养老服务供给中责无旁贷,其主导性作用主要表现在政策引领和资金保障两个方面。通过公共政策与服务购买等方式,在"质"的方面保障高质量、均等化的医疗与生活保障服务,在"量"的方面推进社区养老服务群体覆盖与服务内容延伸。特别对于具有福利性、事业性、普惠性特征的农村养老服务,政府机构的作用更是不可或缺。(2) 市场养老服务机构遵循市场供求与价格机制提供专业化的优质服务。(3) 非营利养老组织能够为老年人提供高效、方便快捷、经济优质的服务,最大限度地满足社区老年居民需求的多元化。(4) 包括社区志愿者在内的公益慈善力量在社区养老服务中具有重要作用,通过向公益慈善组织购买服务的方式提供社区养老服务。政府为公益慈善力量让渡社区养老服务空间可以形成政府、慈善组织和老年人"三赢"的格局。④ (5) 老年人互助组织是同一社区中本着邻里互助精神自发成立的一种福利服务供给体,具有成本低、亲情浓、管理宽松的特点。

二、建构养老服务的互惠合作机制

作为组织者的社区居(村)委会在整合多种养老服务组织的基础上,需要促进养老服务组织与服务对象之间形成互惠信任关系,同时还要促进不同养老服务组织之间形成合作共赢态势,才能够实现社区养老服务的可持续性。对于养老机构而言,需要获得合理的收益,而付费的老人则能够得到优质的服务;对于社会组织而言,需要在承担项目的同时获得合理的报酬;对于公益慈善组织和志愿者,则需要从养老服务中获得成就感。社区通过了解和促进这些不同养老服务组织与其服务对象各自的需求,从而在双方之间建立起互惠信任的长期关系。

---

① 2019 年民政事业发展统计公报,http://images3.mca.gov.cn/www2017/file/202009/1601261242921.pdf。
② 姜玉贞、宋全成:《社会养老服务福利治理的局限性及其成因分析——基于 RHLJ 社区养老服务中心案例的分析》,《山东社会科学》,2019 年第 11 期。
③ 许晓芸:《资源短缺抑或资源依赖:智慧社区养老服务的资源困局》,《兰州学刊》,2019 年第 5 期。
④ 邓微:《积极引导公益慈善力量进入社区养老服务体系》,《湖湘论坛》,2014 年第 2 期。

对于不同的社区服务组织而言，相互之间也存在着分工合作的机会。例如，生活照料服务具有突出的社会福利性质，以政府机构与街道办事处等借助公办社区服务机构或政府购买方式提供社区照料服务的行政供给为主；医疗保健服务应坚持行政与准市场机制的混合运用，基本医疗保障体系由政府买单，但需要市场机制介入医疗服务市场满足老年人差异化服务需求；精神慰藉、权益保障与社会参与服务实行社区自治与准市场供给，由社区活动中心、公益组织或"社区互助"等提供多元化的精神文娱服务和社会参与服务，权益保障类服务则要求具备专业性与效率并存的市场服务提供商。①

在当前多元化主体共同参与到社区养老服务的大背景中，不仅需要强调政府、社会组织、企业等主体的生产和供给能力，也要求他们彼此互动合作，在服务内容和机制上互相衔接，以保证不同特质的老年人可以从多元渠道获得便捷性的服务。社区养老服务平台相当于一个"大脑"，统筹上下游的信息、资金、服务和物资的运转。一方面基于大数据技术等准确评估老年人的群体差异分层及服务需求特征，另一方面基于差异化服务内容在不同服务提供主体间进行分工，再传递给具体服务的上游服务商。② 最终在养老服务的供给上形成社区多中心治理的框架。即多元的参与主体运用公共权力，通过平等的沟通、协商、谈判、合作方式，自发地组织起来采取集体行动。多中心治理将原本没有交集的合作伙伴聚集到了一起，包括政府管理者、社会服务提供者、房产拥有或管理者、医疗健康服务提供者和居民本身以及社区社会组织、外部社会组织、慈善机构等。这些合作伙伴本身有不同的目标，但是多中心治理赋予了它们同一个使命，使得每一方都在项目的发展中发挥特长，起到关键作用。社会服务提供者通常是项目的主导机构，能起到促进伙伴关联和建立社区关系的作用；房产拥有或管理者通常会参与到项目的融资与治理中，并提供场地和设施的支持；医疗健康服务通常由专业健康机构、养老服务中心和医院等提供；而居民本身不仅是被服务对象，他们通常能为项目本身的发展起到积极的作用，并通过各种志愿服务机会参与到服务提供中去。③

 **拓展阅读**

台湾"社区照顾关怀据点"的养老服务④

2005年4月，台湾"行政院"提出"台湾健康社区六星计划"，透过贴近社区居民的生活，并以在地人提供在地服务的模式，广泛建立社区照顾关怀据点，期望打造可以自主运作且永续经营的社区营造模式。并企图将全台湾的社区打造成健康社区。据点所提供的馆室服务、电话问安、关怀访视、餐饮服务及健康促进活动，可以发挥初

---

① 郑莹、高源：《政府购买社区养老服务的法学审视》，《辽宁大学学报》（哲学社会科学版），2017年第3期。
② 石园、纪伟、张智勇等：《基于差异化服务内容的社区养老服务需求与供给协调机制研究》，《人口与发展》，2019年第3期。
③ 张强、张伟琪：《多中心治理框架下的社区养老服务：美国经验及启示》，《国家行政学院学报》，2014年第4期。
④ 王光旭：《台湾老人社区生活参与之研究——兼论台湾社区养老政策的现况与前瞻》，载李强等：《协商自治·社区治理》，北京：社会科学文献出版社，2017年，第90~96页。

级的预防照顾功能,让老年人可以在熟悉的环境中,与亲人、邻居、老朋友一起参加活动、互相关心、分享人生经验。针对失能老人,则可以透过转介服务,依其需求转介至县市照顾服务管理中心,提供进一步照护服务。

"六星计划"的实施,让社区自组织变为社区养老机制的中介者与服务的提供者,将外界的医疗机构、福利组织和政府的资源引进社区,而社区组织本身也可以提供初级服务功能。由于社区居民普遍信任在地社区发展协会的志工或干部,福利供给的可行性与效果大大增强。

2015年,社区据点政策在台湾所有老人福利服务的支出占比只有7%,每一个社区据点一年官方所补助的运作经费仅相当于2万元到4万元人民币。依靠社区自组织的资源与力量,就可以在社区养老方面达到不错的服务水平。

据点的服务项目分为五种。一是电话咨询问安,尤其对独居老人,志工每周打电话询问老人的生活近况。二是关怀访视,主要针对失能老人,了解需求。三是餐饮服务,包括送餐与集中用餐。四是健康促进活动,内容包括康乐、跳舞和卫生知识宣导等。五是转介长期照顾管理中心。

三、形成社区养老服务体系

由不同社区养老服务组织分工协作提供的社区养老服务项目形成了有机的养老服务体系,实现了社区养老服务的升级。这一服务体系由社区主导、居民主动参与、得到政府的有力协助,针对不同养老需求的服务对象提供分层次、费用差异、个性化的服务。

以美国为例,其社区老年人社区服务模式大体上可以分为5类。一是独立居住社区。老年人自己能够独立生活,但想要住得更安全些,或者喜欢同其他老人住在一起。二是护理居住社区。主要为那些需要持续医疗康复护理、明显丧失日常生活活动能力的老人提供服务。三是协助居住社区。适合那些需要提供日常生活活动协助,同时希望能继续独立居住,但不需要持续、固定的医疗照顾的老人。四是活跃长者社区。专门为那些喜欢参加体育和社会活动的老年人建立。五是持续照顾退休社区。由不同形式的服务变化或组合成为新的类型,如将养老公寓、护理居住等集中起来提供多样化服务项目。[1]

再以日本老人福利设施为例,主要分为入居型福利设施和社区服务型服务设施。入居型老人福利设施,是为了解决因为居住条件及身体条件的限制,不能在家养老的老人的生活照顾和医疗问题。社区服务型以社区为基础,以居家养老的老人为服务对象。这些场所规模不大,但分布均匀,通常免费。包括接受老人咨询和保健、教育、社交活动的老人福利中心;对患有各种慢性病老人提供服务的保健康复中心;提供24小时服务的护理援助中心;供老人社交、集会、娱乐、学习的老人之家。[2]

在我国,近年来一些城市的社区养老服务体系正在逐步完善。不仅一些社区内部的

---

[1] 李志建:《美国老年人"社区照顾"调研简报》,《中国物业管理》,2010年第9期。
[2] 张暄:《日本社区》,北京:中国社会出版社,2007年,第197~199页。

养老具有了多样化的养老设施,而且利用信息技术建立了多功能的养老平台。例如,2013年,北京市搭建了统一的智慧养老综合服务信息平台,为覆盖智慧养老服务信息平台辖区内的老人提供一体化、智能化的养老服务,包括家庭服务、紧急求助、医疗保健、安全监控、精神慰藉五大内容。不过,在大部分社区,特别是农村社区,养老服务的体系还没有形成,不仅缺乏护理居住功能的养老服务,而且也缺乏日常文化活动和娱乐、保健功能的养老服务。由此可见,在社区养老服务升级上还需要积极积累社会资本,促进养老服务体系的完善。

第三节 社区养老服务升级的制度保障

社区养老服务体系在建立后,还需要一系列相应的制度安排来加以保障。这些制度安排主要体现在相关立法、监督机制和激励政策的采取。

一、完善社区养老服务的立法保障

社区养老服务升级既涉及政府的资金投入,也涉及其他组织进入养老服务行业。因此,为了保障社区养老服务的资金支持、进入退出条件和全流程的合理运行,需要制定一系列的法律来进行规范。例如,美国在20世纪初就已经出台了多部与养老配套的相关法律,并建立了老年人权益保障的专门立法。1965年又颁布了《美国老人法》《老年人志愿者工作方案》《老年人营养配比方案》《老年人社区服务就业条例》等与老年人生活紧密相关的法律法规。日本政府先后颁布了《国民年金法》《老人福利法》《老人保健法》《社会福利士及看护福利士法》《福利人才确保法》《护理社会保险法》等。完善的法律体系起到基础性的支撑作用,促进养老服务升级的稳步进行。

为了促进社区养老服务发展,我国已经出台了相关的法律和政策文件。不过随着实践的发展,部分领域立法缺位和政策约束力不强的问题日益突出。在国家立法层面,虽有《宪法》《老年人权益保障法》等对老年人社区养老服务合法权益做出确认,但大都只是原则性条文,操作性较差。国务院发布的《关于加快发展养老服务业的若干意见》、全国老龄办发布的《关于全面推进居家养老服务工作的意见》、民政部发布的《关于鼓励与引导民间资本进入养老服务领域的实施意见》等政策性文件在表述上以引导和建议为主,约束力和可操作性不强。社区养老服务行业的准入制度、考评制度、罚则制度尚未建立;居家和社区养老服务中各方协议的必要内容、规范格式尚未统一;针对老年人身心特性的养老服务标准尚未健全。政府购买社区养老服务普遍缺乏系统的评价体系和强有力的监督体系,与养老服务相关的民政等政府部门的行政管理资源因无法被有效整合而浪费或未得到充分利用。在地方立法层面,包括北京、重庆、上海等多地均出台了关于居家和社区养老服务的地方政府规范性文件,但由于这些文件法律层级不够高,稳定性、强制力和实效性都较弱,且多数对法律责任的规定不够全面和明确。已出台的《社区老年人日间照料中心服务基本要求》《社区老年人日间照料中心建设标准》《社区老年人日间照料中心服务设施设备要求》《养老设施建筑设计规范》等文件，主要是指导社区老年人日间照料中心的服务与建设，相对于内容不断扩大的社区养老服务范畴而言，具有明显的滞后性。[①]

针对以上问题，我国在社区养老服务上有待建立和完善的相关法律主要有以下几个方面。一是完善老年人在收入保障、医疗保障、住宅保障、福利保障等方面的法律规定。上述几方面的保障是社区养老服务顺利开展的基础性条件，通过整合现有的法律制度，可以及早为老人的晚年生活构建一张"安全网"。特别是对于广大农村地区的老年人而言，他们的保障更需要得到政府的兜底支持。二是完善《政府采购法》中的相关规定。在现行的《政府采购法》中设定专章内容对购买公共服务进行规范，相关的条款至少包括购买范围、方式、程序、信息公开、监督评估等方面的内容。引入第三方监督机构的监督，不仅要对社区养老服务的提供方进行监督和评估，而且要重视政府主管部门的监督。[②] 社区养老服务的采购不同于《政府采购法》中提到的普通服务采购，政府购买社区养老服务的采购内容是公共服务，关系民生，该类型的采购具有复杂性与长期性。所以，应逐步在《老年人权益保障法》中做出政府购买社区养老服务的补充规定。三是建构社区养老服务法律风险防范制度体系。在政府购买社区养老服务中，各方主体应当建立明确的责任关系，并以合同的方式确定下来，这种责任关系将把政府、承接主体、服务对象在政府购买社区养老服务的制度中紧紧联系在一起。在无须政府直接参与的服务中，社会组织应与服务对象之间建立明确的服务关系。如果涉及提供有偿服务的合同，还应注意合同中有偿服务与无偿服务责任的区分。

二、加强居（村）委会在治理中的主体地位

在社区养老服务中，通常会涉及财政、民政、社会保障、残联、妇联以及社区居委会、驻区单位等多个部门。由于作为居民自治组织的社区居（村）委会存在的行政化倾向，很难形成统一的管理体系，造成了各部门各自为政。同时，当社区不能成为一种"自治体"，其服务的内容、方式以及平台建设容易受到上级政府行政权力的直接影响，社区并没有作为真正的自治主体参与到养老服务的生产和供给中来，难以真正发挥其在资源整合、转介甚至服务生产中的作用，从而降低了资源的利用效率和养老服务的质量。[③]

要解决这一问题，必须同步推进社区治理体制机制改革。按照"政社分离、居民自治"的思路，实行以减负、还权、赋能、归位为核心的社区治理体制机制改革。减负，就是强化社区的自治功能，剥离社区居（村）委会的行政职能，推动社区居（村）委会向社区群众自治组织的法律地位转变。归位，就是通过社区治理体制机制改革，使社区居（村）委会回归基层群众自治组织的本位，真正具备城乡基层群众自治组织的职能。社区养老服务的管理主体是社区居（村）委会，财政、民政、社会保障等部门对社区养老服务的财力、物力和项目支持以及残联、妇联、驻区单位等部门开展的社区养老服务都应纳入社区的统一管理。在

[①] 潘利平：《居家和社区养老服务中的法律风险及对策建议——以成都市郫都区居家和社区养老服务中心为样本》，《西南民族大学学报》（人文社科版），2019年第2期。

[②] 郑莹、高源：《政府购买社区养老服务的法学审视》，《辽宁大学学报》（哲学社会科学版），2017年第3期。

[③] 朱浩：《城市社区养老服务供给效率机制研究——以杭州市为例》，《当代经济管理》，2017年第4期。

财政投入的方式上,政府可以将补贴投入到各类社区组织中,由社区组织根据政府的意向、社区居民以及服务供给方等来整合包括政府财政投入在内的各种资源,并决定资源的投入方向和方法。在具体的使用内容上,要逐步提高对人工成本的补贴,切实降低居家社区养老服务的人工成本;改变只重视硬件建设,忽视软件建设的状况。只有这样,才能有效整合政府不同部门支持社区养老服务的财力和物力资源,整合社区与驻区单位的养老服务设施,使有限的资源和设施发挥最大的效能。[①]

三、积极探索契约式养老方式

政府在社区养老服务体系构建中占有主导地位,具有其他机构和社会组织所无法比拟的独特功能。但政府不能够包办所有的社区养老服务。随着政府职能转变,社区养老服务应在政府指导下积极探索更多社会化和市场化的路子。

一是放开对居家社区养老服务的准入管制和数量管制。对现有的提供居家社区养老服务、照料服务和医疗服务的公立机构要进行社会化改革,脱离与行政管理部门的隶属关系,形成独立的法人主体,作为社区服务供给的重要组成部分。逐步取消社区医疗卫生服务的准入管制,特别是要取消卫生区域规划中对医疗服务供给主体的数量限制。[②] 鼓励市场力量参与社区养老服务供给,增加社区服务设施的总量,减少财政总负担。政府干预的重点要放在过程监管和秩序监管上。

二是采取多方面的激励政策。为提供社区养老服务的民间组织提供优惠政策或者免税政策,并适当纳入税法进行法律层面的保障。税收优惠政策的适用要防止"一刀切",对不同性质的承接主体或提供不同种类服务的养老中心进行不同程度的优待。在收费上,对于社区养老服务的提供者社会组织的水、气、电等费用采取居民收费标准,对其有线电视、网络等也可提供价格优惠。

三是鼓励居民自建养老社区。允许和鼓励一些经济条件比较优越的老人联合起来购买或租赁土地,设计和建造小型养老社区,在社区内建立多种服务设施。这样的养老社区自我管理和运营,一方面满足了老人们的个性化需求;另一方面也减轻了政府与社区的压力。

四是引导老人购买商业保险。鼓励年满60周岁的老年人购买意外伤害保险,所需费用可个人承担一部分,政府财政补贴一部分,经济困难者可由地方财政负担,积极推进养老机构意外伤害保险的实施和全面覆盖。这一做法将会降低因意外伤害给养老机构和老人带来的经济损失,做到防患于未然。

五是鼓励年轻人以劳换租。鼓励年轻人特别是大学生和独居老人合住,年轻人可以帮助老人做晚餐、清扫房间、陪老人聊天、散步、外出采购;对于年轻人而言,则可以省下住宿租金,减轻生活压力。此外,也可以借鉴"储存时间"制度,年轻人通过为老年公寓等养老机构的服务,以累计服务时间换取自己年老后享受他人为自己服务的时间。

---

① 青连斌:《社区养老服务的独特价值、主要方式及发展对策》,《中州学刊》,2016年第5期。
② 王震:《居家社区养老服务供给的政策分析及治理模式重构》,《探索》,2018年第6期。

课后提升

一、必懂知识点

1. 社区养老服务创新升级的深层价值。
2. 社区养老服务体系的构成。
3. 社会化、市场化社区养老方式的制度条件。

二、应用练习

选择一个便于调查和参与的社区,完成下列任务:
1. 通过查阅资料或访谈,了解并记录该社区养老服务的现状。
2. 通过访谈,了解并记录制约该社区养老服务发展的主要因素。
3. 针对该社区治理对养老服务需要的状况,设计一份养老服务改进方案。

三、提问、解答与建议

如果你对本章内容有任何评论、疑问和建议,请扫描下方二维码后留言,我们将及时回复。

第十三章　社区治安与矫正服务的创新升级

在社区生活中,安全总是一种基本的需要。治安服务和矫正服务是满足社区居民安全需要的两个重要内容。那么,社区治安与矫正服务升级具有什么重大意义? 社区治安与矫正服务升级的具体路径是什么? 社区治安与矫正服务升级需要哪些制度保障? 针对这些问题,本文将应用相关理论,结合中国社区治安与矫正服务的实际进展,进行深入探讨。

第一节　社区治安与矫正服务升级的需求与意义

在传统的观念中,治安与矫正是政府对民众进行管理的主要方式,而非是一种社区提供的服务。随着社区治理的深化,越来越多的社区开始将治安与矫正作为社区服务的一类,并且积极促进这些服务的升级。

一、社区对治安与矫正服务的一般需求

所谓社区治安服务,是指以社区地理区域为基础,以社区公众为社区治安主体,以社区公众服务作为警务工作的根本出发点和落脚点,社区警察紧密联系社区公众,运作各种可以调动的力量,警民合作共建社区和谐环境。社区治安的内容广泛,与居民的日常生活密切相关,主要包括社区人口管理、危险物品管控、消防安全、交通秩序维护、预防犯罪、治安防范、公共秩序维护、社区矫正,在这些事务中又包含着具体内容(见表13-1)。通过完成上述事务所提供的治安服务是每一个社区的基础性需要,是社区发展的一般性基础。

表 13-1　社区治安事务的分类[①]

类别	内容
社区人口管理	特殊人口管理,暂住人口管理,常住人口管理,流动人口管理
危险物品管控	枪支管理,管制刀具管理,爆炸、剧毒、易燃、放射性等危险物品管理
消防安全	消防知识宣传,消防安全培训,消防设施监督与维护,消防巡查,消防演练,应急救援等

[①] 孔娜娜、位利平:《新时代城市社区治安政策工具的优化选择与应用》,《社会主义研究》,2020年第4期。

(续表)

类别	内容
交通秩序维护	社区噪音控制,车辆秩序管理,交通设施管理(如停车场、停车点、停车棚、分隔设施等),交通安全维护
预防犯罪	社区环境整治,居民素质教育和心理健康教育等
治安防范	社区偷盗,抢劫,诈骗,恶意滋事,打架斗殴等
公共秩序维护	矛盾纠纷调解,公共设施维修,公共空间侵占,公共资源失衡
社区矫正	流动审批,调查评估,定位服务,教育转化,帮困解难,生活指导,心理矫治,职业技能培训,社区义务服务等

从 20 世纪 90 年代开始,国外一些城市开始尝试新的社区警务改革,发起"将治安权交给社区"的运动,鼓励基层社区参与治安活动,起到了明显的成效。从一些发达国家的社区治安实践来看,其共同之处在于:深入社区、立足于社区、扎根在社区、围绕着社区。正如英国警察学家安德逊所提出的"社区警务树"的理念,社区警务犹如一棵树,树干代表社区,树根下扎于教堂、学校、工厂、企业之中。这就意味着,治安不再只是政府的一种职能,也是社区所提供的一种服务。通过这些服务的提供,不仅可以减少犯罪的发生,增强居民的安全,消除矛盾纠纷,而且很有助于实现居民的安全教育,通过社区矫正促进一些居民行为的改变。

社区矫正是 20 世纪 60 年代在美国各州开始兴起,其主要推动力有多方面的原因。一是州级政府通过避免将犯罪者判处监禁刑和尽量减少犯罪者监狱关押的时间节约财政资金,即所谓行刑经济化。二是希望通过发挥社区的力量,遏制犯罪增长,推进社区治理。三是法治原则推动社区矫正被纳入刑事法律制度的安排中。[1] 概括而言,社区矫正的社会服务内容主要包括:(1) 个人层面的社区矫正服务项目(心理、行为、认知、道德规范、法治意识、社会态度、就业就学技能等)。(2) 个体与社会互动关系层面的社区矫正服务项目(家庭关系、社区关系、社会关系、社区参与、社会支持网络建设、帮扶救助等)。(3) 社会环境层面的社区矫正服务项目。去污名化(减低社会歧视、消除社会排斥等)服务项目、社区宣传项目、社区教育项目、中途之家建设项目、就业基地建设项目、志愿者管理及建设项目、多学科多部门多资源联动机制建设等。[2]

在中国官方的法律政策文件中,最早出现"社区矫正"的是 2003 年最高人民法院、最高人民检察院、公安部、司法部联合下达了《关于开展社区矫正工作的通知》,全国在北京、天津、上海、江苏、浙江和山东等 6 个省市,对 5 种人(管制、缓刑、监外执行、假释和剥夺政治权利)实行社区矫正工作试点。2005 年,社区矫正试点省份进一步扩大。2009 年,最高人民法院、最高人民检察院、公安部、司法部联合下发《关于在全国试行社区矫正工作的意

---

[1] 梅义征:《社区矫正、社区治理与社区安全:社区矫正执法实务研究》,上海:上海人民出版社,2020 年,第 8~10 页。

[2] 费梅苹、邓泉洋:《中国特色社区矫正社会工作服务体系研究——基于"社区矫正法"的要求》,《社会工作》,2020 年第 1 期。

见》。2011年5月1日正式生效的《刑法修正案（八）》首次将社区矫正归入刑法，规定了被判处管制刑和缓刑的罪犯及决定假释的罪犯依法实行社区矫正，将我国刑罚矫正体系划分为监禁矫正体系和社区矫正体系。2012年颁布的《刑事诉讼法修正案》将暂予监外执行人员重新纳入社区矫正对象中，去除了公安机关的社区刑罚和矫正执行权。这两部法律的相关规定标志着我国社区矫正法律制度的确立。2012年1月，司法部会同最高人民法院、最高人民检察院、公安部联合制定了《社区矫正实施办法》，对社区矫正执行体制、执行程序、矫正措施、法律监督等主要问题做出规定。2013年11月12日，党的十八届三中全会通过的《中共中央关于全面深化改革若干重大问题的决定》明确提出"健全社区矫正制度"。2019年12月28日，十三届全国人大常委会第十五次会议表决通过《中华人民共和国社区矫正法》，于2020年7月1日正式实施。该法规定："对被判处管制、宣告缓刑、假释和暂予监外执行的罪犯，依法实行社区矫正。"

2003年至今的16年来，全国累计接受社区矫正对象达478万，累计解除矫正对象411万。社区矫正对象的再犯罪率维持在0.2%的低水平。社区矫正为维护社会和谐稳定、节约刑罚执行成本，推进平安中国、法治中国建设，促进司法文明进步发挥了重要的作用。①

二、社区治安与矫正服务的新挑战

与社区矫正相比，其他的社区治安工作更为长久，对社会的影响也更为显著。然而，从传统的政府主导的治安管理思维、机制与行为转变向社区参与的治安服务是不容易的。就现实情况来看，虽然在城乡社区都持续推动了社区治安和矫正服务的发展，但各地进展各不相同，还存在着一些共性的问题。

一是政府职能部门与社区居（村）委会在治安与矫正服务上权责不清。社区治安与矫正服务既是政府职能部门所提供的公共物品，另一方面也是社区提供给居民的俱乐部物品。两者之间既有关联，需要紧密配合，也存在着职责分工。对于政府职能部门，在社区治安上扮演着整体规划、全面布局、引导支持的角色。对于社区党组织、居民委员会、居民服务站，在社区治安服务上则是治理主体。然而，目前许多地区作为政府职能部门的街道办和派出所在社区治安管理上并未充分发挥出作用，对社区治安管理缺乏总体性规划，在财政政策和组织协调上严重缺位。同时，社区居（村）委会的行政依附现象极为明显，在社区治安服务的优质升级上动力不足，不利于提高社区治安管理效率。社区安防设施匮乏，有的社区只在大门口安装了一个监控，有的社区干脆没有。由此导致了社区警力配置极为有限，一个社区警察负责数万人的治安无异于杯水车薪；社区安保力量十分薄弱，物业治安防控能力低下，制度不够完善。

二是社区多元主体参与治安和矫正服务的程度不高。社区治安服务是一项复杂的系统性工程，需要调动多元主体共同参与。然而，当前社区治安主体较为单一，社区内自治

---

① 王爱立、姜爱东，十三届全国人大常委会第十五次会议新闻发布会，2019年12月28日，http://www.xinhuanet.com/le-gal/xsk/zhibo/201912/3732400.html? type=pc? type=mobile。

组织、社会组织发育不健全,群众参与度不高。不少社区的居(村)委会在社区治安管理上一手包办了政府职能部门或派出机构交办委托的工作,调解委员会、治保会等组织形同虚设。部分社区集中人力组成了志愿者队伍,但工作缺乏有效组织性和系统性,培训和管理不足,经费保障缺乏。邻里间团结互助精神薄弱,彼此缺乏交流,居民参与治安服务的意识不强,造成社区治安服务的力量不足。

三是社区治安和矫正服务的体制机制不够健全。由于相关法律更新速度并未赶上社区发展速度,非但不能成为社区治安服务的法律助力,反而带来某些制度性障碍。部分法律条文没有厘清多元主体的权利与义务关系,责任划分和利益协调缺乏切实可行的法律保障,造成一定程度地治理困难。政府、社会组织、居民自治组织、社区居民等彼此沟通协调不足,主体横向合作较薄弱,统一协商的组织体系尚未形成。此外,对社区治安服务组织和人员缺乏相对完善的管理体制,招聘解聘、基本待遇和福利、奖惩、监督考核等规定都不够完善,在一定程度上阻碍了社区治安服务的有序实现。[①]

基于上述三方面存在的问题,我国现阶段社区治安和矫正服务还有很多的改善空间。改善的动力就在于认清社区治安与矫正服务升级的内涵及其重大意义;将社区治安和矫正服务真正看作社区发展和增进居民自身利益的事情。

三、社区治安与矫正服务升级的重大意义

作为一种服务,社区治安和矫正就有提升质量和升级的空间。概括而言,社区治安与矫正服务升级主要体现为三个方面,其一是治安与矫正服务的精细化,即这些服务能够针对社区中的每个家庭或者每个矫正对象,提供专业化的高质量的服务。其二是治安与矫正服务的预防性,即这些服务的重心从事后处理转变为事前预防,预防风险的增高和矫正对象的再犯罪。其三是治安与矫正服务的参与性,即社区居民和各类组织通过多种机制广泛参与提供服务。也就是说,社区治安与矫正服务的升级要求具有"自己的家园要靠自己保护"的意识,社区居民深刻理解自己在社区安全上所尽的义务和所要担负的责任,积极地配合社区警察做好社区的安全工作。

要实现社区治安与矫正服务的升级,有必须深刻认识到其社会价值和重大意义。只有认识到这些服务对于社区发展的价值和对于更为深远的意义,才能够确立其相应的使命,有足够的动力推动社区治安与矫正服务的创新探索。具体而言,社区治安与矫正服务的升级意义主要包括以下几方面。

一是有利于维护社区居民切身利益。社区居民是社区治安与矫正服务的首要受益者。当一个社区犯罪率下降,社会秩序良好,各类风险得到有效预防和控制时,居民才能够安心工作、生活,才有可能提升幸福感。特别是社区矫正,通过帮助居住在本社区的矫正对象的转变,可以有效降低再犯罪的可能性,从一定意义上来说,也是为本社区居民消除了潜在的隐患。因此,将社区治安以及矫正服务看作是为本社区居民所提供的基础性服务,而非只是为了完成政府任务,才能够真正确立其社区为本的理念。

---

① 李朝伟:《城市社区治安管理研究》,《湖北经济学院学报》(人文社会科学版),2018年第8期。

二是有利于增进社会价值。社区治安服务能够促进减少社会风险和违法犯罪行为，保持社会稳定和提升社会和谐程度，本身就可以减少居民损失，增进社会价值。对于社区矫正服务而言，可以促进矫正对象回归正常社会人生活，成为社会财富的创造者。可见，社区矫正服务能够实现"双层收益"，一方面有利于社会财富的增长，另一方面也有利于矫正对象个人社会价值的体现。

三是有利于彰显现代文明。社区作为人类的共同体，不仅是为了满足基本的生存需要，而且也是为了能够彰显出人类的精神文明水平，探索出人类文明实现的可能方式。在诸多文明的定义和指标中，减少暴力和犯罪无疑是得到较多公认的文明的特征。对于社区治安与矫正服务而言，提升社区文明水平是其合理的目标之一。特别是对于社区矫正服务，其产生就是刑罚人道化、社会化、个别化的体现，我国引进该制度也是提升社会文明和稳定的有效途径，对于树立人权保障国家形象和大国形象有重要的意义。①

第二节 社区治安与矫正服务升级的路径选择

当社区领导者认识到社区治安与矫正服务的重大意义之后，就需要寻找到切实可行的服务升级路径。通常而言，社区治安与矫正服务升级的路径包括整合力量、建立互惠和形成居民多层面参与的服务方式。

一、整合多种社区治安与矫正的服务力量

对于社区治安和矫正服务，可以从不同的主体视角来进行服务升级的探索。从社区治理角度而言，社区居（村）委会及其领导者是服务升级的主导者。因此，整合多种治安与矫正服务力量也就成为他们的重要职责。概括而言，需要整合的治安和矫正服务的主要力量包括公安机关及其派出机构和组织、社区矫正机构、专业社会组织、居民互助群体、志愿者等。

公安机关及其派出机构和组织是依法提供社会治安的政府职能部门，通常包括公安派出所、治安巡逻队、消防救援队伍、治安检查站等。在行使治安职能时，公安机关及其派出机构和组织通常与街道办事处合作进行。对于街道办事处与公安机关及其派出机构和组织而言，拥有大量用于社区治安的行政资源。其中，制度资源一般表现为国家法律法规和部门规章。法律法规是靠强制力来约束人们的行为，保证政策实施过程的规范性和完整性，受众较广且强制性高。物质资源一般表现为人力、物力、财力、设施和技术等。财政拨款为社区治安提供资金，用于直接建立相关服务机构、安装智能化技防设施、配置社区警务室等。公安派出所、治安队、街道办事处直接为社区治安提供了人力和组织资源。积极和充分利用上述资源，能够为社区治安服务提供基础性条件。

---

① 庞小玉、王洪涛：《论我国社区矫正制度存在的问题及完善路径》，《哈尔滨师范大学社会科学学报》，2019年第6期。

县级社区矫正执行机构是社区矫正的直接实施者，是社区矫正执法的重心和焦点所在，不仅配备了与其执法责任要求相适应的人力、物力和财力，而且是能够独立承担责任的执法主体。《中华人民共和国社区矫正法》第十二条规定："居民委员会、村民委员会依法协助社区矫正机构做好社区矫正工作。社区矫正对象的监护人、家庭成员，所在单位或者就读学校应当协助社区矫正机构做好社区矫正工作。"由此可见，居（村）委会既是社区矫正机构的具体协助实施者，也是社区矫正机构的密切合作者。为了在本社区提供更为有效的矫正服务，居（村）委会应该积极整合和利用县级社区矫正机构的各类资源。

社会组织特别是专业社工机构具有专门地提供某些社区治安与矫正服务的职业技能，本身也是一种重要的资源。社会组织可以弥补政府在社区治安和矫正服务上的死角和空白，缓解政府治安管理压力，是社区可以依靠的关键性力量。通过向社会组织够，可以获得一部分社区治安的相关服务，包括公共秩序维护中的矛盾纠纷调解、法律咨询、心理健康、公共设施维护等便民服务；消防安全中的设施修缮、消防知识培训、火灾后财产鉴损等专业技能服务；社区矫正的教育学习、心理矫治、生活指导、技能培训等非刑罚服务等。特别是对于社区矫正服务而言，专业矫正社工机构具有不可替代的作用。《社区矫正法》不仅在第十三条中有原则性的规定，"国家鼓励、支持企业事业单位、社会组织、志愿者等社会力量依法参与社区矫正工作"，而且在多个条文（第六条、第七条、第二十五条、第三十八条、第四十条、第四十一条、第五十六条）中规定，要充分发挥社会组织、志愿者等在社区矫正中的作用。这是因为社区矫正是一项综合性强的工作，既有专业性，还具有综合性。对于社区矫正对象来说，社会工作者运用尊重、平等、接纳的价值理念，以及专业理论知识、方法和技术，为其提供了心理矫正、情绪辅导、行为治疗、家庭关系调和、人际关系协调、就业辅导、法制教育、社会适应性训练、帮困解难等等各项专业服务活动，使社区矫正对象的心理、认知、行为、关系等方面得到矫正，有效地恢复了社会功能，重新回归了社会。①

居民治安互助网络是社区居民通过互助合作等方式参与社区治安的群体。居民是社区居（村）委会最需要信赖的支持性力量，也是社区治安服务的直接受益者。但是只有具有了公共责任、奉献精神和主体意识的居民，才能够真正参与治安服务，形成互助网络。通过推动居民从"旁观者"向"行动者"转变，可以有效增加大量的社区治安和矫正服务的资源。例如，居民互助网络可以参与组建治安巡逻队、党员义务巡逻队、义务协管小组、矛盾纠纷化解小组、邻里守望社、流动人口关爱小组等，提供治安巡逻、车辆管理、安全防范、纠纷化解、流动人口社区融入等服务；还可以安装安全警报器、智能监控、防盗门等技防设施，参加安全知识培训会、普法知识宣传、治安防诈骗讲座、消防应急演练等活动。

社区治安服务的志愿者同样是社区居（村）委会不可忽视在一种资源，具有公益性、无偿性、自愿性和创新强等特质，往往能够取得多样化的成效。例如，美国旧金山利用社区委员会形式通过志愿调解人员来平息那些常常爆发成暴力事件的日常争端。这个办法在

---

① 费梅苹、邓泉洋：《中国特色社区矫正社会工作服务体系研究——基于"社区矫正法"的要求》，《社会工作》，2020年第1期。

20世纪70年代后期由社区活动分子首先实行,后来这些社区委员会处理解决的案子比旧金山市法院还多。它们创造了一种被授权感,这种感觉是社区里大家一起干就能解决自己的问题。这些志愿者中有三分之一的人以前就是本地区争端中的当事人,他们请来社区委员会解决了争端,对这种办法很有好感,于是自己提出志愿服务。① 在社区治安领域,志愿服务表现在社区外部力量为满足居民需求所提供的服务,该力量一般分为个人、公益团体和企业组织三个层面。个人志愿服务是个体利用自己的时间,无偿、自愿、有计划地参与志愿服务活动,如"治安防范技能宣讲""消防知识进社区""一日交通协管员"等活动。社会公益团体中的支持型组织可以开展免费社区社会组织孵化工作,其他公益团体可以用其专业优势、资源优势开展有针对性的社区治安活动,如公共空间清理等基础服务,法制宣传、青少年教育、心理咨询、职业培训等专业服务。企业组织因履行社会责任而开展志愿服务,其可以将市场管理技巧应用到公共领域,帮助解决社区治安中的难题,也可以分派专业人员入驻社区,协助社区工作者制定社区治安发展规划以及安全风险防控方案,传授居民社团管理知识,培训居民参与专业技能,使社区治安更加专业化、科学化。②

二、建构社区治安和矫正服务的互惠机制

在挖掘和整合多种社区治安与矫正服务的力量之后,社区居(村)委会需要着力建构起各主体之间的互惠机制,并进一步形成信任合作关系。这就意味着要把民主协商贯穿到社区治安服务的全过程,以民主协商、戮力合作的方式,既要处理好政府职能部门与社区自组织之间的关系,又要处理好与社区与各社会组织、居民之间的关系。

一是建构政府职能部门与社区间的互惠机制。在实践中,政府治安与矫正的职能部门与社区之间具有各自的权责和职能,具体体现在社区民警与社区居(村)委会之间的职责分工上。但在社区治安服务的提供上,则需要政府职能部门与社区之间密切合作,形成良性的互惠机制。这一互惠关系的核心是相同的绩效要求。实现了社区治安与矫正的各项指标,一方面有利于实现政府职能部门的治安和矫正任务,另一方面也有利于为社区发展创造良好环境。一旦建立起这样的互惠机制,政府职能部门与社区都会有积极性形成市民导向的警务模式。日本的"交番相谈员制度"、新加坡的"邻里警岗"模式和美国的市民导向警务模式都是典型代表。"交番相谈员制度"是指来访接待员,他们一般由经验丰富的优秀退休警官担任,其主要职能是代替社区警察在派出所负责居民的来访和接待工作。新加坡的"邻里警岗"模式要求邻里警岗站全部设在距离居民最近的地方,由30名警察分三班轮换,昼夜为社区居民服务。邻里警岗处理提供常规服务外,还是居民的信息中心和犯罪预防中心,负责本地区巡逻,并对居民进行家访。美国的市民导向警务模式以15人为单位,组成一个巡逻小组,负责巡逻区域内的工作。要求警察在强化巡逻的基础上,深入居民家中,挨家挨户调查居民对犯罪的恐惧问题,从而加强警察与市民的联系。③

---

① 奥斯本、盖布勒:《改革政府:企业家精神如何改革公共部门》,周敦仁译,上海:上海译文出版社,2006年,第33页。
② 孔娜娜、位利平:《新时代城市社区治安政策工具的优化选择与应用》,《社会主义研究》,2020年第4期。
③ 张康之、石国亮:《国外社区治理自治与合作》,北京:中国言实出版社,2012年,第233~235页。

从当前社区治安的实际情况来看,一方面政府职能部门要以"平安社区"为基本导向,建立社区警务室、社区矛盾纠纷调查处理中心、治安岗亭等,确保治安隐患和治安问题的及时解决。用好入户串门、交谈排查等工作方法,第一时间了解治安情况、关注治安动态。另一方面,将"向社会要警力作为实现'警力无增长改善'的路径选择之一",丰富社区群众治安管理的参与渠道,挖掘社区有利的治安资源,组成社区治安志愿者队伍,鼓励社区群众积极参与到治安管理中。① 近年来出现的"微警务"已经向着这种互惠机制的发展迈出了一步。"微警务"借助微博、微信等网络通信工具及时地向社区民众推送警情和警务信息,警示和提醒民众,从而能够提高居民的自我防范意识,避免各种治安危害。"微警务"的发展经历了"公安微博""双微联动"和"两微一端"三个时期。自2010年广东佛山第一个警务微博开通之后,各地区纷纷探索建设具有本地特色的微警务模式,微警务模式博如雨后春笋般纷纷出现。例如,"平安肇庆"微警务之"问政树"模式、江苏公安之微警务集群模式,海淀公安微警务之"双微联动"模式,以及"厦门百姓 App"之"互联网+群防群治"微警务模式等最具特色和实践性。② 社区民警和民众通过长时间的深度沟通和双向互动能够增进彼此之间的信任,对促进警民关系,建立互惠机制产生切实影响。

二是建构政府职能部门与专业社会组织间的互惠机制。政府职能部门与专业社会组织之间的是平等互利的合作关系,其互惠机制的核心在于规范透明的政府购买服务或外包服务。通过购买服务,一方面政府职能部门可以有效提升工作绩效,另一方面专业社会组织也能够获得合理的收入,实现机构的愿景。在此过程中,社区居(村)委会应积极介入全过程,确保以社区治安与矫正为目标,防止政府购买过程中的不合规行为,切实让真正专业性强的社会组织获得项目,确保项目能够落实到社区治安与矫正的服务升级中。例如,物业公司能承包多项治安服务,其安保部门可联合社区居民、配合社区警务及公安机关,做好社区门岗登记、治安巡逻等治安防范工作;其消防中心可配合消防部门负责社区消防知识宣传与培训、设施监管与维护、消防巡查与演练等消防安全预防和救援工作。除公共秩序和安全防范工作,物业公司还承担社区公共设施的管理与维护、车辆秩序维护、停车位管理、噪音控制等职责。合同外包使政府或社区成为公共产品的安排者和监督者,能减少自身行政负担,降低公共财政支出;物业公司成为公共产品的生产者,其人事变动灵活、应变能力强,服务质量评估也更容易进行。③

三是建构社区与合作伙伴之间的互惠机制。伙伴是指为改善社区治安状况,为社区提供资源支持的地方政府、社会组织、企业、居民、志愿者等主体。他们与社区居(村)委会形成一种长期合作关系伙伴关系。在这一互惠关系中,最为重要的是为合作伙伴提供必要的荣誉或精神回报。因为这些合作伙伴并非为了承担政府购买项目而来,他们通过政府补贴、公益创投、慈善捐赠、公益众筹、志愿服务等方式促进社区治安与矫正服务,只是为了实现社区的发展,获得意义感、成就感和归属感。为此,要让这些合作伙伴特别是居

---

① 李朝伟:《城市社区治安管理研究》,《湖北经济学院学报》(人文社会科学版),2018年第8期。
② 徐环业、李世鹏:《"微警务"在社区治安防控中的应用探究》,《武汉公安干部学院学报》,2019年第2期。
③ 孔娜娜、位利平:《新时代城市社区治安政策工具的优化选择与应用》,《社会主义研究》,2020年第4期。

民真正感受到社区治安状况与其利益息息相关,通过培育社区成员的契约精神,将其提升为解决社区公共事务的行为准则。从深层次来看,社区文化与志愿供给是相互促动的关系,有效的志愿治安供给是以良好的社区文化为基础的。良性运作的志愿供给不但在一定程度上能够满足社区安全需求,而且也能规范社区成员行为,增进互动和互助,培育现代社区文化意识。

三、形成社区治安与矫正服务体系

当在社区治安与矫正服务的各主体之间建构起互惠机制后,就为多个层次并存的社区治安与矫正服务体系奠定了基础。具体来说,这一体系由是公安机关及其派出机构、街道办事处(乡镇)、社区居(村)民委员会、社会组织、驻区机关企事业单位的保卫部门、物业管理公司以及社区居民等多主体协同治理;提供危险品管控、治安防范、打击犯罪、社区矫正、网络诈骗、纠纷化解、突发事件应对、消防安全、公共秩序等多层次治理业务;采取依法行政、社会合作、市场交易等多种类型的服务,不同类型的服务具有各自的服务机制与服务方法(见表13-2)。

表13-2 社区治安与矫正服务体系①

服务类型	供给机制	服务方法
依法行政	法律规制	应用《宪法》《刑法》《刑事诉讼法》《治安管理处罚法》《突发事件应对法》《居委会组织法》《消防法》《交通法》《社区矫正法(征求意见稿)》《社区矫正细则》《社区矫正实施办法》《关于加强社区警务建设的意见》《人民调解委员会组织条例》《街道办事处组织条例》《消防条例》《物业管理条例》等
	财政拨款	建立社区矫正机构、"天眼覆盖"、社区警务室设施配置等
	直接供给	公安派出所、治安巡逻队、消防救援队伍、治安检查站、街道办事处、社区居民委员会等
社会合作	赋权	赋权组织、赋权社区等
	居民参与	组织化参与,加强自身治安防范,参与各类活动,开展义务治安巡逻、邻里守望等
	志愿服务	志愿者、社会志愿团体、企业志愿组织等
	伙伴关系	公益创投、慈善捐赠、公益众筹、技术支持、管理咨询等
市场交易	政府购买服务	社会工作、社区矫正、法律服务、公共设施维护等
	合同外包	物业公司、安保机构等
	用者付费	聘请私人保安、安装物防技防设施等

具体而言,依法行政服务中所应用的供给机制主要包括法律规制、财政拨款和直接供给,这一服务类型主要取决于相关法律规定和政府的财政投入,具有显著的强制性。在社会合作的服务类型中,主要包括了赋权、居民参与、志愿服务和伙伴关系等供给机制。其

---

① 孔娜娜、位利平:《新时代城市社区治安政策工具的优化选择与应用》,《社会主义研究》,2020年第4期。

中赋权是基础,包括了赋权组织、赋权社区,其目的是增强社区居民或组织的能动性和自主性。赋权组织是指基层政府与社会组织合作,使其能够参与提供社区治安服务,并协助居民开展自治。如基层政府与司法部门合作成立法律援助中心、信息咨询中心,与社会组织合作成立社会工作专业培训中心,加强社区工作者能力建设,等等。赋权社区是指社区能够基于居民利益或需求成立社区组织,如组建社区社会组织、志愿组织、居民社团等。在支持型社会组织的培育与扶持下,社区社会组织可以为居民提供社区治安服务,志愿组织、居民社团等可以参与社区公共秩序的维护、安全隐患排查、治安巡逻、邻里矛盾调解等。社会组织为居民参与社区治安提供了组织化载体,支持型社会组织还为社区提供技术、资金与人员支持,这使社区居民能够自我组织、自我运转,增强其参与的能动性和持续性。① 在赋权的基础上,多元主体以社区治安与矫正需要为对象,通过协商沟通,采取居民参与、志愿服务和伙伴关系等具体实现机制。市场交易的服务类型是指利用市场机制实现资源优化配置的一种方式。社区治安供给既不可能也没必要由政府垄断,而是可以由市场中的企业提供多样化、个别化的直接服务。② 在市场交易的服务类型中主要包括政府购买服务、合同外包和用者付费三种机制以及多种多样的服务方法。如居民可通过自主付费聘请私人保安、安装家庭智能技防设施,增强治安防范等。

拓展阅读

日本矢上理想公寓的治安③

长崎矢上公寓社区,建在一处 107 公顷的坡地上,拥有 2500 个家庭,8400 名居民。该社区因在犯罪案件、交通事故和少年犯罪等方面有优秀记录,被认为是"治安超前的楷模"。

1994 年 5 月,矢上公寓社区成立了由居民负责的"矢上理想公寓安全计划促进委员会"。在矢上公寓社区共有 14 个这样的居民委员会。每个委员会下设分管防止犯罪、交通事故、少年犯罪和紧急情况四个方面的分会。"矢上理想公寓安全计划促进委员会"提出了"建立日本最安全、最适合居住的社区"的口号。为此,公寓居民专门成立了一个安全巡逻小组,定点准时在社区内执行安全巡视任务。除此之外,委员会还广泛地组织开展其他一系列自发性安全活动,如举办防灾和防火讲座、居民自行组织防火演习等。这个委员会还与警方协作,成功地取缔了社区内的非法停车。现在,社区内已经没有非法停车的事情发生了。另外,公寓区的"交番"警点还拥有一个社区房间,作为"生活安全中心"向居民开放。在"生活安全中心"定期举办安全知识讲座、专题展览及提供安全咨询服务等活动。

在矢上公寓社区,维护社区安全已真正成为社区居民的自觉行动。作为社区安全楷模,它的许多做法为附近类似规模公寓区效仿,起到了榜样的作用。

---

① 孔娜娜、位利平:《新时代城市社区治安政策工具的优化选择与应用》,《社会主义研究》,2020 年第 4 期。
② 臧建国:《社区治安供给模式及优化策略探析》,《四川警察学院学报》,2013 年第 3 期。
③ 张暄:《日本社区》,北京:中国社会出版社,2007 年,第 232~233 页。

第三节　社区治安与矫正服务升级的制度保障

社区治安与矫正服务升级路径是建立在良好的社会资本之上的。但其实现和可持续运行还需要建立相应的制度保障。这些制度保障既包括司法管辖，也包括社区警务制度的改革和市场化的探索。

一、促进司法管辖与社区服务的有机结合

在有关社区治安的一些内容上，通常处于司法管辖和社区服务两者之间的模糊地带。例如矛盾纠纷既可以上法庭解决，也可以通过社区调解。目前存在着两种比较极端的做法，一种是试图将所有的问题都纳入司法程序，其结果是极大地增大了法院的压力；另一种则强调调解的优势，试图将所有的治安问题都纳入社区服务中。显然，这两种极端做法都不符合实际情况。对于中国当前的社区治安状况而言，还是应该持续促进司法管辖与社区服务的有机结合。

具体而言，首先要重视选择性调解，即当事人在法院的审判和判决与各种非诉讼机制之间进行选择。当事人有权利对解决纠纷的方式、规范、程序和结果进行自主选择，其选择的动机和标准可能是基于成本效益、便利快捷方面的考虑，也可能是出于对情感或长远利益的顾及；既可能是由于对诉讼的回避，也可能是对常理性公正及保护性的追求。多样化的选择，不但有利于当事人及时便利地解决纠纷，也在很大程度上分担了法院的诉讼压力。① 其次，应推动一些经常发生的引发居民大量投诉的问题进入司法管辖范围。例如，在城市中噪音扰民、乱扔垃圾成为市民投诉的突出问题，仅仅依靠投诉反馈机制或者是调解机制很难完全制止。因此，有必要确立一些社区事务的"皮毛法律"，通过罚款等方式来加以处理。再次，对于一些问题比较小的社区合同纠纷可以用调解的方式来替代法庭判决。例如，当前物业与业主之间因为物业费缴纳问题产生了大量诉讼，给法院造成了较多压力。对于此类案件，也可以通过社区调解来处理，其效果或许比法院判决更好。

拓展阅读

美国社区的皮毛法律

---

① 张康之、石国亮：《国外社区治理自治与合作》，北京：中国言实出版社，2012年，第237~238页。

二、完善社区警务制度和矫正制度

虽然目前许多城市社区的派出所已经深入社区,明确了社区民警的联系方式。但是与真正的"面向社区的治安工作"要求相比,还是存在一定的差距。主要表现为社区民警很少主动走访居民家庭或者深入社区巡逻,更多的是被动等待居民来访。进一步来说,派出所及社区民警不仅是一名执行职务的警察,而且他还是一个社区组织工作者,一个社区活动积极分子,一个解决问题的人。这就意味着,民警们要成为社区自力更生过程中的催化剂,有的时候要同社区领导人一起制止地区里的孩子逃学,有时候要去帮助居民清理空地和生锈的汽车。显然,做到这一点还需要进一步完善警务制度,改变社区民警考核的方式和内容,鼓励他们了解社区,积极融入社区治理中。

虽然目前网络社群和微媒体平台已经成为基层公安机关和民警联系民众,开展网络动员工作的重要媒介,基层民警也在不遗余力地结合本地实际建立网络社群和微媒体平台,并努力提高自身的自媒体素养,最大限度地发挥其动员媒介的作用。但要进一步发挥"微警务"的功能,一方面需要加强线上与线下的互动融合;另一方面要求社区民警掌握基本的媒介操作技巧和处理技术,善于使用"网络语言",提高对与社会治安有关的网络信息的判断、处理、筛选和解读能力,确保能正确接收处理社会治安信息,进行迅速处理后及时发布。①

在社区矫正制度中,目前还存在一系列的制度性不足。例如,少数内容可操作性不强。以缓刑人员社区矫正为例,对于缓刑犯,执行禁止令就是社区矫正的重要内容,但是由于立法不严谨,导致社区矫正执行不到位。从当前来看,我国法律仅规定,被宣告缓刑的,禁止从事特定活动,禁止进入特定区域或者场所。该禁止令的内容不明确,太过原则化,让禁止令的发出、执行和监督容易出现问题。对此,随着《社区矫正法》的实施,应在实践中不断修订完善。

三、积极探索市场化的社区治安供给方式

虽然在社区治安与矫正服务的供给机制上,目前已经开辟了社会合作、市场交易等方式。特别是政府购买服务、合同外包、用者付费都在不同程度地进行尝试。与此同时,一些问题也暴露出来,一方面是在购买服务、合同外包中不够规范透明,市场竞争机制未能很好发挥;另一方面则是社区中开展用者付费遇到阻力,许多居民不习惯于花钱买社区服务。因此,还需要积极探索和规范市场化的社区治安供给方式。

就社区矫正的供给方式来看,也存在着市场化水平不足的问题。例如,一些司法行政部门仍然受重刑主义思想的影响,重惩罚监管轻矫正服务;大部分基层司法行政机关对社会工作者了解甚少,对社会工作者应担当的角色功能认知差异较大,不少人认为社会工作者就是社区矫正机构的"协管员""志愿人员",大量的行政事务使社会工作者成为社区矫正事务的行政辅助人员,弱化了社会工作者作为社区矫正社会服务专门人员的角色和职

---

① 徐环业、李世鹏:《"微警务"在社区治安防控中的应用探究》,《武汉公安干部学院学报》,2019年第2期。

责。有些地方社会服务组织以及社会工作队伍建设程度较低,尚没有专业力量介入社区矫正领域;部分地区虽已经建立社会工作者队伍,但由于社会工作制度环境的局限及自身专业能力不足,专业成效难以发挥。基于上述原因的存在,很容易使社区矫正机构与社会服务组织及社会工作者间的关系成为一种行政主导的管理与被管理、行政垄断与资金依附关系,社会工作者容易被"同化"于行政事务协管员而丧失了其独立角色,社区矫正社会工作服务的行政化、分散化、碎片化,严重制约了社区矫正社会工作应有专业功效的发挥。① 针对这种状况,同样需要深化社区矫正服务供给机制的改革,不断增加和规范市场化的供给方式。

课后提升

一、必懂知识点

1. 社区治安与矫正服务升级的主要意义。
2. 社区治安与矫正服务的互惠机制。
3. 司法管辖与社区服务有机结合的方式。

二、应用练习

选择一个便于调查和参与的社区,完成下列任务:
1. 通过查阅资料或访谈,了解并记录该社区治安和矫正服务的现状。
2. 通过访谈,了解并记录制约该社区治安和矫正服务发展的主要因素。
3. 针对该社区治理对治安需要的状况,设计一份治安服务改进方案。

三、提问、解答与建议

如果你对本章内容有任何评论、疑问和建议,请扫描下方二维码后留言,我们将及时回复。

---

① 费梅苹、邓泉洋:《中国特色社区矫正社会工作服务体系研究——基于"社区矫正法"的要求》,《社会工作》,2020年第1期。

第十四章　社区环保服务的创新升级

随着人们生活水平的提高，对于社区环境的重视程度越来越高。维护良好的环境不仅成为居民的责任，同时也成为社区所提供的一种重要服务。那么，社区提供环保服务的意义与价值何在？社区通常采取何种路径实现环保服务的升级？社区环保服务的升级还需要哪些制度保障？针对这些问题，本文将借鉴国际经验，结合中国城乡社区实际加以深入分析。

第一节　社区环保服务升级的需求与意义

环境问题及相关的动物管理问题在社区中日益突出。与此相适应，也反映了环境保护及动物管理服务的重要性在增强。认识到社区环保服务升级的重大意义，是开展社区环境治理创新的基础条件。

一、环保问题与环保服务需求

无论是城市社区，还是农村社区，环境保护问题及相关的动物管理问题已经成为影响人们生活水平的重要因素。据研究，发展中国家80％的疾病是与不卫生的水、恶劣的环境卫生条件密切相关。①

当前较为突出的环境保护问题主要有：水、空气、土壤污染和噪音、灯光污染以及由此引发的食物污染、公害病等；各类垃圾乱丢以及垃圾处理困难问题；饲养宠物引发的纠纷问题和环保问题；流浪猫带来的问题等。

一些环境保护问题因为城乡差异，聚焦的重点有所不同。以垃圾处理为例，在城市中主要垃圾分类实施难和垃圾处理困难的问题。在农村垃圾问题则因为地域广，缺乏专职人员、管理成本高、因地制宜差等原因，导致清洁工程对乡村环境卫生的改善作用有限。在不同城市的社区中，所面临的环保问题又有所不同。

再如，近年来城市中养宠物特别是养犬问题引发的纠纷日益增多。具体表现为，一些犬只饲养人缺乏犬只登记、管理意识，导致犬只登记比例低，约束措施不完善。一些人出于个人爱好饲养烈性犬，给周围居民造成潜在的安全隐患；还有不少犬主缺乏公德意识，为己之便让犬只随地便溺，破坏环境卫生。丰台法院通过梳理近3年北京市涉宠物犬侵

---

① 陶勇：《中国农村饮用水与环境卫生现状调查》，《环境与健康》，2009年第1期。

权的181份判决,发现超过一半的案件中,涉案犬只未办理养犬登记或者登记信息与实际饲养情况不符;在因遛狗引发的案件中,六成的涉案犬只存在未系犬绳的情况,其中超过四分之一的犬只是禁止出户遛放的大型犬或烈性犬;在造成人身伤害的案件中,超过半数的受害者是老年人和未成年人。

再如,流浪猫狗作为社区中随处可见的群体,不管是直接或间接、正面或者负面,或多或少地引起了一些社会问题。如何处理小区中的流浪猫狗成了让物业服务公司格外头疼的一件事。若物业服务公司放任不管,则众多业主会以扰民、破坏卫生或者威胁儿童安全等各项理由向物业管理单位投诉,要求其清理这些流浪猫狗。但若物业服务公司实行一些"强力"措施比如驱赶、拆除猫舍狗舍甚至扑杀动物的时候,又会遭到小区众多爱护动物的业主的强力抵制以及社会上动物保护组织的舆论批评。左右为难几乎是所有物业服务公司对此问题的共同感受。

二、环境卫生治理的探索及其困难

在新的发展观的指导下,在爱国卫生运动及文明城市创建活动的推动下,社区成为环境卫生治理的具体承担者。各社区对自己辖区内的环境卫生进行阶段性的整治以及经常性的巡查工作。在社区的环境卫生治理工作中通常包括组织管理、健康教育、农贸市场、城中村、"七小"行业以及无人管理小区、直管公房、特困(破产)企业职工宿舍等。任务繁杂,难度较大。而且这些工作通常还要涉及房管、城管、工商、环卫、建设、卫生以及综合执法等政府职能部门。因此,在大部分城乡社区中环境卫生治理尽管是重点工作,却很难取得显著持久的成效。

对于社区居民而言,社区环境卫生同样是直接影响到日常生活的重要因素,也是居民较为关注和意见最多的领域。一项对城市社区的调查发现:在对社区环境卫生的认识方面,社区居民认为社区在环境卫生的具体各环节上都需要改进和加强,其中"街道的及时清理""垃圾的处理"被认为是较为急需的。在居民对社区环境卫生的态度方面,整体上居民的满意度一般,绝大多数居民希望社区有优良的环境卫生,对这个问题的重视度较高。在居民对社区环境卫生的行为倾向及行为方面,绝大多数社区居民都愿意为维护改善社区环境而努力。但与此同时,居民在实际生活中,维护社区环境卫生的行为发生频率不够高、破坏社区环境卫生的行为频率较高。这说明正因社区居民在该问题的行为倾向和具体行为中存在不一致甚至是矛盾之处。[1] 同样,在农村社区,农村居民环境卫生治理的参与意愿不足,总认为垃圾的处置、卫生的保持与自己无关,是政府应做之事,是基层干部政绩的一种体现。[2]

深入来看,社区环境卫生治理活动在总体上呈现出了政府主导性强、社会力量弱的特点,面临着一些挑战。其一是治理变成了单一化的政府主导行为。从区到社区三级,政府

---

[1] 杨世箐、周炎炎:《居民社区环境卫生意识的实证调研——以成都市正因社区为例》,《科技创业月刊》,2011年第17期。

[2] 闵继胜:《美国乡村社区环境卫生治理的另一种解读:预期收益决定论》,《中国卫生事业管理》,2017年第6期。

都设立了爱卫办,严格执行行政问责制。在环境卫生治理中,采取了行政主导的方式,而没有根据治理的具体内容,在政府与社区之间做出边界的划分,哪些应该由政府来做,哪些应交给社区来自主完成。其二是社区自主治理缺位。在创卫过程中,按理说各社区应该召开居民会议或者居民代表会议,针对社区内的环境卫生情况,在社区自治的职责范围之内,具体提出解决的方案对策,进行民主决策、民主管理、民主监督等,但事实上,较少有这样的过程,社区自治的功能没有得到发挥。其三是缺乏社区公民的广泛参与。在一些社区整治小区内的卫生,清运垃圾等与居民切身利益相关的工作时,具体是由街道办城管科和居委会、物管等工作人员负责,全程较少发动小区居民的主动广泛参与,反而由于不理解,还容易与部分居民发生冲突。[①]

三、社区环保服务升级的内涵与价值

社区环境保护不仅是一项来自政府的任务,对于社区居(村)委会而言,社区环境保护同样是为了满足居(村)民生活需要而提供的服务。而且这一服务不仅要满足最基本的生活需要,还应该持续升级,满足人民美好生活的实现。具体而言,社区环保服务升级的内涵主要包括三个方面。一是通过环保服务提升社区宜居度高,有良好的空气、水、土壤等条件,环境对人的危害降低很低;二是通过环保服务实现人与自然和谐相处,在社区中不仅有绿色植物,还有一些家养甚至野生动物能够共存。三是通过环保服务实现社区乃至国家循环经济的发展,将一些家庭中的废旧物品、垃圾等变废为宝,实现循环利用,节约资源。

具体来说,社区层面可以提供的环保服务主要包括:(1)提升社区绿化水平,因地制宜地在社区中植树种草。无论是建设社区公园,还是营造屋顶庭院、阳台花房,都能够有效增添社区的绿色。(2)鼓励居民减少使用私人汽车,采用新技术减少汽车尾气的排放。(3)做好所在小区、楼道的卫生清扫工作,自觉维护环境卫生。(4)做好垃圾分类工作,积极推动垃圾回收再利用。(5)开展环境卫生教育,培养居民具有环保意识。

当实现了上述社区环保服务升级之后,社区环保就再是一项烦琐的任务,而是具有十分重大价值和意义的使命。这些价值包括:其一,有助于实现人民的美好生活。随着绿化事业的发展,水土得到了保持,气候得到了适当的调节,空气得到了净化,环境得到了美化,社区居民的美好生活也得以增进。其二,有利于减少社区内矛盾。许多社区居民间矛盾,居民对居委会、政府的投诉都是因为环境保护问题。当相应的服务到位后,矛盾自然也就消除了。其三,有利于实现可持续发展。当每个社区中的居民都能够积极自觉地开展垃圾分类,实现资源回收利用,对于一个国家而言,则可以有效减少资源浪费,实现可持续绿色发展。

---

① 黄美玲:《我国城市社区自治与政府管理之关系探析——以昆明市"创卫"中××社区环境卫生治理为例》,《社科纵横》(新理论版),2010年第1期。

第二节　社区环保服务升级的路径选择

社区环保服务升级的实现不仅需要整合来自多方面的资源和力量,还要积极构建社区与不同主体间的互惠关系,最终形成多个层面的环保服务体系。

一、整合社区环境服务的资源

多种资源与多元主体同样是社区环保服务升级的基础。在社区保护服务升级的过程中,通常涉及的供给主体包括各级政府、居(村)委会、社区自组织、社会组织、企业、居民家庭和志愿者等。在这些供给主体中,社区居(村)委会是具有主导性的地位,担负着整合社区其他资源和力量的任务。这是因为居(村)委会是基层群众性自治组织,具有中介、协调和自治的作用。居(村)委会一方面可以直接与街道等政府部门沟通合作,承接政府的环境卫生公共服务;另一方面可以和业委会相配合组织召开居民会议或居民代表会议,在自治权限内针对居住小区内与居民密切相关的环境卫生事务进行民主讨论协商,制定出具体的整治方案,整合力量提供服务;还可以利用墙报、板报甚至小区报纸的形式向居民宣传环境卫生知识,利用党组织、志愿者以及工会组织、老年人协会甚至以单位为组织,进行多种形式的健康教育。

政府相关职能部门是需要整合的首要力量。一方面,维护城市乡村环境卫生是政府相关职能部门的职责,另一方面他们也拥有较多的政策优势和资源。具体而言,首先,政府依法具有对城乡社区环境卫生履行监测、检测、监管等职责。其次,政府是社区环境卫生治理的宏观规划者和政策制度的制定者,社区的治理离不开政府的规划和政策的推动和支持。从规划方面来看,在环境卫生治理中,区县政府立足于城市或地区情况,制定出环境卫生治理的总体规划和实施方案,作为社区组织制订具体工作计划的指导和依据。在政策制定方面来看,政府统一规定群众监督激励机制、政府各职能部门与街道办各科室之间的权责问题等。再次,政府能够为社区环境卫生治理提供相应的人力、物力和财力支持。

专业社会组织或居民自组织是社区环境卫生治理需要整合的第二方面的力量。专业的环境保护社会组织可以通过承接政府或社区的项目,提供专业化的环保服务。同时,社区内在自组织可以通过社区居民自治公约,比如以"养犬管理自治组织"的形式,来对养犬、流浪动物等行为进行自我监督、自我管理、自我服务。

社区居民、驻社区企业和志愿者是环保服务升级中需要整合的另外一些力量。社区居民自身利益与环境息息相关,他们通常都有着较为强烈的意愿来改善社区环境,但是其组织性和行动力较弱,需要加以引导和支持。例如,垃圾分类及回收利用需要每个家庭的配合;楼宇绿色和阳台庭园需要每个家庭的打点。驻社区机构特别是企业也具有重要作用,在改善社区环境中发挥独特作用,例如提供绿地,种植树木等。而广大志愿者则能够在社区环保多个方面做出贡献,例如担任文明卫生监督员、担任环境卫生纠纷调解员、做流浪动物的关爱者等。

二、建立社区环保服务主体的互惠机制

要实现社区环保服务多种资源的可持续参与，核心是建立互惠机制。让参与提供社区环保服务的各主体依据不同合作机制都能够从中获益。

首先，建立社区与政府职能部门间的互惠机制。对于政府职能部门而言，环境卫生是自己的职责所在，在传统的行政管理模式下，主要通过向下压任务，提要求，做检查。如果社区将环保服务作为自己的职责积极主动地升级改善，无疑有利于政府职能部门完成任务，也容易争取他们的支持。因此，这两者之间形成互惠机制的主动权在社区，在于社区能够变被动为主动，将环保服务作为自己的优势呈现出来，以此来争取政府职能部门在政策和资源上的投入。

其次，建立社区与居民间的互惠机制。让居民能够积极参与到社区环保服务中，一个关键的互惠机制是让居民能够从中增加预期收入。具体而言，社区居民的预期收益来自他们的房产。购置房产是绝大多数家庭最重要的决策，他们对于房屋的售价格外关注，一旦拥有房屋后，就会努力实现自己住宅的保值和增值。而房屋的价值一方面取决于周围的学区，另一方面则是房屋的质量以及所在环境的情况。在其他因素不变的情况下，社区的整体环境越优越，房屋的市场需求就会越旺盛，整个社区的房价就会因社区生态环境的改善而抬升。这也会惠及社区所有住户。可见，社区居民能够从社区环保服务升级的参与中获得潜在获益。因此社区居（村）委会应将增强社区房屋价值作为改善环保服务的一个理由，积极鼓励广大居民积极参与到垃圾分类及回收利用、增加家庭绿色、维护楼道卫生等方面。

再次，建立社区、物业公司与志愿者之间的互惠机制。社区需要提升环保服务能力，物业服务公司则需要满足居民需要，志愿者则对自然环境或流浪猫狗心怀同情。这三者的诉求可以通过新的互惠机制结合起来。例如，对于社区流浪猫狗的问题，物业服务公司可以联合动物保护机构和志愿者组织小区业主为社区中的小动物捐款，此款项主要用于将小区流浪小动物寄养到动物保护组织的费用。在这方面，喜欢小动物的业主当然会因为希望小动物得到更好的救助而捐款，那些不喜欢小动物的业主会为了把这些流浪动物妥善送走而积极捐款。动物保护组织会因为收到资金援助而积极与物业服务公司合作。此外，也可以联系小区周边宠物医院为流浪动物进行低价清洁，然后再把收拾的干净漂亮的小动物的照片挂在网上或社区论坛上向小区业主宣传，鼓励他们领养，这样既减少了小区中流浪猫的，也为那些爱动物的业主免费提供了宠物，可谓一举两得。对于整个社区来说，通过系统化的方式，将社区居民、社区流浪猫、整个社区紧紧联系在一起，从而相互理解，保持距离，但各自目的得以实现。①

---

① 范璐垚：《关爱设计视角下社区流浪动物问题的研究与实践》，《中国包装》，2019年第12期。

三、形成社区环保服务体系

一旦社区中的多个主体之间围绕着环保服务升级形成了互惠关系,就能够持续地维护和改善社区的环境,在动物管理上也会寻找到合理的办法。从而由不同主体所提供的环保服务运行机制不同,但在社区层面上可以聚合形成一个服务体系。概括而言,主要有以下几种类型。

一是基于行政职责的社区环保服务供给。无论是由政府提供的环保基础设施,还是提供的环保服务购买项目,都是来自财政资金,也就受到相应法律和管理规定的约束。通常而言,政府提供的社区环保服务是政策性、基础性和阶段性的。例如,对于垃圾分类,政府会依法进行宣传、提供相关设备、监督检查等,但很难经常性的进入社区或居民家庭来落实。

二是基于社区及家庭互助形成的环保服务。大部分日常的社区环保服务是由社区自身以及居民家庭提供的。例如,在农村社区中环保服务供给的职责主要有:履行本村范围内环境卫生公共服务的工作安排、付费或部分付费、服务提供等供给职责,主要涉及公共厕所和垃圾箱等设施建设、生活垃圾的收集、村内池塘与生活污水管理等;对全国性或区域性准公共产品履行部分付费(包括筹资筹劳)义务;提供或参与提供本村范围内的环境卫生公共服务工作。① 在城市社区中,则要求社区和家庭更为细致地进行垃圾分类处理,维护小区日常卫生等。

三是基于市场合同所获得的环保服务。这一部分环保服务通常包括两部分,一部分是小区居民向物业服务公司购买的;另一部分是政府或社区向专业社会组织购买的。虽然一些购买项目看似与环保服务无关,但其产出的很大一部分却是环保服务。例如,对于一些无物业小区的治理,社区通过政府购买服务,邀请专业社会组织介入发动居民组建自管会,从而使得小区的环境卫生有人负责。

四是基于公益目标由志愿者提供的环保服务。正如前文所介绍的由志愿者参与的社区流浪猫狗关爱项目,通过志愿者的介入,流浪猫狗的管理问题得到解决,社区的环境卫生的难题也就迎刃而解了。除此之外,社区志愿者还可以在消除垃圾、宣传环保、调解纠纷等方面提供独特的服务。

第三节 推动社区环保服务升级的制度保障

实现社区环保服务的升级对于许多社区而言是一件困难的转变,因为他们面临着一些外在的法律和政策的限制,而且在实践中整合不同资源也需要建立相应的激励制度。

---

① 高韧、吴春梅:《农村社区环境卫生公共服务供给主体的制度激励研究》,《经济问题》,2009 年第 1 期。

一、继续完善环保服务升级的法律规定

在一些发达国家的社区环保治理上,法律具有十分基础性的作用。例如,美国在1964—1980年环境立法的"黄金期",一共通过了20多项环境法律,涉及污染防治、土地管理、野生生物管理、环境政策等方面,在国家层面构建起了系统的环境法律体系,积极回应了民众对环境问题的关切。① 再如,日本东京都于1972年制定了自然保护和恢复条例,1984年制订了《东京都绿化的倍增计划》和《东京都环境管理计划》。进入20世纪90年代,东京都又提出了将城市建设成为环境保护型都市的设想,并以可持续发展观念制定了一些环境保护的条例和法律。②

近年来,我国有关环境保护的立法和政策连续不断,为环境保护确立基础性的框架。不过,从社区层面来看,一些法律法规和政策还有改进的地方。其中与社区环保服务密切相关的法规政策主要有以下几方面。

一是加快农村宅基地的确权登记,鼓励农村的房屋和宅基地有偿退出,通过价格手段影响居民参与社区治理的预期净收益。2016年中央农村工作会议提出深入推进农业供给侧结构性改革。重点任务之一就是"统筹推进农村土地征收、集体经营性建设用地入市、宅基地制度改革试点。"中央政府试图通过市场化手段,推进城乡土地同权同价,鼓励宅基地入市交易,其实际用意就是,稳定和提升乡村居民的住宅增值预期。只有建立城乡统一的房地产市场,才会真正激发居民参与治理的内生动力,这是根治中国乡村社区环境卫生问题的唯一路径。③

二是将部分环保权力适度向社区下放。着眼于建立环境卫生治理长效机制,转变运动式的管理方式。可以考虑适度向社区放权,让社区在提供环保服务上的主导作用更突出一些,让社区来组织和整合资源。但这并不少政府将任务压给社区,加剧社区行政化。例如,目前一些城市的《养犬管理条例》将公安机关确定为养犬管理的主管机关,全面负责养犬管理及相关处罚,居民委员会、业主委员会等组织仅有协助宣传、引导督促的权力。然而,现实情况是公安机关执法容量已背负过重、趋于饱和,这种权力推展与权能不足的交错,极易导致执法权威的受挫。如果将犬只管理的权力下放至基层自治组织,借助基层街道、居委会的力量,对犬只饲养进行入户筛查,可有效提高养犬登记、免疫的比例。另外,通过建立"养犬管理自治组织"来制定居民自治公约,对养犬行为进行自我监督、自我管理、自我服务。

三是降低养犬登记门槛,增加违法成本。目前一些城市的《养犬管理条例》中为养犬人加附了诸多义务以规范其饲养行为,赋予的有吸引力的权利及实惠并不多。加之进行养犬登记仍需支付一定数额的管理费,饲养人对登记的抵触情绪更甚。同时,对于违反规定的行为课以了相应的处罚措施,但其实际执行力度不大,这会让立法初衷很难达到。④

---

① 闵继胜:《美国乡村社区环境卫生治理的另一种解读:预期收益决定论》,《中国卫生事业管理》,2017年第6期。
② 张暄:《日本社区》,北京:中国社会出版社,2007年,第146页。
③ 闵继胜:《美国乡村社区环境卫生治理的另一种解读:预期收益决定论》,《中国卫生事业管理》,2017年第6期。
④ 李想:《社区养犬管理现状分析——以百例饲养动物损害责任纠纷为样本》,《法制与社会》,2020年第3(中)期。

为此,建议一方面降低养犬登记门槛和费用,另一方面增大违法成本,发挥处罚的震慑作用。

二、促进环保类居民自组织的成长

环保类社区自组织通常是在居民参与网络的基础上发展起来,是社会资本的集中体现。通过社会资本这一纽带,可以降低社区居民之间的合作成本,约束和规避了居民的机会主义行为,促进了社区的环境卫生改善。就当前的社区环保服务升级而言,重点应促进以下组织和人员的成长。

一是健全无物业小区建立自管会。长期以来,无物业小区成为社区环保中的老大难问题。为此,需要引入专业社会组织协助在无物业小区中建立自管会,让居民代表对小区的环保等事务管理起来。二是支持环保居民自组织的发展。在大部分社区中都有一些热爱环境、热爱动物的居民,他们很容易形成网络,积极参与社区环保服务。对于政府和社区而言,则需要鼓励和培育他们成为居民自组织,甚至成为专业的社会组织,为社区提供相应的环保服务。三是鼓励更多居民成为环保志愿者。除了阶段性的环境监督外,鼓励环保志愿者开展日常的环保宣传、环保服务等。

三、改进对环保服务供给主体的激励措施

社区环保服务升级需要多个主体的付出,为此,应研究和改进激励措施。在具体制度激励设计中,应相机融入物质、政治与精神等多元激励手段和重点激励、差异化激励、弹性激励、动态激励等激励理念。

一是在对政府供给主体的制度激励上,要将责任主体的目标责任落实状况纳入政绩考核体系、岗位考核和评聘体系、职务晋升制度和奖励制度之中。良性循环系统的建立是奖励内容、奖惩制度、组织分工、目标设置、管理水平、考核的公正性、领导作风及个人心理期望等多种因素综合作用的结果。对于政府供给主体,在注重物质激励的同时,要越来越重视政治激励和精神激励的作用。通过针对性的制度激励安排,将外生的供给主体责任转变为制度内的岗位职责和内化为个人的需要。

二是对于社区居民、社区组织等付费主体的激励。社区范围内环境卫生公共服务的付费主体与受益群体有较大的重合性,尤其是"一事一议"公共项目,消费者的需求偏好表达与其出资出劳的自愿程度具有高度的相关性。因此,需要在完善需求偏好表达机制和"利益共享、责任共担、民主议事"原则的基础上,解决资金的筹集问题。通过提高消费者的受益程度和受益覆盖面来激励其出资出力的积极性。

三是对社区环境卫生服务管理主体和提供主体的激励。付费主体在采用不直接管理或不直接提供方式的情况下,往往通过委托代理关系委托村委会或其他组织来提供社区环保服务,从而产生了对提供主体的激励问题。除了确保他们获得合理劳动报酬和利润的权利,还应在消费者评价管理主体和提供主体绩效的基础上,设立与绩效挂钩的经济报酬增长与奖励机制、村干部晋升或罢免机制、声望或声誉激励机制。对志愿组织发起人和热心公益事业的人给予物质或精神奖励,对公益事业冷漠的人和好"搭便车"的人则给予

一定的惩罚。

四是对社区环境卫生公共服务供给监督的激励。对于社区环保服务多个主体之间的委托代理关系,需要通过监督制度激励安排,来确保管理主体和提供主体按协议要求(体现付费主体的集体意愿)使用资金和提供公共服务。监督制度激励措施主要有:项目管理委员会实行民主管理,规定消费者或付费主体参与的具体途径和方式;在资金专款专用、专人管理、专户管理的基础上,实行财务定期公开制度,接受消费者的民主监督;实行全程信息披露制度,尤其是在项目计划制订、计划实施、项目验收、后续管理等环节,要确保消费者的知情权和监督权;完善监控制度和监控体制,从制度和组织上遏制管理主体和提供主体寻租和违规行为的发生。①

课后提升

一、必懂知识点

1. 社区环保服务升级的内涵与价值。
2. 社区环保服务主体间的互惠机制。
3. 社区环保服务供给主体的激励措施。

二、应用练习

选择一个便于调查和参与的社区,完成下列任务:
1. 通过查阅资料或访谈,了解并记录该社区环境卫生服务的现状。
2. 通过访谈,了解并记录制约该社区环境卫生服务发展的主要因素。
3. 针对该社区治理对环境卫生需要的状况,设计一份环境卫生服务改进方案。

三、提问、解答与建议

如果你对本章内容有任何评论、疑问和建议,请扫描下方二维码后留言,我们将及时回复。

---

① 高钿、吴春梅:《农村社区环境卫生公共服务供给主体的制度激励研究》,《经济问题》,2009年第1期。

第十五章　社区救助服务的创新升级

在社区中,总会有一些人由于疾病、灾害、能力等原因而陷入困境。社区有义务对这些人提供必要的服务,即救助服务。那么,社区救助服务为何需要升级?社区救助升级的路径如何选择?社区救助服务需要有哪些制度保障?针对这些问题,本文将依据现实情况进行深入分析。

第一节　社区救助服务升级的需求与意义

社区救助服务从单一由政府提供的最低保障转变为由社区提供的多样化服务,不仅是人们社会水平提升的结果,也是社区治理理念和使命的转变。

一、社区救助服务需求的长期存在

社区救助是指以社区居(村)委会和社区内居(村)民自发组织的机构或团体为行动主体,通过发动社会各界力量开展的救助活动或服务。救助对象一般为在本社区居住的社会弱势群体,并以生活贫困者为主体。是以"非营利性"为基本原则,以改善贫困居民生活状况,提高整体生活质量为目标的社会活动。其内容主要包括社区扶贫救助、社区医疗救助、社区教育救助、社区服务救助等基本生活救助。在《社会救助暂行办法》在规定:"乡镇人民政府、街道办事处负责有关社会救助的申请受理、调查审核,具体工作由社会救助经办机构或者经办人员承担。村民委员会、居民委员会协助做好有关社会救助工作。"

在《社会救助暂行办法》在还规定了各种社会救助的对象。例如,最低生活保障的对象是共同生活的家庭成员人均收入低于当地最低生活保障标准,且符合当地最低生活保障家庭财产状况规定的家庭。特困人员供养的对象是无劳动能力、无生活来源且无法定赡养、抚养、扶养义务人,或者其法定赡养、抚养、扶养义务人无赡养、抚养、扶养能力的老年人、残疾人以及未满16周岁的未成年人。自然灾害救助的对象是基本生活受到自然灾害严重影响的人员。医疗救助的对象包括最低生活保障家庭成员、特困供养人员等。教育救助对象包括在义务教育阶段就学的最低生活保障家庭成员、特困供养人员。住房救助对象是住房困难的最低生活保障家庭、分散供养的特困人员。就业救助的对象是家庭中有劳动能力并处于失业状态的成员。

改革开放以来,城乡居民的收入水平快速提升。对于一些欠发达地区,通过扶贫攻坚,大幅度消除贫困县,至今全面建成小康社会目标已经基本实现。但是,在城乡社区层面,救助需要还是不同程度地存在。其主要原因来自两个方面。一方面是一些人因火灾、交通事故等意外事件,或家庭成员有先天性残障或突发重大疾病等原因,导致基本生活暂时出现严重困难。另一方面是由于市场波动导致的一些的阶段性失业,由此带来家庭收入的下降和生活的困难。由于收入低,为维持生计、子女上学、赡养父母等生活重担使得贫困家庭的生活苦不堪言。甚至许多贫困户因病致贫、因贫致病,从而产生恶性循环,生活更加艰苦。由此可见,社区救助需求将会长期存在,必须持续性关注,作为社区治理的重点内容来看待。

二、社区救助服务面临的挑战

目前,社区救助体系包括最低生活保障救助、医疗救助、就业救助和特困学生救助等。各项救助的条件、标准和保障资金、审批都由政府部门提供,社区居(村)委会负责调查落实救助申请人家庭基本情况(包括家庭成员、家庭收入、就业状况等),并了解掌握其变化情况。此外,社区还采取一些积极措施鼓励居民进行再就业,社区组织党员自愿结对帮扶贫困学生,为贫困学生送去衣服和书本等生活与学习用品等。这些社区救助工作在保障居民基本生活方面起到了一定的积极作用,但是在实施过程中还存在一些问题和制约因素,主要表现在以下几个方面。

一是救助资金来源较少,投入不足。虽然政府逐年增加对社会救助资金的投入,但只是满足救助对象的最低生活需求,对困难群众在医疗、教育、住房等方面的专项救助资金的投入仍然严重不足。社区救助资金一方面来自政府的财政预算支出,另一方面是利用社区力量扩大资金来源。但是,社区救助资金没有稳定的财力支持。由政府支出的资金是由市(区)财政部门拨付同级民政部门,再由民政部门在规定期限内拨付街道办事处(乡镇)。这种资金发放方式基本是"一刀切",没有充分考虑各地区、各社区的实际情况。社区工作人员反映,救助工作中最大的困难是经费不足,其中像医疗救助政府补贴过少。其他社会组织和居民参与救助服务较少,救助潜力没有得到有效开发。

二是救助标准单一,难以满足实际需要。社区救助还没有针对不同年龄段、不同劳动能力、不同家庭结构等情况实行不同救助标准,更没有根据物价上涨指数、最低工资标准,实事求是地调整救助标准。如在特困学生救助方面,虽然对某些特困家庭的学生给予了提标补助,但还没有考虑不同教育阶段的教育投入差距。上小学与上中学、上大学几种情况,所需的费用是大不一样的,都采取相同的救助标准,显然是不合理的。[①]

三是救助流程不够标准,实际操作面临障碍。虽然一些社区结合实际情况,制定了相关的制度和审批程序,但是在实际操作过程中,一些重大问题难以明确,工作存在一些阻碍。例如:低保户取证工作难度大,家庭收入证明难以核实,离异人员再婚情况取证也较难,假证明现象难以杜绝。这些问题在存在直接影响了救助的公平性和合理性。

---

① 王澍源:《试论社区救助体系的完善》,《重庆科技学院学报》(社会科学版),2010年第3期。

三、社区救助服务升级的深远意义

社区救助服务升级是指在政府主导的传统社会救助的基础上,以社区为主导,建立起由多元主体参与的、能够提供多样化服务,可以覆盖全部救助对象的专业性救助服务。例如,在资金来源上,除了中央政府、地方政府职能部门所提供的资金外,还有一部分来自社会捐款和服务收费。与此同时,参与社区救助服务的群体也不仅是社区工作人员,而是更多社会组织、驻社区机构和广大居民、志愿者。

深入来看,促进社区救助服务升级的意义不仅在于帮助到那些救助对象,而且对于社区发展本身而言也具有十分广泛的价值。一是可以减少连带负面效应。当社区中的一些就救助对象没有得到及时有效的救助时,不仅会对他们自身生活带来不便,有时也会引发一些社会问题和冲突,导致许多负面效应。良好的救助服务可以提前防范和消除这些负面效应。二是将负担转变为资源。在传统的理念中,许多人将残障人士、老年人等看作社会负担,但是如果从优势视角和发展理念来看,这些人士通过救助后都有可能转变为宝贵的社区资源。例如,一些心智障碍家庭拥有令人感动的爱心和坚持的精神,这些精神财富如果能够得到有效开发,就可能为他们自己争取到更多资源和服务。三是激发居民互助精神。社区存在的一个重要价值就是维护人与人之间良好的互助友情。通过共同救助帮扶社区中的弱势群体,不仅可以增进社区的团结,也有利于激发社区居民的互助精神。因此,社区服务升级对于社区发展具有十分重大的价值,应当成为社区的使命之一。

 **拓展阅读**

代表性国家的社会救助内容①

1. 英国的社会救助。世界公认最早的现代社会救助制度,是1601年英女王伊丽莎白一世颁布的《伊丽莎白济贫法》,这是世界上第一部以传统的慈善救济为主要特征的贫民救济法案。1930年为应对经济危机,政府提供了范围更宽的社会救助,当时被称作公共援助。1948年改用"国民救助"的概念,1966年更名为"补充待遇",后又于1986年改为"贫民收入支持"。英国在贫困群体界定上,主要以"需求水平"为衡量标准。主要包括:体现"正常需求"的基本待遇;体现"特殊需求"的特殊待遇;和体现"居民需求"的住房补贴待遇。在救助申请的要求上,相关部门严格根据贫困线标准对有需要者进行复杂的生活状况调查,其中家庭收入和资产是主要调查内容。甚至规定60岁以下,除残疾人或子女不满16周岁的单亲父母外,必须是积极主动的寻找工作,才有申请救助的资格。英国的救助项目很多,有些是福利性救助,内容主要包括低收入家庭救助、老年人救助、儿童救助、失业救助、疾病救助及残疾人救助等。

---

① 刘颖:《城市贫困群体社区救助状况研究》,《社科纵横》(新理论版),2013年第1期。

2. 美国的社会救助。美国称社会救助为"公共援助",是以帮助贫困群体维持最基本生活和享受最基本权益为主要内容的社会保障项目,是社会保障体系的重要组成部分。20世纪30年代的经济大萧条时期,社会保障受到政府的重视,于1935年制定了美国历史上第一部《社会保障法》,社会救助成为社会保障的三大部门之一。经过几十年的发展和完善,现在美国的社会救助制度主要包括:对有子女的困难家庭的救助;儿童营养补助;养老救助;食品券补助;免费医疗等内容。除此之外,美国还有教育救助、就业培训以及住房救助等。在申请救助资格获取上,美国政府事先均要进行实际经济调查、分资产调查和劳动收入调查。相比较而言,美国的社会救助是受益人数最多、相关资金投入较大的社会保障项目之一。

3. 德国的社会救助。19世纪末,德国的俾斯麦政府创立了社会保险制度,并很快在欧洲各国流行开来。德国的社会救助的救助对象主要是低收入家庭和特殊困难家庭。除了食品消费、日常生活消费补助外,还包括医疗补助、丧葬补助、养老保险等。对有特殊需求者,如高龄老人、残疾人、妊娠妇女等,其救助标准要高出正常标准的30%左右,甚至根据需要还可能提供贷款。德国社会救助的资金来源主要是各级政府拨款。联邦政府、各州、市、县郡等都设立有社会救助资金的管理单位。

第二节 社区救助服务升级的路径选择

社区救助服务升级并不是遥不可及的事情。事实上,每一个社区只要能够积极主动地开发、整合资源,建构起互惠机制,就可以形成较为完善的救助服务体系。

一、整合社区救助服务的多种资源

任何资源经过从中央政府到地方政府的层层传递,必然存在资源损耗,时间浪费的问题,国家各级机构救助主体多是如此。社区在提供救助方面具有低成本和灵活性特征,相对于国家各级机构,能够直接指向救助目标,了解其救助成员的需求状况,资源缺少程度,进而保证救助资源得到充分有效地利用,能够最大限度地满足社区救助对象需要。因此,社区居(村)委会应该成为救助服务资源的整合者,主导对各类救助力量和资源的开发与整合。

在《社会救助暂行办法》的第十章也专门提出了"社会力量参与"的规定。包括国家鼓励单位和个人等社会力量通过捐赠、设立帮扶项目、创办服务机构、提供志愿服务等方式,参与社会救助。社会力量参与社会救助,按照国家有关规定享受财政补贴、税收优惠、费用减免等政策。县级以上地方人民政府可以将社会救助中的具体服务事项通过委托、承包、采购等方式,向社会力量购买服务。县级以上地方人民政府应当发挥社会工作服务机构和社会工作者作用,为社会救助对象提供社会融入、能力提升、心理疏导等专业服务。社会救助管理部门及相关机构应当建立社会力量参与社会救助的机制和渠道,提供社会救助项目、需求信息,为社会力量参与社会救助创造条件、提供便利。这些规定为社区整合利用多方面的救助力量和资源提供了制度支持。具体而言,当前社区居(村)委会重点应整合以下几方面的救助力量和资源。

一是整合政府不同救助职能部门的资源。当前,政府多个部门都负有救助的职能,到了社区层面,这些不同层面的救助资源需要加以整合,提高利用效率。对于民政、团委、妇联、残联等针对各自服务对象在社区开展的心理援助工作,为避免工作的重复导致的资源浪费,也防止出现对这些高关怀人群援助的疏漏,这些组织间的联系与合作可以通过合理安排时间、按需调配资源的思路设计工作流程。民政、教育、卫生、居委会、残联、工会等组织之间应在社区救助方面建立专门的信息传输渠道,实现信息交流的正规化、专门化,每个组织都要把自己的规划、管理等信息与其他组织进行交换,实现信息的充分流通。[①]

二是整合社区内的专业救助组织。在救助服务中,医疗救助具有基础性的作用。对于社区而言,可以整合社区医院及保健中心、护理站以及老人护理站,形成医疗与福利相结合、医疗与康复相结合的服务模式。康复治疗在医疗全程中占有重要地位,在社区层面不需要建立以治疗为主的医疗体系,而是侧重于康复治疗服务的提供,实现社区康复医疗发达,设施齐全。除了专门的护理人员外,招募许多志愿者加入为残障人士和老人康复训练的服务中。

三是整合驻社区机构的资源。社区救助服务内容广泛,需要不同专业机构的介入。例如,开展对社区内残障人士和孤寡老人的救助服务,就需要借助社区内的学校和企业等机构。例如,在中小学中开设"社会服务"课程进行爱心教育,组织学生到残疾人康复中心、养老院等地方与救助对象交流,改善救助对象的生活条件,帮助救助对象进入社会。

四是整合社区居民互助资源。社区互助是社区成员通过自我服务的形式,解决困难人群的问题,以互助来交换情感,营造社区文化。在社区中,对贫困家庭进行精神整合,相比于对他们进行稀缺资源供给,其意义更加重大。一方面,社区互助调动了居民参与救助的积极性,使社区居民作为重要主体与居委会、政府部门实现协同、合作。社区互助增强了居民的凝聚力,使社区居民在精神整合之后,成为一方更成熟的主体与其他救助主体配合、协作,达到力量整合优化的效果。另一方面,社区互助实现了精神整合,有利于形成社区的共同意识,这种共同意识的形成,是多方主体协同行动的重要前提。社区互助使困难人群融入社区生活,更积极地参与社区的建设,实现社区困难人群和救助者之间的协同,这种协同可以促进困难人群和救助主体之间的信息、情感交流,使救助工作更有针对性和实效性。[②]

五是整合社区志愿者资源。志愿者队伍在社区救助服务中具有不可替代的作用。他们既可以宣传救助服务的意义,也可以设计援助项目与辅助工具,还可以带领救助对象外出活动,与救助对象交流沟通。作为社区居(村)委会只有将社区内外广大志愿者的热情调动起来,才能够获得源源不断的救助力量,参与到日常救助活动中。

---

① 刘邦凡、张耀丹、栗俊杰:《论社区救助的协同治理模式》,《中国集体经济》,2018年第11期。
② 刘邦凡、张耀丹、栗俊杰:《论社区救助的协同治理模式》,《中国集体经济》,2018年第11期。

此外，在救助服务的升级过程中，还应该增强社区之间的互动性。社区之间展开技术经验交流，实现资源互通。社区之间可以针对共同面临的问题进行互动合作，搭建救助网络；利用还可以让附近社区的困难户通过共同平台，得到快捷、便利的救助；解决困难人群人户分离的问题；通过进行信息沟通，配合救助站或民政部门，完成流浪乞讨人群的安置工作，等等。

二、建构社区救助服务主体间互惠机制

在整合社会救助力量和资源后，就需要积极发挥他们的救助功能。而要实现持续的救助服务，则需要建构其主体间的互惠机制。具体而言，在救助服务升级中，最主要的互惠机制包括以下三个方面。

一是居民救助的互惠机制。居民之间的救助，一方面体现了救助者的高尚品德和良好素质，但是另一方面也潜在的构建了互助保险的合作关系。具体而言，在面对各类自然灾害和突发困难时，每个家庭抵御风险的能力都比较弱，只有形成一个守望相助的社区共同体才能够抵御意外风险。而且，没有一个家庭就能够确保永远不会遇到风险。对于社区居（村）委会而言，就是要从这一事实出发，在救助者与救助对象之间建立其互惠合作机制，让每一个人都能够进入社区的"安全网"之中。而且，社区互助还有很大的便捷性和时效性。例如，1995年1月17日在日本阪神地区发生了里氏7.2级地震，造成了大面积的受灾。在这种情况下，邻里间的相互帮助就变得非常重要。在被从碎石下面救出的大约1.8万人中，约1.5万人（80%）是被他们的邻居在救援人员赶到之前就救出了。[①]

二是慈善捐助的互惠机制。社区救助工作正常开展的前提是要有充足的资金。除了地方政府要从预算内外努力拓宽资金筹措渠道，增加救助资金的数额外，还应充分开发和利用慈善资源，从而拓宽资金筹措渠道。为此，需要建立慈善捐助的互惠机制。按照慈善理论，有的慈善行为是依据同情心和亲社会动机，有的是希望能够带来内心温暖（warm-glow），有的是依据身份认同，有的是依据宗教信仰的理念。面对这些不同的捐助诉求，社区居（村）委会和社区基金会应该深入调查，设计好捐助的方案，切实满足捐助者的内心需求，形成良性的互惠机制。

三是志愿者服务的互惠机制。志愿者在提供救助服务的同时，有的为了获得生活体验，有的是为了满足精神需求。因此，社区在激励志愿者参与社区服务时，不仅要提供必要的交通补贴等便利条件，还要注重建立互惠机制，在服务的未来回报和精神回报上做好安排。例如，一些地方在肯定志愿者的行为价值和给予荣誉激励的同时，还利用"时间银行"的方法，建立一个长期的广泛参与的互惠机制。

三、社区救助服务体系的形成

社区救助服务体系是在国家救助服务的总体框架下，依据本社区内部的救助需要和所整合利用的救助资源来建立。通常来看，社区救助服务体系主要包括以下几个层面。

---

① 张暄：《日本社区》，北京：中国社会出版社，2007年，第267页。

一是再就业服务体系。通过让救助对象在就业是从根本上解决救助问题的方法,也是将"需要"转变为资源和优势的思路。再就业服务的对象不仅包括失业人员,也包括一些残障人士、老年人。为此,社区工作人员要经常与失业人员进行沟通交流,促使他们转变就业观念,树立自主就业意识;积极开展再就业培训,提供就业渠道或优惠措施;鼓励和扶持下岗失业人员自主创业,实现一人创业带动多人就业。[①] 例如,可以对有劳动能力没有实现就业的低保人员进行技能培训和就业岗位培训,为他们推荐岗位,介绍劳务输出,或安排参加社区的卫生清扫、治安巡逻等工作。

二是特困学生救助服务。通过建立专门的助学基金,保证低保家庭学生顺利完成九年义务教育。对于低保家庭中考上大、中专院校的学生,社区可以适当地提高低保标准,提供必要的学习和生活救助,也可以通过组织社会募捐等活动实行帮困助学。

三是日常生活照顾服务。主要是针对社区的养老救助和保健服务需要,从老年人的实际出发,通过组织健身、娱乐等集体活动,丰富老年人的精神文化生活。对无人照顾、生活自理能力差的老人,社区要在提高其补差标准的同时,组织社区工作人员定期探访、照料,保证老年人的正常生活。改善社区医疗卫生机构的服务条件,不断提高社区卫生机构的服务能力和水平,让更多居民能在社区卫生所就诊医治。开展慈善医疗救助活动,鼓励医疗救助志愿者无偿到社区对符合医疗救助条件的居民进行义诊。

四是咨询和劝导服务。在社区中开设咨询和交流室,通过采购一些专业组织服务或者利用志愿者,请心理咨询师、医生、社会工作者等对救助对象提供咨询服务。通过心理开导、情感关怀和政策解读等,帮助救助对象在思想和心理上得到健康发展。

五是提供暂时或紧急庇护所。社区庇护所主要提供两种类型的功能,一种是在社区内建立庇护工场,为本社区内的残障人士提供手工劳动,从而为他们提供一点劳动收入;另一种是为家庭不和成员、无父亲的母子家庭、因故不归的儿童等提供临时住所。

建立多样化的救助服务体系,需要社区积极推动多个利益相关者主体的信息沟通,加强相互之间的合作。各个社区救助组织应形成整体意识,在提供社区救助时加强与其他组织的联动和配合,在分工明确的基础上加强合作。根据现实救助工作中存在的问题,有针对性的开展合作,适度实现权力和资源的让渡,弥补双方或多方之间的资源劣势和权力限制。比如,有的救助服务主体拥有人力资源优势,具有专业的救助队伍和丰富的救助知识,但是缺少救助资金支持,而有的救助服务主体拥有资金优势,能有效地汇聚社会救助资金,但救助的专业化水平较低,这样两个组织可以开展实质合作,使资金优势和专业优势都有效地发挥出来。[②]

---

① 王澍源:《试论社区救助体系的完善》,《重庆科技学院学报》(社会科学版),2010年第3期。
② 刘邦凡、张耀丹、栗俊杰:《论社区救助的协同治理模式》,《中国集体经济》,2018年第11期。

"联连帮"破解救助帮扶碎片化难题

第三节　社区救助服务升级的制度保障

在实践中,社区救助服务升级还受到一些相关制度的影响。通过对法律的完善、社会组织的培育和市场化救助方式的探索,将有利于社区救助服务的可持续发展。

一、修订慈善捐助和社会救助相关法规条款

慈善捐助是社区救助服务资金的重要来源之一。为此,需要大力发展慈善组织,为社区救助服务开辟新财源。当前中国《慈善法》第8条规定了慈善组织的类型,即"基金会、社会团体、服务机构"。新的《民法总则》将法人又分为营利法人、非营利法人、特别法人,其中非营利法人包括事业单位、社会团体、基金会、社会服务机构。同时,慈善组织还以新的形态在发展,如社区基金会定位为本地化的社区公益的支持型组织。然而,与慈善活动相关的法律和条例上的规定过于严格,不利于慈善组织的成立和发展,也间接地影响到了社区救助服务的开展。例如,在《关于慈善组织开展慈善活动年度支出和管理费用的规定》中,第七条规定:"慈善组织中具有公开募捐资格的基金会年度慈善活动支出不得低于上年总收入的百分之七十;年度管理费用不得高于当年总支出的百分之十。慈善组织中具有公开募捐资格的社会团体和社会服务机构年度慈善活动支出不得低于上年总收入的百分之七十;年度管理费用不得高于当年总支出的百分之十三。"这一规定极大地超出了基金会等慈善组织的经费筹措和项目开展能力,如果上年总收入的百分之七十在当年支出,则很难保证下一年募集到更多资金。为此,建议修订这一条款,降低支出比例,适当放宽管理费用占比。通过较为宽松的管理规则,鼓励更多社区基金会成立和运行。

同时,在有关社会救助的规定中,还需要加强救助程序的规范性。要加强社区工作监督机制,实行谁调查、谁负责、谁签字的责任制,调查、审核、审批责任追究制,对社区工作人员贪污、挪用或故意拖欠低保金的行为,必须依法进行及时处理。同时,可通过报纸、电视公布社区低保监督举报电话,杜绝人情保、关系保现象。还要明确界定救助对象,对救助家庭收入通过入户调查、单位邻里走访、社会监督等办法进行核实,为救助资金的发放提供依据。另外,要健全市(区)、街道办事处到社区的三级救助管理运行机制,坚持个人申请、社区核实、街道初审、民政审批、张榜公布、银行发放的程序。

二、鼓励发展社会救助社会组织和团体

社区救助服务需要有专业化社会组织和团体的参与。以日本社区救助服务的社区组织和民间团体为例,就有市、町、村一级的社会福利协议会、社区福利自愿工作者协会、社会基金会在每个市、町、村的分会以及体残人协会、儿童福利协会、职业训练机构协会、护理人员协会、老年人自助小组、残疾人自助小组、无父亲家庭协会、老年人俱乐部联盟、社会福利研究协会、社会福利发展基金会等。① 相比之下,我国大部分社区中与救助服务相关的组织及团体较少。需要政府和社区居(村)委会关注和培育,让更多居民能够通过这些组织和团体参与到社区救助的服务中。

三、探索社区救助服务的市场化方式

社区救助一方面要依托政府提供的福利保障,另一方面要立足于社区组织的互助。在条件适当的情况下,还可以采取社会企业等市场化的救助服务方式。社会企业是一种新的组织机构和运行方式,但在本质上还是属于慈善与公益的范畴。社会企业得以出现,一方面是由于从传统"授之以鱼"的慈善(charity)逐步转变为"授之以渔"的公益(philanthropy),另一方面是随着人们对公益领域理解的扩展而让"社会目的"超越了传统的慈善。相对于传统的慈善与公益,社会企业更加强调对受助者自身潜能的挖掘和利用,真正让受助者实现有尊严的"自食其力"。

在社区救助服务的提供上,社会企业利用市场交易的方式,能够很好地将救助需要转变为慈善资源。例如,历史上较早出现的社会企业是 1902 年创立的美国波士顿的连锁慈善旧货店 Goodwill Industries。该机构是早期实践"授予渔而非授予鱼"的先行者,他们雇佣一些低收入者修理二手物品使其能够重新出售或者捐给穷人。至今,Goodwill 已经是美国五大非营利机构之一。它以联盟方式运作,在美国和加拿大有 165 家互相独立的社区机构,在委内瑞拉、巴西、乌拉圭等国家有 13 个分支机构,全球共有 2700 个零售商店。Goodwill 本身的 11 万多名雇员中,3 万名是残障人士。② 再如,由曹军等家长共同创办的喜憨儿洗车中心在成立一年之际,就无偿帮助和支持青海喜憨儿洗车中心开业,在全国各地残联、慈善机构的支持下,目前已在、银川、杭州、成都等地开设了 9 家分店,让百名心智障碍孩子走上了适合的洗车工作岗位。喜憨儿洗车中心以就业与康复相结合的工作环境和方式,探索出真正适合心智障碍群体解决就业与生活问题的模式,帮助"喜憨儿"建立社会适应能力。一步一个脚印成为中国慈展会金牌社企。在 2017 年度中国慈展会社会企业认证过程中,喜憨儿洗车中心获得"金牌社企"称号。③

由上述案例可见,社会企业在协助社区救助服务升级中将具有独特的作用,将长期以来视为负担的救助问题转变为创造价值的社会服务,让受救助对象从中活出生命的意义。

---

① 张暄:《日本社区》,北京:中国社会出版社,2007 年,第 235 页。
② https://goodwillindustries.ca/about/。
③ 《共享美好生活之"喜憨儿洗车中心"》,https://www.sohu.com/a/284209976_818314。

这将成为社区救助服务升级的方向。

课后提升

一、必懂知识点

1. 社区救助服务升级的深远意义。
2. 社区救助服务主体间的互惠机制。
3. 社区救助服务的市场化实现方式。

二、应用练习

选择一个便于调查和参与的社区,完成下列任务：
1. 通过查阅资料或访谈,了解并记录该社区救助服务的现状。
2. 通过访谈,了解并记录制约该社区救助服务发展的主要因素。
3. 针对该社区治理对救助服务需要的状况,设计一份救助服务改进方案。

三、提问、解答与建议

如果你对本章内容有任何评论、疑问和建议,请扫描下方二维码后留言,我们将及时回复。